Luftfahrt-Cluster Hamburg/Norddeutschland

Wilhelm Pfähler/Alf Erko Lublinski

Luftfahrt-Cluster Hamburg Norddeutschland

Bestandsaufnahme, Perspektiven und Vision für die Zulieferindustrie

Unter Mitarbeit von Werner Bönte

PETER LANG
Frankfurt am Main · Berlin · Bern · Bruxelles · New York · Oxford · Wien

Bibliografische Information Der Deutschen Bibliothek
Die Deutsche Bibliothek verzeichnet diese Publikation in der Deutschen Nationalbibliografie; detaillierte bibliografische Daten sind im Internet über <http://dnb.ddb.de> abrufbar.

Umschlaggestaltung:
halleat Werbeagentur, Hamburg.

Textlayout:
Max Biller, Hamburg.

ISBN 3-631-50876-X

www.peterlang.de

Vorwort

Die vorliegende Studie zum Luftfahrt-Cluster Hamburg/Norddeutschland ist entstanden aus einem Auftrag und in Zusammenarbeit mit der Airbus Deutschland GmbH, der Wirtschaftsbehörde der Freien und Hansestadt Hamburg und der Flughafen Hamburg GmbH. Kooperationspartner in diesem Projekt war die Lufthansa Technik AG. Die Autoren danken den Auftraggebern für die Zusammenarbeit und tatkräftige Unterstützung. Sie tragen aber die alleinige Verantwortung für den Inhalt, die Durchführung und die Auswahl der Ergebnisse in der vorliegenden Publikation.

Insgesamt kommt die Studie zu den folgenden Ergebnissen:

- *Bestandsaufnahme*: Zwar existiert gegenwärtig ein Luftfahrt-Cluster Hamburg/Nord-D, aber er steckt noch in seinen Anfängen und noch sind Zweifel daran erlaubt, ob er stark genug ist bzw. die „kritische Masse" hat, um aus eigener Kraft einen sich selbst tragenden und verstärkenden Prozess räumlicher Cluster-Entwicklung zu tragen, so dass auch in Zukunft eine starke wirtschaftspolitische Unterstützung der Cluster-Entwicklung gefordert sein wird.
- *Perspektiven*: Die Perspektiven im Luftfahrt-Cluster sind insgesamt ausgesprochen viel versprechend, bergen jedoch auch erhebliche Risiken für die derzeitige Zulieferindustrie des Clusters. Das ergibt die Analyse des wirtschaftlichen, technologischen, unternehmenspolitischen und Wettbewerbsumfelds der Luftfahrt-Zulieferindustrie. Infolgedessen ist die Cluster-Zulieferindustrie im eigenen (Überlebens-) Interesse gefordert, sich den Herausforderungen mit neuen Konzepten und Maßnahmen zu stellen.
- *Vision*: Die Bestandsaufnahme und die Analyse der Perspektiven des Luftfahrt-Clusters Hamburg/Norddeutschland legen eine Vision für die zukünftige Entwicklung des Clusters nahe, die auf den Auf- und Ausbau eines Branchen übergreifenden „Internationalen Kompetenzzentrums Cabin Systems" (für Luft-, Wasser-, Bahn- und Straßenfahrzeuge) abzielt. Dafür bedarf es eines Branchen, Behörden und Regionen übergreifenden Cluster-Managements.

In vielerlei Hinsicht ist die vorliegende Studie ein Gemeinschaftswerk der Autoren mit zahlreichen Führungskräften aus nationalen und internationalen Luftfahrt- und Zulieferunternehmen, Vertretern von Wissenschaftseinrichtungen sowie einer Reihe von studentischen Hilfskräften. Ohne die tatkräftige Unterstützung und den hohen Sachverstand dieser „Mit- und Zuarbeiter", die uns im Rahmen von Experteninterviews und schriftlichen sowie telefonischen Befragungen unterstützt haben, hätte die vorliegende Studie nicht entstehen können. Dafür gilt unser herzlicher und nachdrücklicher Dank. Am Ende der Studie findet sich unter der Rubrik

„Danksagung" eine Liste dieser „Mitarbeiter" - wobei wir jene, wenn es sie gibt, um Nachsicht bitten müssen, deren Namen zu erwähnen wir vergessen haben.

Ein ganz spezieller Dank geht an Herrn Dr. Bönte, der den Autoren während der gesamten Untersuchung ganz allgemein mit fachkundigem Rat und zahlreichen Verbesserungsvorschlägen gedient hat und speziell mitverantwortlich an der empirisch-ökonometrischen Untersuchung der Agglomerationsvorteile im Luftfahrt-Cluster beteiligt war. Der Hinweis auf seine Mitarbeit nur im Innenblatt des Buchtitels unterschätzt womöglich seinen Beitrag. Ein besonderer Dank gebührt auch Herrn Professor Granzeier von der Hochschule für Angewandte Wissenschaften, der viel Zeit und Mühe aufgewendet hat, uns Ökonomen in die Fragen und Inhalte neuer Designmethoden, Technologien und Werkstoffe im Luftfahrzeugbau einzuführen.

Am Ende gilt fast mehr unser Bedauern als unser Dank auch Herrn Max Biller, der gleich in der ersten Woche seiner Tätigkeit als wissenschaftlicher Mitarbeiter am Institut für Allokation und Wettbewerb das zweifelhafte, weil Zeit und Nerven raubende „Vergnügen" hatte, das Manuskript dieser Studie für den Druck vorzubereiten. Da unsere Sekretärin, Frau Evelyn Schäfer, sich ohnehin meist das letzte Wort am Institut vorbehält, sei als letztes auch ihrer zuverlässigen und treuen Koordinationsarbeit bei dieser Studie gedankt.

Für alle Unzulänglichkeiten und Fehler tragen die Autoren die Verantwortung und beschuldigen sich gegenseitig.

Die Studie wurde im Juni 2002 abgeschlossen. Die Daten stammen weit überwiegend aus den Jahren 2000 und 2001. Wir haben auf eine Aktualisierung der Daten aus Anlass der Publikation der Studie verzichtet, der Aufwand hätte in keinem Verhältnis zum Ertrag gestanden.

Prof. Dr. Wilhelm Pfähler

Universität Hamburg

Dr. Alf Erko Lublinski

Airbus Deutschland GmbH (seit 1.10.2002)

Universität Hamburg (bis 30.9.2002)

Inhaltsverzeichnis

Zusammenfassung / Executive Summary (Hinweis)

Der eilige Leser bekommt einen schnellen Blick über den Inhalt und die Ergebnisse der vorliegenden Studie (Executive Summary), wenn er die folgenden Abschnitte liest:

I. B. Einführung (siehe Seite 17)

II. D. Zusammenfassung und Gesamtfazit der Bestandsaufnahme des LF-Clusters HH/NW-D (siehe Seite 123)

III. C. Zusammenfassung der Perspektiven im LF-Cluster HH/NW-D (siehe Seite 192)

IV. D. Zusammenfassung der Vision „Internationales Kompetenzzentrum Cabin Systems“ (siehe Seite 227)

I. Einführung

A. Räumliche Cluster: Definition, Vorteile, Voraussetzungen

Die Regionen in Europa mit ihren jeweiligen Unternehmen, Regierungen, Beschäftigten und Bürgern stehen in einem sich stetig verschärfenden interregionalen und internationalen Standortwettbewerb um Einkommens- und Beschäftigungschancen. Das gilt auch für die Metropolregionen Hamburg, Bremen und Hannover/Braunschweig. Eine *cluster-orientierte Unternehmens- und Wirtschaftspolitik* zur Entwicklung und Stärkung von international wettbewerbsfähigen räumlichen Clustern ist nach heute herrschender Auffassung ein Erfolg versprechender Weg, die eigene Position im Standortwettbewerb zu stärken: Sie bietet Chancen, einerseits den Unternehmenserfolg (Wachstum, Gewinn) und andererseits die Beschäftigungs- und Einkommenschancen in der Region langfristig zu sichern und auszubauen.

Definition räumlicher Cluster

In dieser Studie verstehen wir unter einem *räumlichen Cluster* (siehe Abbildung 1)[1]:

- eine räumliche Konzentration von Unternehmen, insbesondere von
  - *Kernunternehmen:* Anbietern von Endprodukten oder Dienstleistungen,
  - *Downstream-Branchen:* Anbietern in nachgeordneten Branchen, die sich über die gesamten Vertriebskanäle abwärts erstrecken,
  - *Verwandte Branchen*: Anbietern aus verwandten Branchen, die gleiche Kanäle, Technologien, Wertschöpfungsaktivitäten und spezialisierte Inputs benutzen,
  - *Komplementäre Anbieter*: „seitlichen“ Anbietern von Komplementärgütern und –dienstleistungen,
  - *Zulieferer von Gütern und Diensten*: Lieferanten spezialisierter Materialien, Komponenten, Maschinen, (Sub-)Systemen, Dienstleistungen und Informationen;
  - *Finanzdienstleister*: Anbietern finanzieller Dienstleistungen und von Wagniskapital,

---

[1] Diese Definition erfolgt in Anlehnung an Enright (2000) und Porter (1999, S. 207-301).

- mit starken und *innovativen Leitunternehmen*, welche von *anspruchsvollen Kunden* und *kompetenten Wettbewerbern* zu herausragenden Leistungen motiviert und angeführt werden;
- mit *Gemeinsamkeiten* in bestimmten Geschäftsbereichen und einander *ergänzenden Fähigkeiten*, im *Wettbewerb* bei einigen und in *Kooperation* bei anderen Aktivitäten oder Marktsegmenten;

Abbildung 1: Definition räumlicher Cluster

- in Verbindung mit einer räumlichen Konzentration von unterstützenden Einrichtungen der Wissensinfrastruktur, insbesondere von
  - *Berufs- und Hochschulbildungseinrichtungen*, also öffentlichen, halböffentlichen und privaten berufliche Aus- und Weiterbildungsstätten,
  - *Forschungs-, Entwicklungs- und Wissenstransfereinrichtungen*, also Universitäten, außeruniversitären staatlichen oder privaten Forschungseinrichtungen, privaten oder (halb-) staatlichen Wissenstransfereinrichtungen, Einrichtungen zur Förderung von Existenzgründungen, Entwicklungslabors etc.

- ferner in Verbindung mit einer räumlichen Konzentration von öffentlichen und halböffentlichen unterstützenden Einrichtungen, insbesondere von
  - *Verbänden und Interessensgruppen*: kollektiven Einrichtungen der Privatwirtschaft, wie (Unternehmensverbände, Industrie- und Handelskammern, Handwerkskammern, Gewerkschaften), die spezielle Informationen, Hilfestellungen und Infrastrukturleistungen (Datenbanken etc.) anbieten, Standard- und Norm setzende Instanzen etc.,
  - *Staat und Verwaltung*: staatlichen Verwaltungsbehörden, kommunale / regionale Wirtschaftsförderungseinrichtungen, die spezielle staatliche Infrastrukturleistungen anbieten;
- eingebettet in einen *lokalen Arbeitsmarkt*, in dem eine Vielfalt an Qualifikationen im gesamten Spektrum und auf allen Ebenen technischer, kaufmännischer und anderer Qualifikationen angeboten wird,
- so dass – durch die räumliche Konzentration, die Vielfalt und Komplementarität der Kompetenzen und Aktivitäten, die Produktivität und Innovativität, den Wettbewerbs- und Kooperationsgeist etc. - eine *kritische Masse* in bestimmten Geschäftsbereichen entsteht, die sich *selbst verstärkende Produktivitäts- und Wachstumseffekte* auslöst und damit *Quelle eines ungewöhnlichen Wettbewerbserfolgs* sein kann.
- Die *wirtschaftlichen* und *geographischen Grenzen* eines Clusters sind *endogen* und *kreativ* bestimmt durch insbesondere
  - die Stärke der horizontalen, vertikalen und institutionellen Bindungen
  - und ihre Bedeutung für Produktivität, Innovativität und Gründungsverhalten,

  wobei sich die wirtschaftlichen Grenzen laufend verschieben und selten mit den üblichen Branchenklassifikationen übereinstimmen.

Cluster-Vorteile

Für die *Unternehmen* und ihre *Beschäftigten* liegen die *Chancen* gut entwickelter räumlicher Cluster vor allem in den *Wettbewerbsvorteilen*, die auf *räumlichen Agglomerationsvorteilen* in Clustern beruhen und sich in

- erhöhter Produktivität und Flexibilität,
- höherer Innovativität und verkürzter Time-to-Market,
- reduzierten F&E-, Beschaffungs- und Absatzrisiken
- sowie höherer Gründungsaktivität

niederschlagen. Die gezielte Nutzung dieser Agglomerationsvorteile (externe Skalenerträge) gestattet den Unternehmen ein *synergetisches Wachstum* (McKinsey) mit hoher Innovations-, Ertrags- und Beschäftigungsdynamik. Zudem eröffnen sich den Unternehmen im Cluster bessere (Lobby-) Möglichkeiten zur Wahrnehmung ihrer cluster-spezifischen Interessen auf kommunaler, Länder-, Bundes- und EU-Ebene.

Für die *regionale Wirtschaftspolitik* bietet der Cluster-Ansatz die Chance,

- innerhalb des Clusters Branchen übergreifende Produktivitäts-, Innovations- und Gründungseffekte zu erzielen,
- Synergien mit anderen regionalen Clustern aufzubauen und auszuschöpfen,
- die Ansiedlungs- und Standortmarketingpolitik zu erleichtern
- und die Einkommens-, Beschäftigungs- und fiskalischen Risiken zu reduzieren, die mit einer einseitigen Ausrichtung auf einzelne Branchen verbunden sind.

Zudem deckt der Cluster-Ansatz für den Standorterfolg wichtige Verbindungen und Verbindungsmöglichkeiten zwischen Unternehmen, Organisationen, Institutionen und Behörden auf, und er vereint Firmen unterschiedlicher Größe, Qualifikationsanforderungen und Leistungsprofile unter einer gemeinsamen wirtschaftspolitischen Agenda.

Die genannten Cluster-Vorteile geben auch der Region Hamburg/Norddeutschland und ihren Unternehmen hinreichend Motivation, über die Grenzen und Möglichkeiten einer cluster-orientierten Unternehmens- und Wirtschaftspolitik nachzudenken.

Voraussetzungen einer Cluster-Politik

Allerdings setzt eine cluster-orientierte Unternehmens- und Wirtschaftspolitik voraus,

- dass bereits eine viel versprechende Keimzelle für (mindestens) ein regionales Cluster mit dem Potenzial zu einer "kritischen Masse" existiert,
- dass diese Keimzelle in ihren spezifischen Ausprägungen und Chancen den Beteiligten hinreichend bekannt ist,
- man die treibenden bzw. hemmenden Agglomerationskräfte innerhalb dieses Clusters kennt,
- die Perspektiven im volks- und betriebswirtschaftlichen sowie technologischen und regulatorischen Umfeld des Clusters positive Entwicklungsmöglichkeiten versprechen,

- sich die am Cluster beteiligten Unternehmen, Organisationen, Institutionen und Behörden auf eine gemeinsame Cluster-Vision verständigen können
- und ein professionelles Cluster-Management aufgebaut werden kann.

Nur auf dieser Informations- und Handlungsgrundlage lassen sich geeignete unternehmens- und wirtschaftspolitische Strategien zur Stärkung und zum Ausbau des Clusters in Kooperation zwischen privaten Unternehmen und Organisationen sowie staatlichen Behörden und Einrichtungen entwickeln und einsetzen.

B. Zweck und Inhalt der Studie zum LF-Cluster HH/NW-D

Die vorliegende Untersuchung zum LF-Standort HH/NW-D verfolgt drei Untersuchungszwecke:

Erster Zweck: Bestandsaufnahme des LF-Clusters HH/NW-D

In Norddeutschland (mit Schwerpunkt Hamburg) hat sich in den vergangenen Jahren eine möglicherweise viel versprechende Keimzelle für ein international wettbewerbs- und entwicklungsfähiges Cluster ziviler Luftfahrzeugbau und –wartung (in Zukunft kurz Luftfahrt-Cluster genannt) entwickelt. Der erste Zweck dieser Studie ist deshalb eine Bestandsaufnahme (Status-Quo-Analyse) dieses Clusters (siehe Kapitel II).

- Im Zentrum dieser Cluster-Keimzelle stehen die *Airbus Deutschland GmbH*, eine Tochtergesellschaft der Airbus SAS (société par actions simplifiées), die *Lufthansa Technik AG*, eine 100%-ige Tochter des Lufthansa-Konzerns, als die beiden Hamburger Kern- oder Leitunternehmen dieses Luftfahrt-Clusters. Beide sind *global players* und gleichzeitig die mit deutlichem Abstand wichtigsten deutschen Unternehmen in diesem Wirtschaftszweig. Zusätzlich betreibt die *Hamburg Flughafen GmbH* einen bedeutenden Regionalflughafen in Norddeutschland.
- Um die Kernunternehmen scharen sich bereits heute in der Region eine Vielzahl von *mittelgroßen und insbesondere kleineren Unternehmen*, welche die Kernunternehmen direkt (als 1st-tier Lieferanten) oder indirekt (als 2nd- oder 3rd-tier Lieferanten) beliefern.
- Ferner gibt es im Umfeld der Kernunternehmen eine Reihe von *Hochschulbildungs- und Forschungsstätten*, wie zum Beispiel die DLR, die TU Braunschweig, die TU Hamburg-Harburg, die Hochschule für angewandte Wissenschaften (HAW) in Hamburg, die Universität und Fachhochschule in Bremen und eine Reihe außeruniversitärer Forschungseinrichtungen.
- Auch eine Reihe von *Initiativen auf Verbands-, Kammer- und halbstaatlicher Ebene* zur Stärkung des Luftfahrtstandorts HH/NW-D haben sich in Nord-

deutschland entwickelt, wie z.B. die Hanse Aerospace e.V., die HECAS e.V., die Initiative Luftfahrtstandort Hamburg und die Hamburg Aviation Conference (HAC).

Freilich sind bis heute der Umfang, das Gewicht, die geographische und Industriestruktur, die Produkte und Kompetenzen, die regionale und sektorale Verflechtung, die treibenden Innovations- und Agglomerationskräfte, die Wissensinfrastruktur und vieles andere mehr des Luftfahrt-Clusters Hamburg/Norddeutschland nur in Umrissen bekannt. Man spricht zwar von der Metropolregion Hamburg als dem drittgrößten Standort für zivilen Flugzeugbau, –ausrüstung und -wartung der Welt – nach Seattle (Boeing) und Toulouse/Midi-Pyrénées (Airbus). Eine umfassende und detaillierte Analyse des Status quo dieses Luftfahrtstandorts steht aber noch aus. Sie ist unverzichtbar für die "Identität" des Clusters, die Einschätzung seiner ökonomischen Bedeutung, den standortrelevanten Media-Wert des Clusters, seine Zukunftsperspektiven und eine cluster-orientierte Unternehmens- und Wirtschaftspolitik.

Mit der vorliegenden Studie soll diese Lücke geschlossen und eine *Bestandsaufnahme* im Sinne einer *Identifikation* und detaillierten *Beschreibung des Luftfahrt-Clusters HH/NW-D* und seiner *cluster-bezogenen Wettbewerbsvorteile* vorgelegt werden. Teil dieser Bestandsaufnahme ist ein kurzer, auf wenige Grunddaten bezogener Vergleich mit dem Luftfahrt-Cluster in Toulouse/Midi-Pyrénées. Daraus sind erste Schlussfolgerungen zur Frage zu ziehen, ob ein *"hoffungsvoller Cluster"* vorliegt. Dies ist der *erste Zweck dieser Studie*. Grundlage dieser Bestandsaufnahme sind die Ergebnisse von schriftlichen und telefonischen Befragungen und Auswertungen von Experteninterviews. Das Ergebnis wird sein, dass in der Tat eine Keimzelle für ein Luftfahrtcluster in HH/NW-D existiert, aber noch immer Zweifel daran bestehen, ob diese Keimzelle eine ausreichende „kritische Masse“ hat, um ohne zusätzliche wirtschaftspolitische Unterstützung einen sich selbst verstärkenden Entwicklungsprozess des LF-Clusters zu tragen.

Zweiter Zweck: Analysen der Perspektiven, Chancen und Risiken

Der *zweite Zweck der Studie* besteht in einer Analyse der *Perspektiven, Chancen und Risiken der norddeutschen Luftfahrtindustrie* (siehe Kapitel III). Dabei stehen die kleinen und mittleren Betriebe der LF-Zulieferindustrie im Mittelpunkt unserer Betrachtung. Deren Perspektiven, Chancen und Risiken werden wesentlich geprägt durch die Trends im Umfeld der L&R-Industrie, speziell

- die Nachfragetrends,
- die Technologie- und Innovationstrends
- die Trends im industrie- und unternehmenspolitischen Umfeld der Kernunternehmen,

- die Wettbewerbstrends,
- die Restrukturierungstrends
- und die Entwicklungstrends der Agglomerationskräfte.

Diese Trends werden – auf der Grundlage von Recherchen und Experteninterviews - im Detail analysiert und im Hinblick auf die Zukunftschancen und die Entwicklungsoptionen des LF-Clusters HH/NW-D ausgewertet. Bestandteil dieser Analyse ist die Erhebung der Erwartungen und Einschätzungen der Clusterbetriebe selbst im Hinblick auf ihre zukünftige Entwicklung. Grundlage dieser Erhebung sind schriftliche Befragungen. Im Ergebnis wird festgestellt, dass die Umfeldtrends sehr gute Entwicklungschancen im Bereich Cabin Systems bieten, die norddeutsche Zulieferindustrie aber von den Wettbewerbs- und Restrukturierungstrends in ihrer Substanz bedroht ist.

Dritter Zweck: Vision und Handlungsempfehlungen

Auf der Grundlage der Bestandsaufnahme sowie der Analyse der Perspektiven, Chancen und Risiken besteht der *dritte Zweck der Studie* in der Entwicklung einer *Vision für die Cluster-Entwicklung* im Sinne eines Branchen übergreifenden *„Internationalen Kompetenzzentrums Cabin Systems“* und der Erarbeitung von *Empfehlungen für wirtschafts- und unternehmenspolitische Strategien* zur Entwicklung und Stärkung dieser Vision (siehe Kapitel IV).

II. Der Luftfahrt-Cluster Hamburg/NW-D – Eine Bestandsaufnahme

Das folgende Kapitel enthält eine Bestandsaufnahme des Luftfahrt-Clusters Hamburg/NW-D. Im ersten Abschnitt A wird der LF-Cluster identifiziert und kurz mit dem LF-Cluster Toulouse/Midi Pyrénées verglichen. Im zweiten Abschnitt B werden ausgewählte empirische Befunde zu wichtigen Merkmalen des LF-Clusters HH/NW-D präsentiert, die für eine Analyse der Perspektiven der Zulieferindustrie innerhalb des LF-Clusters von Bedeutung sind. Die Grundlage dieser empirischen Befunde bilden die Ergebnisse einer telefonischen und schriftlichen Befragung einer relevanten Stichprobe der LF-Clusterbetriebe.[2]

A. Identifikation des Luftfahrt-Clusters HH/NW-D

Die Cluster-Identifikation erfolgt in zwei Schritten (siehe Abbildung 2). Im ersten Schritt wird die Cluster-Kernindustrie identifiziert. Dieser Schritt beinhaltet die Identifikation einer besonders hohen räumlichen Konzentration der L&R-Industrie und der L&R-Kernbetriebe in dieser räumlichen Konzentration (Abschnitt II.A.1 und II.A.2.1). In einem zweiten Schritt wird die Peripherieindustrie des Clusters identifiziert (Abschnitt II.A.2.2). Der gesamte industrielle Luftfahrt-Cluster HH/NW-D besteht aus der Kern- und Peripherieindustrie (Abschnitt II.A.2.3). Danach stellen wir noch einen kurzen Vergleich mit dem Luftfahrt-Cluster Toulouse/Midi-Pyrénées in Frankreich an, hier allerdings nur im Hinblick auf die räumliche Konzentration und die Kernindustrie (Abschnitt II.A.3).

1. Räumliche Konzentration der L&R-Industrie in Deutschland

In der Bundesrepublik Deutschland hat der *Wirtschaftszweig 35.3 Bau und Reparatur von Luft- und Raumfahrzeugen* (L&R) gegenwärtig rund 69.500 Beschäftigte (in 2000).[3] Die geographische Verteilung der Beschäftigung in diesem Wirt-

---

[2] Die Details zu den Fragebogen finden sich in Pfähler/Lublinski (2002) und stehen auf Anfrage zur Verfügung.

[3] Das folgt aus den offiziellen Beschäftigungsdaten der Statistischen Landesämter für den Wirtschaftszweig Luft- und Raumfahrzeugbau (L&R) in 2000. Für einige Bundesländer unterliegen die entsprechenden Datensätze der statistischen Geheimhaltung. Für diese Länder werden ersatzweise Beschäftigungsdaten von Mitgliedsunternehmen des Bundesverbandes der Deutschen Luft- und Raumfahrtindustrie e.V. (BDLI) für das Jahr 1998 herangezogen. Nach Auskunft des BDLI macht die Gesamtbeschäftigung der Mitgliedsunternehmen circa 90% der Gesamtbeschäftigung des Wirtschaftszweigs „Luft- und Raumfahrzeugbau" aus (vgl. Interview Herr Tribanek, BDLI e.V. Bonn, Juni 2001).

schaftszweig auf die Bundesländer ist in Abbildung 3 dargestellt. In Tabelle 1 findet sich zusätzlich die Auswertung der Beschäftigungsdaten im Hinblick auf die absolute und relative geographische Konzentration sowie die geographische Dichte (gemessen an L&R-Beschäftigten pro qkm).

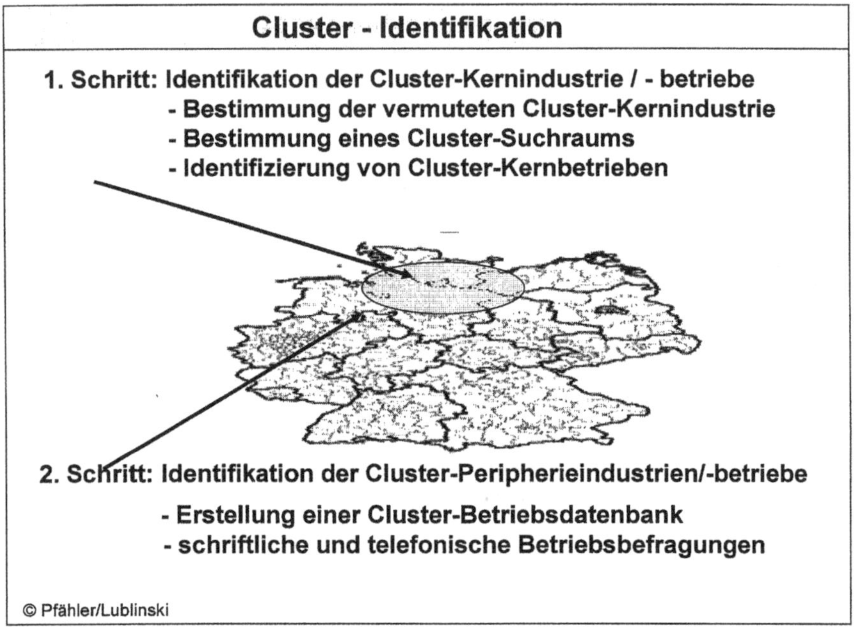

Abbildung 2: Cluster Identifikation

Die Daten zeigen zwei Groß-Regionen hoher räumlicher Konzentration der L&R-Beschäftigung, die als Cluster-Suchräume in Frage kommen: Zum einen "Süd-Deutschland" mit den Flächenländern Bayern, Baden-Württemberg, Hessen und zum anderen "Nord-West-Deutschland" mit den Stadtstaaten Hamburg und Bremen sowie dem benachbarten Flächenstaat Niedersachsen.

In "Süd-Deutschland" arbeiten insgesamt 58,25% (bzw. 40 473) aller L&R-Beschäftigten in Deutschland. Den Schwerpunkt bildet Bayern mit 33,8% (bzw. 23.515) aller L&R-Beschäftigten in Deutschland, gefolgt von Baden-Württemberg mit 14% (bzw. 9.754) und Hessen mit 10,4% (bzw. 7.204). Die relative Konzentration ist mit 2,4 in Bayern höher als in Hessen (1,8) und Baden-Württemberg (1,4).

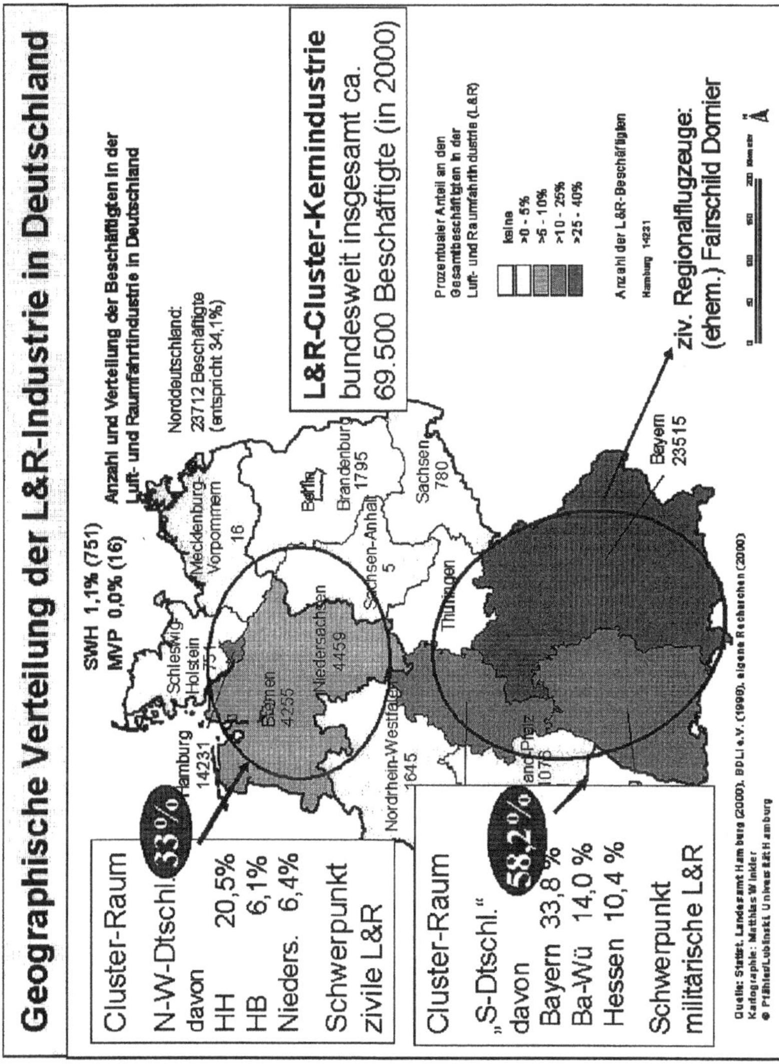

Abbildung 3: Anzahl und Verteilung der Beschäftigten in der L&R-Industrie in Deutschland

In "Nord-West-Deutschland (NW-D)" arbeiten dagegen nur 33 % (bzw. 22.945) aller L&R-Beschäftigten in Deutschland. Das impliziert eine relative Konzentration von 2,5. Innerhalb "Nord-West-Deutschlands" liegt der Schwerpunkt eindeutig in Hamburg mit 14.231 L&R-Beschäftigten (20,5% absolute Konzentration, 12,2 relative Konzentration), gefolgt von Niedersachsen (6,4% absolute Konzentration, 0,9 relative Konzentration) und Bremen (6,1% absolute Konzentration, 10,4 relative Konzentration).

Im direkten Vergleich der süd- und nordwestdeutschen Bundesländer liegt in der absoluten Konzentration der Flächenstaat Bayern (33%) vor dem Stadtstaat Hamburg (20,5%) und dem Flächenstaat Baden-Württemberg (14%), während in der relativen Konzentration und L&R-Dichte die Stadtstaaten Hamburg und Bremen vor Hessen und Bayern liegen. Die Stadtstaaten Hamburg und Bremen haben mit Abstand die meisten L&R-Beschäftigten pro qkm.

	L&R Beschäftigte[1)]	**Absolute Konzentration[2)]** (%-Anteile)	**Relative Konzentration[3)]** >1 Überrepräs. <1 Unterrepräs.	**L&R Beschäftigte pro qkm**
Bayern	23.515	33.8%	2.7	0.33
Baden-Würtemberg	9.754	14.0%	1.4	0.27
Hessen	7.204	10.4%	1.8	0.34
„Süd-Deutschland"	**40.473**	**58,2%**		
Nordrhein-Westfalen	1.645	2.4%	0.1	0.05
Brandenburg	1.795	2.6%	1.0	0.06
Rheinland-Pfalz	1.076	1.5%	0.4	0.05
Thüringen	-	0.0%	0.0	-
Sachsenanhalt	5	0.0%	0.0	0.00
Berlin	-	0.0%	0.0	-
Sachsen	780	1.1%	0.3	0.04
Saarland	-	0.0%	0.0	-
Norddeutsche Bundesländer	**23.712**	**34.1%**	**2.5**	0.27
Hamburg	14.231	20.5%	12.2	18.85
Niedersachsen	4.459	6.4%	0.9	0.09
Bremen	4.255	6.1%	10.4	10.53
Schleswig-Holstein	751	1.1%	0.4	0.05
Mecklenburg-Vorpommern	16	0.0%	0.0	0.00
Summe	69.486	100%		

Tabelle 1: Konzentration der L&R-Beschäftigten in den 16 Bundesländern

Hinweise zu Tabelle 1:

1) Die L&R Beschäftigtendaten entsprechen den offiziellen Angaben der Statistischen Landesämter aus dem Jahr 1999. Aus Datenschutzgründen werden für einzelne Bundesländer die Anzahl der L&R Beschäftigten nicht ausgewiesen. In diesen Fällen wurden alternativ Angaben über die Beschäftigten von Mitgliedsunternehmen des Bundesverbandes der Deutschen Luft- und Raumfahrtindustrie (BDLI e.V.) für das Jahr 1998 herangezogen.

2) Die absolute Konzentration wird für jedes Bundesland gemessen durch den Anteil der L&R-Beschäftigung an der Gesamtbeschäftigung des jeweiligen Bundeslandes

3) Die relative Konzentration wird gemessen durch den Quotienten aus dem länderspezifischen Anteil der L&R-Beschäftigung an der Gesamtbeschäftigung und dem bundesweiten Anteil der L&R-Beschäftigung an der Gesamtbeschäftigung. Das ist gleichbedeutend mit dem Quotienten aus dem länderspezifischen L&R- Beschäftigungsanteil (absolute Konzentration) und dem länderspezifischen Gesamtbeschäftigungsanteil. Dabei bedeutet eine Maßzahl >1 (<1), dass die L&R-Industrie in dem jeweiligen Land über- (unter-) repräsentiert ist.

Nach Einschätzungen des BDLI e.V. unterscheiden sich die beiden Ballungsräume der L&R-Beschäftigung in ihrer marktlichen Ausrichtung. Demnach ist ein Großteil der in "Süd-Deutschland" hergestellten L&R-Produkte für militärische Zwecke bestimmt. Dagegen liegt in "Nord-West-Deutschland" der Schwerpunkt des zivilen Luft- und Raumfahrzeugbau*s*.[4] Für eine Identifikation eines räumlichen Clusters im zivilen Luft- und Raumfahrzeugbau ist mithin „Nord-West-Deutschland (NW-D)" der relevante Cluster-Suchraum.

2. LF-Cluster HH/NW-D

Ein räumlicher Cluster besteht aus der Cluster-Kernindustrie (hier der L&R-Industrie) und aus der Cluster-Peripherieindustrie. Die Cluster-Peripherieindustrie umfasst die Unternehmen und Organisationen, die direkt und indirekt über Beschaffungs-, Absatz-, F&E- oder Informationsnetzwerke mit der Cluster-Kernindustrie verbunden sind. Im Folgenden wird der LF-Cluster HH/NW-D im Detail betrachtet.

2.1. LF-Cluster-Kernbetriebe und -Kernindustrie

Innerhalb des norddeutschen Cluster-Raums sind die beiden größten L&R-Unternehmen die Airbus Deutschland GmbH (mit 5 Betrieben in Norddeutschland) und die Lufthansa Technik AG. Zusammen machen sie einen Umsatz von 12.128 Mio. DM (in 2000) und beschäftigen 20.828 Mitarbeiter (in 2000). Die 6

[4] Interview mit Herrn Tribanek (BDLI e.V., Bonn), Januar 2001.

Betriebe dieser beiden Unternehmen sind die mit Abstand wichtigsten Cluster-Kernbetriebe in Norddeutschland (siehe Abbildung 4).

Airbus Deutschland GmbH

Die Airbus Deutschland GmbH ist eine Tochtergesellschaft der Airbus SAS (société par actions simplifiées), einer Gesellschaft französischen Rechts mit Sitz in Toulouse. Die Airbus Deutschland GmbH mit Sitz in Hamburg und Werken in Hamburg-Finkenwerder (Rumpfmontage und Ausrüstungseinbau), Stade (Seitenleitwerke), Bremen (kleine Blechteile), Varel (Zerspanungsteile) und Nordenham (große Blechteile und Rumpfmontage) ist im Rahmen der europäischen Arbeitsteilung von Airbus u.a. maßgeblich zuständig für

- die Entwicklung und Fertigung
  - des Rumpfes der gesamten Airbus-Flotte,
  - der Kabine der gesamten Airbus-Flotte
  - der Seitenleitwerke der gesamten Airbus-Flotte
- die Endmontage, kundenspezifische Ausstattung (Cabin Interior) und "Einflug" der single-aisle Flugzeuge A321, A319 und A318 (Standort Hamburg-Finkenwerder).

Im Jahr 2000 erwirtschaftete sie mit ca. 14.750 Beschäftigten einen Umsatz von 7.528 Mio. DM. Auf den Standort Hamburg entfällt der Großteil der Beschäftigten, dort sind 7.771 MitarbeiterInnen tätig. Airbus konnte im Jahr 2000 mehr als 50% Marktanteile bei Bestellungen für Flugzeuge über 100 Sitze verzeichnen. Sie ist damit Marktführer vor dem US-Konkurrenten Boeing. Allerdings entfällt nur 24% des Gesamtbestellwerts auf die 3.259 norddeutschen Lieferanten (in 2000); unter ihnen sind höchstens ein halbes Dutzend der bedeutenden L&R-Systemlieferanten.

Lufthansa Technik AG

Die Lufthansa Technik AG ist eine 100%-ige Tochter des Lufthansa Konzerns. Ihr Hauptsitz ist Hamburg. Sie bietet Fluggesellschaften weltweit

- Dienstleistungen bei der *Wartung und Überholung von Flugzeugen* (inkl. Triebwerken und Geräten) und
- Dienstleistungen im Bereich *Cabin Modification* (kompletter, kundenspezifischer Innenausbau von Flugzeugen) an.

Zudem bietet sie Regierungen und Privatpersonen weltweit

- *VIP und Executive Services* (kompletter, kundenspezifischer Innenausbau) an.

Mit über 10.000 Beschäftigten erwirtschaftete sie im Jahr 2000 einen Umsatz in Höhe von 4.600 Mio. DM. Der Großteil der Beschäftigten entfällt dabei auf den einzigen norddeutschen Standort Hamburg-Fuhlsbüttel mit 6.078 MitarbeiterInnen im Jahr 2000. Die Lufthansa Technik AG übernimmt gegenwärtig technische Dienstleistungen für Flugzeuge bei über 300 Kunden. Sie ist mit einem Marktanteil von ca. 10% Weltmarktführer. Der stärkste Wettbewerber ist die Air France Industrie. Die Lufthansa Technik AG hatte im Jahr 2000 840 norddeutsche Lieferanten, auf die aber nur 13% des Gesamtbestellwerts entfällt.

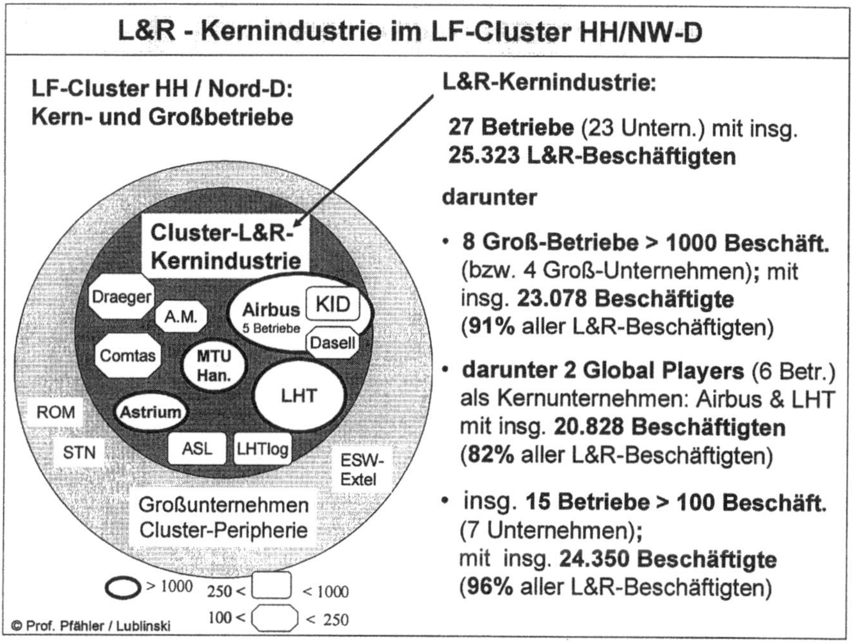

Abbildung 4: L&R-Kernindustrie im LF-Cluster HH/NW-D

Gesamte L&R Kernindustrie im LF-Cluster HH/NW-D

Neben den insgesamt sechs Cluster-Kernbetrieben der beiden wichtigsten Cluster-Unternehmen gibt es in der L&R-Kernindustrie lediglich 21 Betriebe (bzw. Unternehmen) mit 25.323 L&R-Beschäftigten, die direkt der Cluster-L&R-Industrie in HH/NW-D zuzurechnen sind. Von den insgesamt 27 Betrieben (23 Unternehmen) haben nur 15 mehr als 100 Beschäftigte. Sie sind in Abbildung 4 im Überblick zusammengefasst und in Tabelle 2 nochmals im Detail aufgelistet. Zusätzlich enthalten diese die Information über drei Großbetriebe mit mehr als 150 L&R-Beschäftigten, die nach der WZ-Zuordnung zur Peripherie-Industrie gehören.

Nr	Betrieb	Beschäftigung	Standort	Wirtschafts-zweig	L&R-Beschäftigte
Cluster-Kernbetriebe der L&R-Industrie Norddeutschland					
	Airbus Deutschland gesamt	14.750		L&R	14.750
1	Airbus Deutschland GmbH	7.771	Hamburg	L&R	7.771
2	Airbus Deutschland GmbH	1.174	Stade	L&R	1.174
3	Airbus Deutschland GmbH	2.655	Bremen	L&R	2.655
4	Airbus Deutschland GmbH	1.971	Nordenham	L&R	1.971
5	Airbus Deutschland GmbH	1.179	Varel	L&R	1.179
6	Lufthansa Technik AG	6.078	Hamburg	L&R	6.078
	Kernbetriebe gesamt	**20.828**			**20.828**
Weitere Großbetriebe der L&R-Industrie Norddeutschland					
7	ASL Aircraft Services Lemwerder GmbH	702	Lemwerder bei Bremen	L&R	*
8	Astrium GmbH Bremen	1150	Bremen	L&R	*
9	MTU Maintenance Han. GmbH	1100	Hannover	L&R	*
Großbetriebe aus anderen Branchen in Norddeutschland					
10	ROM-HH RUD.OTTO MEYER WAERME KLIMA SANITAER	700	Hamburg	Herst. v. mech. Prüf-masch., Anlagenbau,	*
11	STN ATLAS Elektronik GmbH	3100	Bremen	Schiffbau	*

"Strategisch wichtige" Systemlieferanten in Norddeutschland					
12	ESW-EXTEL SYSTEMS WEDEL	730	Wedel	Herst.v.Waffen und Munition; Aerospace-Sparte: Bordstromvers.;Frachtlade-systeme; Enteisungs-systeme	*
13	Albert Mühlenberg Apparatebau GmbH & Co.	170	Norderstedt	L&R Flugzeugküchen	*
14	Draeger Aerospace GmbH	175	Lübeck	L&R (Not-) Sauerstoff-sys.	*
15	KID-Systeme GmbH	270	Buxtehude	L&R Inneneinr. / Toiletten / Kab.steuerungen	*
Weitere mittelgroße Luftfahrzeugbauunternehmen					
16	LHT Logistik GmbH	300	Hamburg	L&R	*
17	Dassell Cabin Interior	180	Hamburg	L&R Inneneinrichtungen	*
18	Comtas Aerospace GmbH	150	Hamburg	L&R Flugzeugbauteile	*
		29.555			**26.091**

Tabelle 2: Achtzehn größte Betriebe im LF-Cluster HH/NW-D (in 2000)
(* = Geheimhaltung)

2.2. LF-Cluster- Peripheriebetriebe bzw. –industrien

Im Prinzip gehören alle mit den nordwestdeutschen L&R-Betrieben direkt und indirekt verflochtenen Betriebe bzw. Industrien (funktionale Dimension) im nordwestdeutschen Raum (geographische Dimension) zu den Cluster-Peripherieindustrien bzw. – betrieben. Diese Betriebe zu identifizieren ist nicht ohne weiteres möglich, weil die offizielle Statistik nach Wirtschaftszweigen und nicht nach Branchen übergreifenden Clustern aufbereitet ist.

Hier wurde deshalb der Weg beschritten, aus verschiedenen privaten und öffentlich zugänglichen Quellen einen eigenen Datensatz zu den Cluster-Peripherieindustrien bzw. – betrieben zu ermitteln. Folgende zehn Quellen wurden zu diesem Zweck herangezogen:

1) Airbus Deutschland GmbH – Lieferanten Datenbank (2000)
2) Airbus Deutschland GmbH – Lieferanten Datenbank (2000) „fliegendes Material“
3) Airbus Deutschland GmbH – Adressenliste der F&E-Kooperationspartner
4) Lufthansa Technik AG – Lieferanten Datenbank (2000)
5) BDLI e.V. – Adressenliste der Mitgliedsunternehmen (2001)
6) Hanse Aerospace e.V. – Adressenliste der Mitgliedsunternehmen (2001)
7) Industrie- und Handelskammer – Luft- und Raumfahrzeugbau-, Luftfahrt und Flughafenbetriebe aus allen 15 norddeutschen Kammerbezirken (2001)
8) Regis-Online (Regio Institut – Universität Oldenburg) – Luft- und Raumfahrzeugbau-, Luftfahrt und Flughafenbetriebe im „Nordwesten“ Niedersachsens (2001)
9) Hoppenstedt-Unternehmensverzeichnis – Luft- & Raumfahrzeugbaubetriebe (2001)
10) „2nd-tier“-Lieferanten[5]

Die in diesen Datenbanken aufgeführten Betriebe und Institutionen (inkl. Adressen) sind tatsächlich oder potenziell mit den Kernbetrieben direkt über Geschäfts- oder Kooperationsbeziehungen oder indirekt über Faktor- und Absatzmärkte verbunden (*funktionale Dimension*). Oder es sind andere Betriebe, die den Wirtschaftszweigen Luft- und Raumfahrzeugbau, Luftfahrt oder Flughafenbetriebe zugeordnet werden. Sie werden deshalb – nach einer Reihe von Bereinigungen

[5] In einer schriftlichen Befragung konnten 121 zusätzliche Betriebe identifiziert werden, die von den befragten Betrieben als jeweils wichtigste Lieferanten angesehen werden.

und nach dem Prinzip der Selbstdeklaration – in eine *Cluster-Betriebsdatenbank* aufgenommen.[6] Insgesamt umfasst diese *Cluster-Peripherie-Datenbank 1.892 Betriebe und Institutionen.* Allerdings kann dies nur ein Näherungswert sein. Denn trotz intensiver Bemühungen um eine hohe Datenbank-Qualität, enthält auch diese bereits bereinigte Datenbank vermutlich immer noch einige hundert Betriebe, die vermutlich einen recht unbedeutenden Beitrag zur Wertschöpfung in den Cluster-Kernbetrieben bzw. -industrien leisten.

2.3. Gesamter Luftfahrt-Cluster HH/NW-D:

Die Cluster-Kernbetriebe bilden zusammen mit den Cluster-Peripheriebetrieben und –Einrichtungen den gesamten hier identifizierten Luftfahrt-Cluster HH/NW-D. Er lässt sich durch folgende Merkmale charakterisieren:

Betriebe und Organisationen

- Er umfasst insgesamt 1.919 Betriebe und Institutionen;[7]
- darunter finden sich allerdings nur *12 Großbetriebe* (oder nur 4 Unternehmen) mit jeweils mehr als *500 Beschäftigten* und insgesamt 28.310 *Beschäftigten*
- bzw. nur 9 *Großbetriebe* (oder nur 5 Unternehmen) mit jeweils mehr als *500 L&R-Beschäftigten* und insgesamt 23.780 *L&R-Beschäftigten*
- und nur vier relativ kleine *Systemlieferanten* mit jeweils zwischen 170-270 L&R-Beschäftigten und insgesamt nur 798 L&R-Beschäftigten, wovon einer (KID Systeme GmbH) noch eine 100%-ige Tochter eines Großunternehmens (Airbus Deutschland GmbH) ist.

---

[6] Zum einen wurden Mehrfachnennungen gestrichen. Ferner ließ die Größe dieser Datenbank vermuten, dass die Cluster-Betriebe und –Einrichtungen, die einen wesentlichen Wertschöpfungsbeitrag im Cluster leisten, nur eine Teilmenge des gesamten Firmenverzeichnisses ausmachten. Deshalb musste der Adressenbestand um relativ unwichtige Betriebe bereinigt werden. Da die einzige Informationsquelle hierüber der Firmenname war, wurden, um Fehler zu vermeiden, zunächst im Wesentlichen nur Gastronomie-, Hotel-, und Taxibetriebe aus der Datenbank entfernt. Nach diesen Arbeitsschritten umfasste die Cluster-Datenbank 2.354 Betriebe und Institutionen. Im weiteren Verlauf der Bereinigung des Adressenbestands wurde im Rahmen einer schriftlichen Befragung auf das Prinzip der *Selbstdeklaration* zurückgegriffen. Die mit einem Fragebogen angeschriebenen Betriebe wurden gebeten, eine entsprechende Notiz zurückzuschicken, sofern Sie sich nicht dem Cluster zugehörig fühlen und aus der Clusterdatenbank entfernt werden möchten. Auf diese Bitte reagierten über 400 Betriebe, so dass letztlich diese erste Cluster-Betriebsdatenbank auf 1.919 Betriebe und Institutionen verkleinert werden konnte.

[7] Hierin sind sicher eine ganze Reihe von Betriebe nicht enthalten, weil sie nicht an den Befragungen teilgenommen. Das gilt beispielsweise auch für 114 norddeutsche luftfahrt-affine Betriebe, die „fliegendes Material“ an u.a. die Airbus Deutschland GmbH liefern.

Standorte (Geographische Struktur)

Die *Standorte* der Cluster-Betriebe und ihre *Verdichtung im Raum* sind auf der Grundlage von 3-Steller PLZ-Bezirken in Abbildung 5 abgetragen. Es zeigt sich, dass der norddeutsche Raum sehr ungleichmäßig mit Cluster-Betrieben ausgestattet ist. In weiten Teilen Norddeutschland gibt es keine nennenswerte Anzahl von Cluster-Betrieben. Das gilt insbesondere für die größten Teile von Mecklenburg-Vorpommern, für den Westen Schleswig-Holsteins und für das süd-westliche sowie süd-östliche Niedersachsen. *Verdichtungen* gibt es nur in drei Gebieten Norddeutschlands. Der *Hauptschwerpunkt* liegt dabei in *Hamburg* mit 729 Betrieben/Einrichtungen (bzw. 38% aller norddeutschen Cluster-Betriebe) und in den unmittelbar angrenzenden PLZ-Bezirken. Eine Abschätzung für die *Metropolregion Hamburg* ergibt ca. 1.100 Cluster-Betriebe. Damit lägen rund 57% aller 1.919 Cluster-Betriebe und Einrichtungen in der Metropolregion Hamburg.[8] Ein zweites - nach Anzahl und Gewicht der Betriebe - kleines Verdichtungsgebiet ist im *Großraum Bremen* zu erkennen. Eine noch kleinere, dritte Agglomeration hat sich im Raum *Hannover/Braunschweig* gebildet. Die restlichen Betriebsstandorte liegen zwischen und angrenzend an die drei Ballungsgebiete im ländlichen Niedersachsen, Schleswig-Holstein und zu einem sehr geringen Teil im westlichen Mecklenburg-Vorpommern.

Damit ist festzustellen, dass *Norddeutschland insgesamt gegenwärtig keinen regionalen Cluster-Raum* darstellt. Vielmehr gibt es innerhalb von Norddeutschland

- ein starkes lokales Haupt-Cluster in Hamburg und näherer Umgebung in Kern-Ring-Struktur mit Sitz beider Kern- und anderer Großunternehmen,
- ein damit in vielfacher Weise verbundenes *lokales Neben-Cluster in Bremen und Umgebung* mit Sitz wichtiger Betriebsstätten des größten Kernunternehmens und anderen Großunternehmen der Kernindustrie,
- eine dritte, sehr kleine und mit dem Haupt-Cluster nicht stark verbundene Agglomeration im Raum *Hannover/Braunschweig* mit nur einem größeren Unternehmen in Hannover (MTU), aber einer Vielzahl von Forschungsstätten (Braunschweig)
- und bislang keine nennenswerte Anzahl oder Agglomeration von Betrieben im östlichen Norddeutschland (Mecklenburg-Vorpommern).

---

[8] Die Daten zur Metropolregion können nicht direkt ermittelt werden, weil sich die Grenzen der Postleistzahlbezirke (PLZ-Bezirke) mit den Landkreisgrenzen überschneiden.

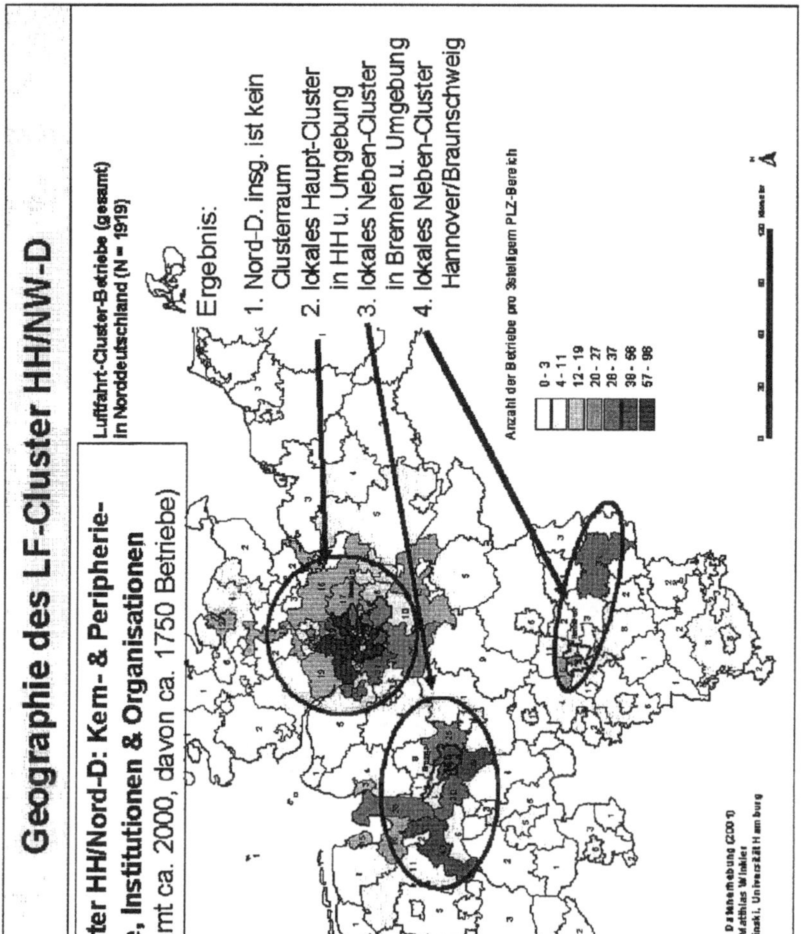

Abbildung 5: Standorte und Dichte der Luftfahrt-Cluster-Betriebe in Norddeutschland (gesamt)

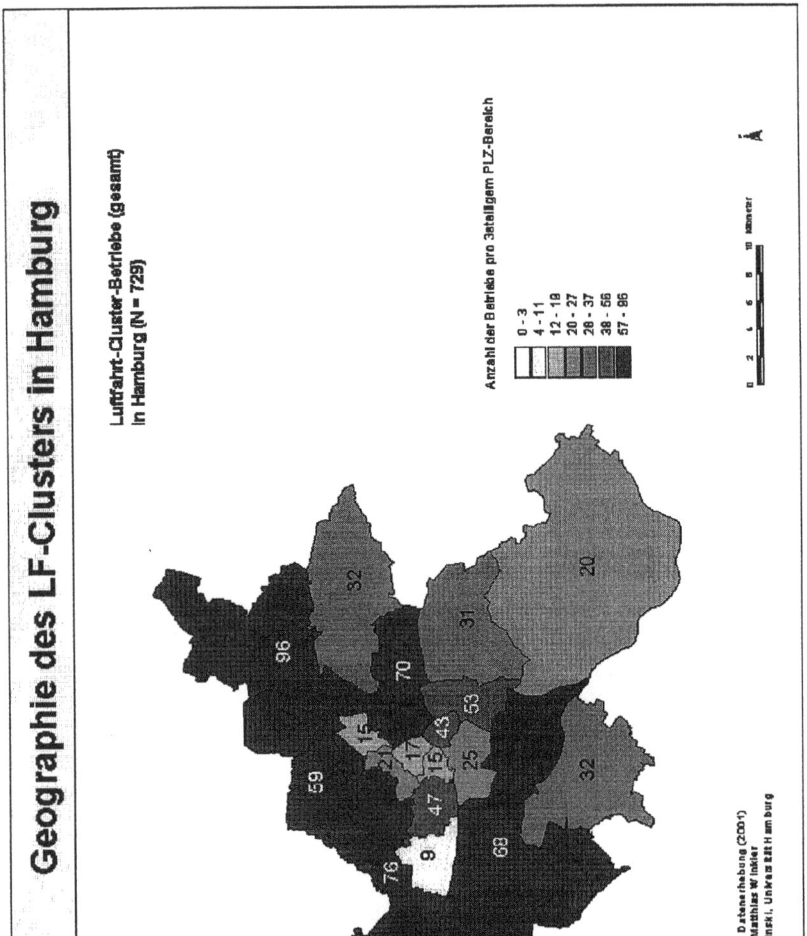

Abbildung 6: Standorte & Dichte der LF-Cluster-Betriebe in Hamburg (gesamt)

Gleichwohl werden wir im weiteren Verlauf der Bestandsaufnahme die Gesamtregion Nordwestdeutschland (NW-D) als *potenziellen zukünftigen Cluster-Raum* betrachten und einer detaillierten Bestandsaufnahme unterziehen.

Die Standorte der 729 Hamburger Cluster-Betriebe und ihre Verdichtung sind in der Karte in Abbildung 6 gesondert ausgewiesen. Innerhalb Hamburgs sind auffallend viele Betriebe in den westlichen Stadtteilen angesiedelt. Dieses westliche Stadtgebiet schließt auch die Stadtteile der beiden Kern-Betriebe Hamburg-Finkenwerder (Airbus Deutschland GmbH) und Hamburg-Fuhlsbüttel (Lufthansa Technik AG) mit ein.

"Wirtschaftliches Gewicht"

Das *"wirtschaftliche Gewicht"* des so identifizierten Luftfahrt-Clusters HH/NW-D, gemessen an der Gesamtbeschäftigung bzw. dem Gesamt- (bzw. L&R-) Umsatz, kann leider mangels geeigneter Angaben nicht festgestellt werden. Wir kennen allenfalls eine *Untergrenze* von (siehe Abbildung 7)

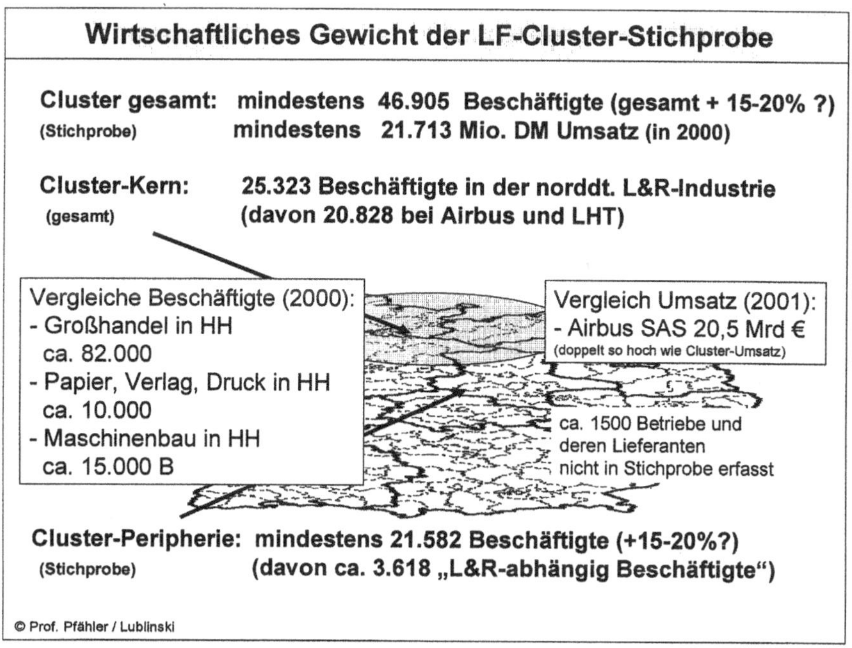

Abbildung 7: Wirtschaftliches Gewicht der LF-Cluster-Stichprobe

– ca. rund 22 Mrd. DM Umsatz (plus 10-15%?)

– und 47.000 Beschäftigten (plus 10-15%?).

Dies sind die uns bekannten Umsatz- und Beschäftigungsdaten einer Cluster-Stichprobe von 257 Cluster-Betrieben, die etwa 90% des norddeutschen Bestellwerts der beiden Kernbetriebe Airbus Deutschland GmbH und Lufthansa Technik AG auf sich vereinen.

3. Vergleich mit LF-Kernindustrie im LF-Cluster Toulouse/Midi-Pyrénées

Ein Vergleich mit Frankreich zeigt, dass es dort mit rund 90.000 (in 1999) rund 20.000 mehr L&R-Beschäftigte gibt als in Deutschland. Diese konzentrieren sich gleichfalls in zwei Regionen, nämlich in der kleinen nördlichen Region Ile-de-France (Großraum Paris) mit 38.800 Beschäftigten und in der südwestlichen Region Midi-Pyrénées (Zentrum Toulouse) und Aquitaine mit zusammen rund 30.000 Beschäftigten (siehe Abbildung 8 und Tabelle 3). Die Region Midi-Pyrénées bildet das Zentrum des zivilen Luftfahrzeugbaus, während im Großraum Paris vor allem die Raumfahrt und der militärische Luftfahrzeugbau angesiedelt sind.

Die 6 deutschen Bundesländer mit den meisten Beschäftigten in der L.u.R.-Industrie (in 2002) Beschäftigte:		Die 6 französischen Regionen mit den meisten Beschäftigten in der L.u.R.-Industrie (in 2000/1) Beschäftigte:	
1.Bayern	23.515	1. Île-de-France (Großraum Paris)	34.650
2. Hamburg	14.231	2. Midi-Pyrénées	21.780
3. Baden-Württemberg	9.754	3. Aquitaine	11.880
4. Hessen	7.204	4. Provence-Alpes Côtes d'Azur	8.712
5. Niedersachsen	4.459	5. Pays de la Loire	5.445
6. Bremen	4.255	6. Rhône Alpes	3.068
Gesamt	**63.418**	**Gesamt**	**85.535**
Nordwestdeutschland (HH, NDS,Bremen)	23712	Südwestfrankreich (Midi-Pyrénées, Aquitaine)	33.660
Süddeutschland (Ba-Wü, Bayern, Hessen)	40.473		

Quellen: Deutschland siehe oben; Frankreich siehe GIFAS annual report 2000/1

Tabelle 3: Vergleich der Regionen mit der höchsten L&R-Beschäftigung

	Nordwestdeutschland (HH, Bremen, Niedersachsen)	**Midi-Pyrénées**
Absolute Größe Beschäftigung in der L&R-Industrie	**29.555** davon Airbus: 14.750	**21.780** davon Airbus: 11.900
Geographische Konzentration Beschäftigung in der L&R-Industrie pro qkm	**0,47** z.Vgl. Bayern: 0,33 Deutschland: 0,19	**0,50** z.Vgl. Großraum Paris: 3,23 Frankreich: 0,18
Anteil der L&R an der gesamten Industrie Beschäftigungsanteil der L&R-Industrie am Verarb. Gewerbe	**3,16%** z.Vgl. Bayern: 1,98% Deutschland: 1,08%	**19,00%** z.Vgl. Großraum Paris: 6,55% Frankreich: 2,37%
Regionalanteil an nationaler L&R-Industrie Regionaler Beschäftigungsanteil an der nationalen L&R-Industrie	**33,40%** z.Vgl. Bayern: 34,23%	**22,00%** z.Vgl. Großraum Paris: 35%

Tabelle 4: Vergleich LF-Cluster HH/NW-D mit Toulouse/Midi-Pyrénées

Sowohl in der Region Nord-West-Deutschland als auch in der Region Midi-Pyrénées liegen die allermeisten L&R-Betriebe in einem Umkreis von rund 150km vom jeweiligen Zentrum Hamburg bzw. Toulouse. Ein direkter Vergleich zwischen diesen Cluster-Regionen ähnlicher Ausdehnung zeigt, dass (siehe Tabelle 4 und Tabelle 5) die folgenden Ergebnisse:

1. Die Region Nordwestdeutschland ist – entgegen landläufiger Meinung – ein größerer L&R-Standort ist als die Region Midi-Pyrénées, denn Nordwestdeutschland hat absolut betrachtet deutlich mehr L&R-Beschäftigte als Midi-Pyrénées und auch einen deutlich höheren Anteil an der nationalen L&R-Industrie.

2. Aber die Region Midi-Pyrénées hat eine stärkere räumliche Spezialisierung auf die L&R-Industrie als die Region Nordwestdeutschland, denn dort ist der Anteil der L&R-Industrie an der gesamten Industrie deutlich höher als in Nordwestdeutschland.

3. Die achtzehn größten L&R-Betriebe in Midi-Pyrénées haben zwar mit 25000 Beschäftigten nur 84% der Beschäftigten der achtzehn größten Betriebe in HH/NW-D, darunter befinden sich aber deutlich mehr Großbetriebe (> 500 Beschäftigte) als Systemlieferanten der Primes als in HH/NWD (vgl. Tabelle 2 und Tabelle 5).

Name, Sitz	Umsatz 2000	Beschäfti-gung 2000 Midi-Pyrén.	Geschäftsfelder
Airbus France (ehemals Aerospatiale)	14,9 Mrd €	9 500[a]	Flugzeugbau, -verkauf und After-Sales-Service
Airbus Industrie, Blagnac (Konzernzentrale)		2 400	
Alcatel Space, Toulouse	1,4 Mrd €	2 300	Raumfahrttechnik
Astrium, Toulouse	2,03 Mrd €	2 000	Raumfahrttechnik
Ratier Figeac, Figeac	132 Mio €	1 070	Flugzeugpropeller und Antriebssysteme
Météo France, Toulouse	300 Mio €	1 000	Wettervorhersage, Forsch. & Ausbildung Meteorologie
EADS Socata, Tarbes	180 Mio €	950	(Klein-) Flugzeugbau Produktion in Tarbes, Sitz Le Bourget, Paris
Latécoère Groupe, Toulouse	206 Mio €	920	Flugzeugstrukturteile, Elektronik
ATR (Avions de Transport Régional), Blagnac	580 Mio €	700	Regionale Verkehrsflugzeuge (40-70 Sitze) Endlinie, Vertrieb, Service
Air France Midi-Pyrénées, Toulouse	183 Mio €	630	Flugverkehr, Flugzeugwartung und -reparatur
Thales Avionics, Toulouse	730 Mio €[b]	600[c]	Flug- und Kabinenelektronik
Zodiac International, Montgiscard	76 Mio €	600	Forschungsballons
Liebherr Aerospace, Toulouse	170 Mio €	570	Klimaanlagen und Kabinendrucksysteme
Rockwell-Collins France, Blagnac	184 Mio €	480	Zivile und militärische Elektronik
Microturbo (Snecma), Toulouse	k.A.	400[d]	Kleine Triebwerke, Auxilliary Power Units
Aéroconseil Groupe, Blagnac	k.A.	320[e]	Technische Entwicklung und Dienstleistungen
Goodrich Aerospace Europe, Colomier	76 Mio €	270	Endmontage Triebwerkgondel (nacelle de réacteurs)
B.A.E. Systems Regional Aircraft, Blagnac	k.A.	250[f]	Luft- und Raumfahrtzeugbau
Gesamt		**24960**	

Tabelle 5: Die größten L&R-Betriebe in Toulouse/Midi-Pyrénées

Quelle: Entreprise Midi-Pyrénées - Magazine Économique, TOP Économique Midi-Pyrénées, Toulouse 2001, Burger (2002)
a Quelle Airbus Industries ; b Für das Gesamtunternehmen, für Toulouse nicht getrennt zugewiesen, c Nach Angaben des Unternehmens, d Vgl. INSEE Midi-Pyrénées (2002), L'industrie en Midi-Pyrénées, S. 48, e Vgl. G. Gorrias (Hrsg), Qui fait Quoi en Midi-Pyrénées, 15éme édition, Toulouse 2001, S. 76., f . Vgl. G. Gorrias (2001), S. 77.

B. Beschreibung des LF-Clusters HH/NW-D

Die Beschreibung des Luftfahrt-Clusters HH/NW-D erfolgt anhand von Merkmalen, die uns geeignet erscheinen, einerseits die wichtigsten ökonomischen Aspekte und treibenden Innovations- sowie Agglomerationskräfte im Cluster zu erfassen und andererseits die vermutlich wirksamsten Ansatzpunkte für unternehmens- und/oder wirtschaftspolitische Strategien zur Stärkung und Entwicklung des Clusters aufzudecken. In Abbildung 8 sind diese Merkmale in Gestalt eines Cluster-Radarcharts im Überblick zusammengestellt.

Die empirische Grundlage der Cluster-Beschreibung bilden die Antworten einer Stichprobe von insgesamt 257 Cluster-Betrieben, die nach dem *Prinzip der Selbstselektion* ausgewählt und einer *detaillierten schriftlichen und/oder telefonischen* Befragung im Hinblick auf die von uns ausgewählten Cluster-Merkmale unterzogen worden sind.[9] Der Gesamtumsatz dieser Stichprobe von Cluster-

[9] Die von uns gezogene Stichprobe von 257 Betrieben kam wie folgt zustande: Am 05.06.01 wurden nach mehreren Pre-Tests zunächst an 2.354 norddeutsche, Luftfahrzeugbau-affine Betriebe und Einrichtungen ein schriftlicher Fragebogen zur „Cluster-Beschreibung“ verschickt. Der erste Rücklauf belief sich auf nur 90 Fragebögen. In einer Nachfassaktion wurden am 20.06.01 an 2.264 Betriebe Erinnerungsschreiben verschickt. Parallel wurden vom 20.06.01 bis 22.06.01 239 norddeutsche Betriebe aus der Lieferantendatenbank „fliegendes Material“ der Airbus Deutschland GmbH zusätzlich telefonisch und per Email kontaktiert und erneut eine Teilnahme an der Befragung angeboten. PR-mäßig unterstützt wurde die Befragungsaktion durch eine Meldung über die „Studie zum Standort“ in einer Sonderbeilage des Hamburger Abendblatts mit dem Titel „Luftfahrtzentrum Hamburg“ vom 14.06.01. Am Ende konnte ein Rücklauf von 173 schriftlichen Fragebögen zur Cluster-Beschreibung erreicht werden. Um eine höhere Datenqualität zu erzielen, wurden in einer zweiten Befragungswelle im gesamten August 2001 zusätzlich Daten von 140 Betrieben speziell zu den Fragen 3. und 4. (regionale und sektorale Verteilung der Kunden- und Lieferantennetzwerke) dieses Fragebogens telefonisch nacherhoben. Der schriftlichen Befragung zur „Cluster-Beschreibung“ vorausgegangen war eine telefonische Befragungsaktion mit Hilfe eines Fragebogens zu den *„Wettbewerbsvorteilen im Cluster“*, in der 111 ausgewählte, luftfahrt-affine norddeutsche Betriebe aus der Cluster-Datenbank befragt wurden. Eine Reihe von Fragen aus der schriftlichen und telefonischen Befragung waren identisch, so dass am Ende 257 Betriebe zu den wichtigsten Cluster-Merkmalen befragt werden konnten, obwohl nicht alle Betriebe zu allen Fragen Antworten einreichten. Die in die Stichprobe aufgenommenen Betriebe unterscheiden sich von den anderen dadurch, dass sie durch ihre Teilnahme an einer sehr detaillierten schriftlichen und/oder telefonischen Befragungsaktion ein gewisses Interesse an einem vermuteten Luft-

Betrieben mit norddeutschen Kunden des Luft- und Raumfahrzeugbaus entspricht nach Selbsteinschätzung ihrer Geschäftsführungen mindestens 90% des Bestellwerts der beiden Kernunternehmen Airbus Deutschland GmbH und Lufthansa Technik AG bei norddeutschen Lieferanten. [10]

Abbildung 8: Konzept zur Beschreibung eines räumlichen Clusters

1. Industriestruktur (Betriebsgrößen und Wirtschaftszweige)

Die *Industriestruktur* der Cluster-Stichprobe wird im Folgenden durch sechs Merkmale charakterisiert:

– die Anzahl der Betriebe, gruppiert in Beschäftigungsgrößenklassen

---

fahrt-Cluster Hamburg/ Norddeutschland bekundet haben und sich damit implizit selbst als dem Cluster zugehörig identifiziert haben (*Prinzip der Selbstselektion*).

[10] Diese Zahl errechnet sich aus Angaben zur Frage 4.2. im Fragebogen „Cluster-Beschreibung". In der Stichprobe sind die Werke der beiden Kern-Unternehmen Airbus Deutschland GmbH und Lufthansa Technik AG nicht enthalten.

- die Zahl der Beschäftigten (Betriebsgrößen), gruppiert in Beschäftigungsgrößenklassen
- die Zahl der L&R-abhängig Beschäftigten, gruppiert in Beschäftigungsgrößenklassen
- den Gesamtumsatz, gruppiert in Beschäftigungs- und in Umsatzgrößenklassen
- den Umsatz mit L&R-Kunden, gruppiert in Beschäftigungsgrößenklassen
- und die sektorale Struktur (Wirtschaftszweigestruktur) nach der Zahl der Beschäftigten.

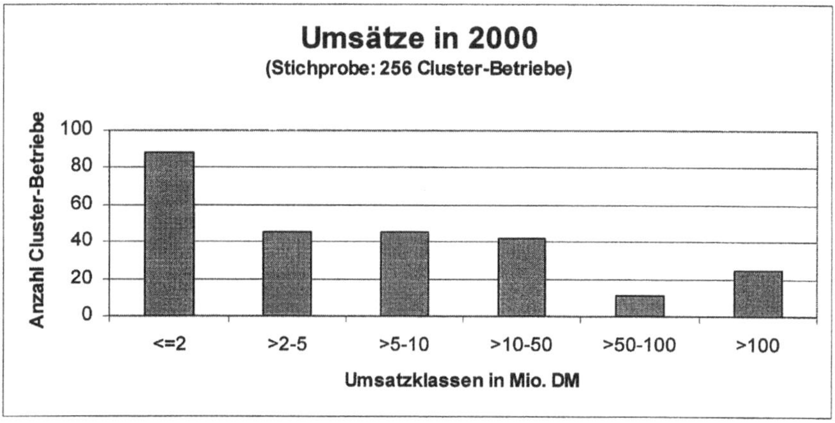

Abbildung 9: Betriebsgrößenstruktur im LF-Cluster HH/NW-D (1)

Die empirischen Befunde zu diesen Merkmalen sind in Tabelle 6 sowie in Abbildung 9 bis Abbildung 12 für die Cluster-Stichprobe zusammengefasst. Folgende Ergebnisse verdienen festgehalten zu werden:

1. Die beherrschende Rolle in der Cluster-Stichprobe spielen die wenigen Großbetriebe mit mehr als 500 Beschäftigten, darunter vor allem Airbus und LHT. Die insgesamt nur 20 Großbetriebe (bzw. knapp 8% aller Cluster-Betriebe) beschäftigen 77% aller MitarbeiterInnen (bzw. sogar 88% aller L&R-abhängig Beschäftigten) und bestreiten 67% aller Umsätze (bzw. 84,2 % aller Umsätze mit L&R Umsätze). Insgesamt gibt es nur 25 Betriebe mit mehr als 100 Mio. DM Umsatz und nur 10 Betriebe mit mehr als 500 L&R-abhängig Beschäftigten.

2. Rund die Hälfte der Cluster-Betriebe in der Stichprobe sind dagegen Kleinbetriebe mit weniger als 20 Beschäftigten. Diese stellen zusammen nur 2 % aller

Beschäftigten (bzw. nur 1,2% der L&R-abhängig Beschäftigten) und erwirtschaften nur 2,5% des Gesamtumsatzes (bzw. nur 1,7% des Umsatzes mit L&R-Kunden). Die Hälfte aller Stichprobenbetriebe erreichen auch nur einen Umsatz unter 5 Mio. DM und über drei Viertel der Stichproben-Betriebe haben weniger als 20 L&R-abhängig Beschäftigte.

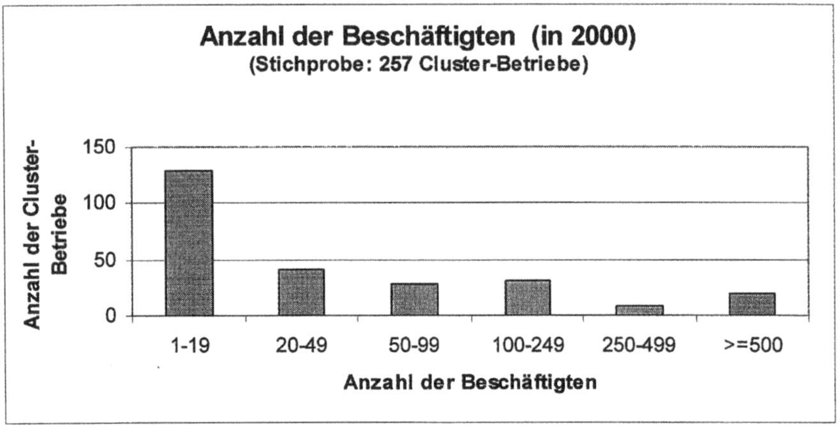

Abbildung 10: Betriebsgrößenstruktur im LF-Cluster HH/NW-D (2)

3. Erweitert man das Blickfeld auf alle kleinen und mittleren Betriebe mit weniger als 250 Beschäftigten, dann stellen diese knapp 90% aller Betriebe, beschäftigten aber nur 18% aller Beschäftigten (bzw. sogar nur 9,7% aller L&R-abhängig Beschäftigten) und bestreiten nur 21% des Gesamtumsatzes (bzw. nur 10% des Umsatzes mit L&R-Kunden). Insgesamt 85% aller Stichproben-Betriebe haben einen Umsatz unter 50 Mio. DM

4. Auffallend ist die Lücke bei den mittelgroßen Betrieben zwischen 250-500 Beschäftigten. Betriebe dieser Größenordnung sind in vergleichbaren Wirtschaftszweigen typischerweise (Sub-) Systemlieferanten oder Lieferanten größerer Komponenten und stellen einen wesentlichen Teil des Vorumsatzes ihrer Endkunden. In unserer Cluster-Stichprobe befinden sich in dieser Größenordnung jedoch nur rund 3% aller Betriebe mit nur 5% aller Beschäftigten (bzw. nur 2,4% aller L&R-abhängig Beschäftigten) und nur 12,4% des Gesamtumsatzes (bzw. nur 5,5% des Umsatzes mit L&R-Kunden).

5. Die sektorale Struktur der Beschäftigten nach Wirtschaftszweigen zeigt, dass im Cluster (noch) eine hohe Wertschöpfungstiefe bzw. ein relativ geringer Grad an Spezialisierung/ Fokussierung innerhalb der Kernunternehmen vorherrscht. Denn mehr als die Hälfte (genau: 25.032 von 46.905) aller Beschäf-

tigten in der Cluster-Stichprobe gehören direkt zum WZ "Luft- und Raumfahrzeugbau", in den auch die Kernunternehmen fallen. Geographisch konzentrieren sich die Beschäftigten dieses Wirtschaftszweigs überwiegend im Großraum Hamburg (siehe Abbildung 12). Der gemessen an der Beschäftigtenzahl zweitwichtigste Wirtschaftszweig, nämlich die "Dienstleistungen für Unternehmen", folgt mit weitem Abstand (5.008 Beschäftigte, darunter 2.086 in Ingenieurbüros).

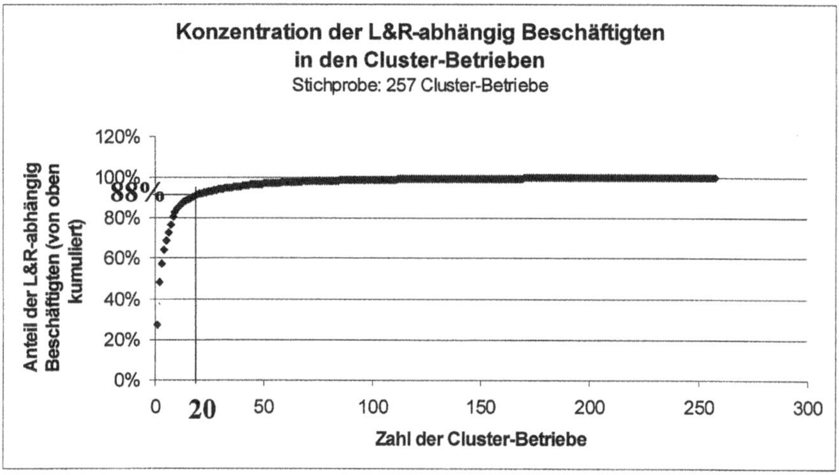

Abbildung 11: Konzentration der L&R Beschäftigten im LF-Cluster HH/NW-D

Zusammenfassend ist festzustellen, dass der Luftfahrt-Cluster HH/NW-D sowohl in der Betriebsgrößen- als auch in der sektoralen Struktur unausgewogen ist: Es fehlen mittelgroße Betriebe (zwischen 250-700 Beschäftigte); es gibt insgesamt noch zu wenig Großunternehmen, und es gibt zu wenig Branchen übergreifende Arbeitsteilung.

Mit einem höheren Grad an Spezialisierung/Fokussierung im Wirtschaftszweig Flugzeugbau und –wartung ginge ein Abbau der Wertschöpfungstiefe via Outsourcing einher, der auch die Beschäftigung stärker in andere Wirtschaftszweige verlagern würde. Dies ist mit der sich anbahnenden Restrukturierung der Flugzeugbauindustrie (siehe Kapitel III.B.5) auch zu erwarten. Fraglich ist nur, ob dies im Rahmen eines "lokalen Outsourcing" erfolgt, so dass die Beschäftigung im räumlichen Cluster verbleibt oder im Rahmen eines "Distanz-Outsourcing" mit einer Beschäftigungsverlagerung an (Sub-) Systemlieferanten in andere Regionen. Bei "lokalem Outsourcing" müssten Betriebsgrößen für (Sub-) Systemlieferanten entstehen, die bisher nicht vorhanden sind und in die vorhandene Betrieben vermutlich nicht hineinwachsen können. Insofern bedeutet die anstehende Restrukturierung eine Chance, aber auch ein beträchtliches Risiko für den Luftfahrt-Cluster HH/NW-D.

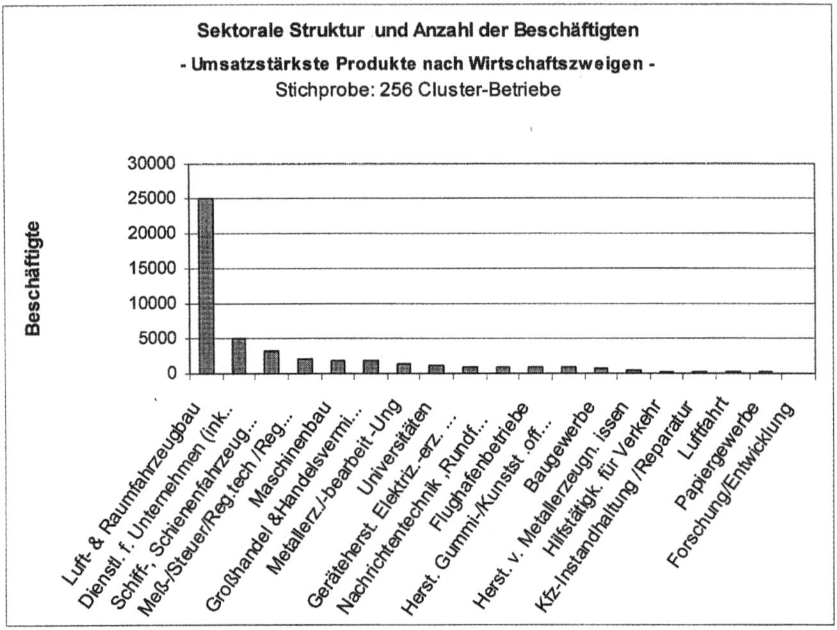

Abbildung 12: Sektorale Industriestruktur im LF-Cluster HH/NW-D

2. Vertikale Up- und Downstream-Verflechtungen

2.1. Definition und "Messung" der Verflechtung

Ein räumlicher Cluster ist die räumliche Konzentration von vertikal und horizontal miteinander verflochtenen Branchen bzw. Unternehmen. Abbildung 13 definiert und illustriert eine solche Verflechtung für die Zwecke dieser Studie.

Den Ausgangspunkt bilden die 1st-tier Lieferanten der Kernunternehmen bzw. –branche (hier Airbus und LHT), die aus der Upstream-Verflechtung der Kernunternehmen ermittelt werden. Die *vertikale Verflechtung* dieser 1st-tier Lieferanten verläuft Up- und Downstream. Die Upstream-Verflechtung erfasst – auf der ersten Stufe - die Lieferanten der 1st-tier Lieferanten, also die 2nd-tier Lieferanten der

Industriestruktur nach Beschäftigungsgrößenklassen

(insg. 257 Cluster-Betriebe mit 46 905 Beschäftigten)

Beschäftigungsgrössenklassen						
1-19	20-49	50-99	100-249	250-499	>=500	Summe
Anzahl der Betriebe						
129	41	28	31	8	20	257
Anteil an Betrieben in %						
50,2%	16,0%	10,9%	12,1%	3,1%	7,8%	100,0%
von unten kum. Anteil an Betrieben in %						
50,2%	66,1%	77,0%	89,1%	92,2%	100,0%	-
von oben kum. Anteil an Betrieben in %						
100,0%	49,8%	33,9%	23,0%	10,9%	7,8%	-

Beschäftigungsgrössenklassen						
1-19	20-49	50-99	100-249	250-499	>=500	Summe
Beschäftigte (Anzahl)						
1021	1314	1872	4253	2430	36015	46905
Anteil an Beschäftigten in %						
2%	3%	4%	9%	5%	77%	100%
von unten kum. Anteil an Beschäftigten in %						
2%	5%	9%	18%	23%	100%	-
von oben kum. Anteil an Beschäftigten in %						
100%	98%	95%	91%	82%	77%	-

Beschäftigungsgrössenklassen						
1-19	20-49	50-99	100-249	250-499	>=500	Summe
L&R-Beschäftigte (approximierte Anzahl)						
342	387	608	1.544	700	26.139	29.721
Anteil an Beschäftigten in Luft- und Raumfahrt in %						
1,2%	1,3%	2,0%	5,2%	2,4%	87,9%	100%
von unten kum. Anteil an L&R-Beschäftigten in %						
1,2%	2,5%	4,5%	9,7%	12,1%	100,0%	-
von oben kumulierte Beschäftigungsanteile in %						
100,0%	98,8%	97,5%	95,5%	90,3%	87,9%	-

Beschäftigungsgrössenklassen						
1-19	20-49	50-99	100-249	250-499	>=500	Summe
Umsatz in Mio. DM						
337	358	541	1.570	1.659	8.939	13.404
Anteil an Umsatz in %						
2,5%	2,7%	4,0%	11,7%	12,4%	66,7%	100%
von unten kumulierte Umsatzanteile in %						
2,5%	5,2%	9,2%	20,9%	33,3%	100%	-
von oben kumulierte Umsatzanteile in %						
100,0%	97,5%	94,8%	90,8%	79,1%	66,7%	-

Beschäftigungsgrössenklassen						
1-19	20-49	50-99	100-249	250-499	>=500	Summe
Umsatz mit L&R-Kunden in Mio. DM						
122	78	150	381	394	6.014	7.139
Umsatzanteil mit L&R-Kunden in %						
1,7%	1,1%	2,1%	5,3%	5,5%	84,2%	100%
von unten kumulierte Umsatzanteile mit L&R-Kunden in %						
1,7%	2,8%	4,9%	10,2%	15,8%	100,0%	-
von oben kumulierte Umsatzanteile mit L&R-Kunden in %						
100,0%	98,3%	97,2%	95,1%	89,8%	84,2%	-

Tabelle 6: Industriestruktur nach Betriebsgrößenklassen

Kernunternehmen bzw. –branche. Diese Upstream-Verflechtung könnte im Prinzip über alle weiteren Stufen der Lieferantenkette "nach oben" verfolgt werden. Die Downstream-Verflechtung erfasst hingegen neben den Kernunternehmen bzw. –branchen alle weiteren Kunden der 1st-tier Lieferanten aus anderen Branchen. Auch die Downstream-Verflechtung könnte im Prinzip über alle weiteren Kundenbeziehungen "nach unten" verfolgt werden. Eine *horizontale Verflechtung* kann *direkt* zwischen den Unternehmen derselben oder verschiedener Branchen oder *indirekt* über gemeinsame Lieferanten (Faktormärkte) oder gemeinsame Kunden (Absatzmärkte) vorliegen.

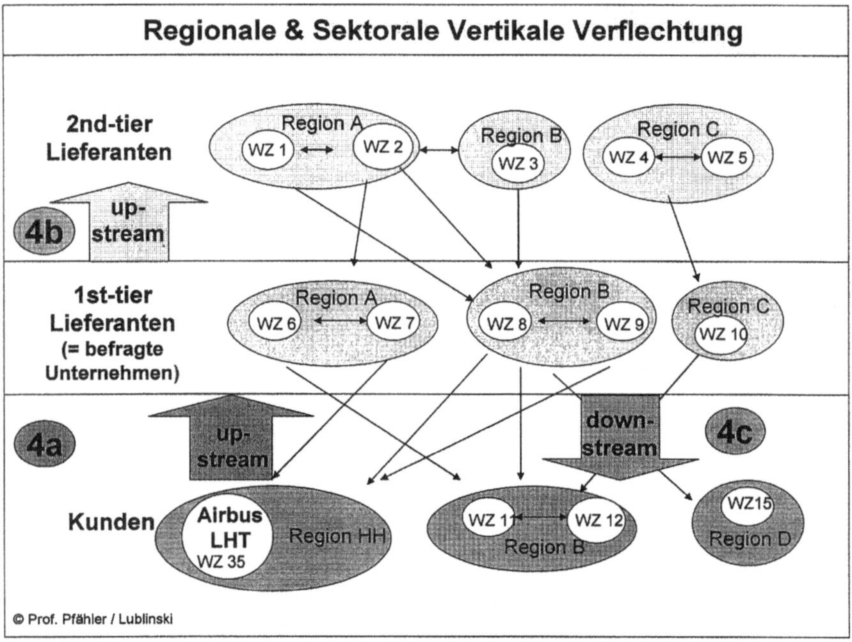

Abbildung 13: Illustration von vertikaler und horizontaler Verflechtung

Im Prinzip liefern Input-Output-Tabellen Informationen über die horizontalen und vertikalen Verflechtungen von Branchen. Aber solche Tabellen gibt es nur für die Bundesebene, nicht für die Regional- oder Kommunalebene.[11] Infolgedessen wur-

[11] In der ökonomischen Literatur findet sich eine ganze Reihe von Verfahren, wie die Daten einer Input-Output Tabelle zur Vermessung industrieller (nicht räumlicher !) Cluster eingesetzt werden können (siehe Lublinski (2001)). In Deutschland gibt es eine solche Input-Tabelle – in regelmäßig durch das Statistische Bundesamt aktualisierter Form - nur für die gesamte Volkswirtschaft. Be-

de für die Zwecke dieser Studie ein eigener Datensatz ermittelt. Das war nur möglich, weil die Kernunternehmen ihre 1st-tier Lieferantendatei zur Verfügung gestellt haben und eine hinreichend große und relevante Stichprobe dieser Lieferanten wiederum im Rahmen der schriftlichen und telefonischen Befragungen Auskünfte über ihre Lieferanten (2nd-tier Lieferanten der Kernunternehmen) und Kunden (neben den Kernunternehmen) erteilt haben.

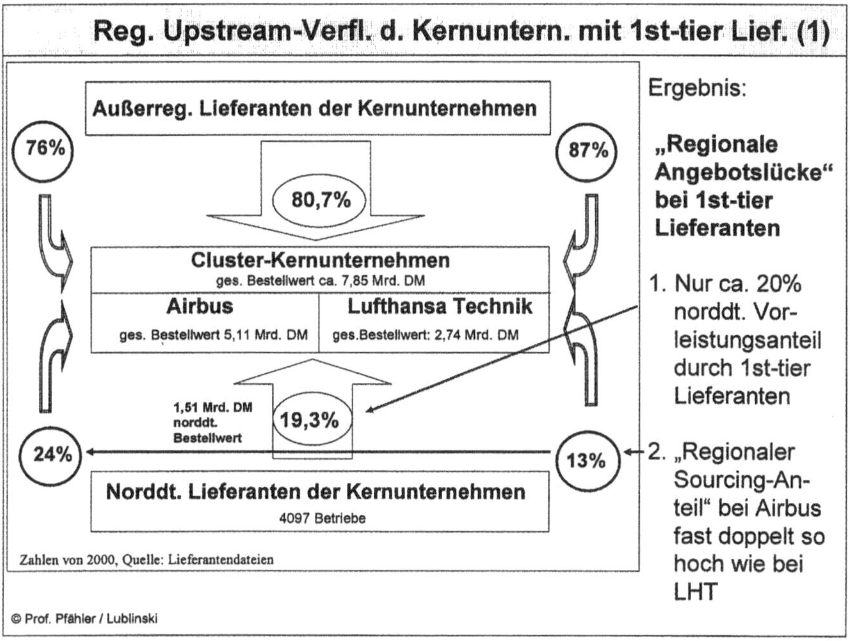

Abbildung 14: Regionale Upstream-Verflechtung der Kernunternehmen (1)

Unser Interesse gilt im Folgenden nur der vertikalen Up- und Downstream-Verflechtung. Insgesamt konnten hierzu 10.795 2nd-tier Lieferanten von 124 1st-tier Clusterlieferanten und 89.142 weitere Kunden (neben Airbus und LHT) von 158 1st-tier Clusterlieferanten ausgemacht werden. Somit steht auf der Ebene der

---

reits auf regionaler Ebene der Bundesländer, geschweige denn der Ebene von Metropolregionen, existieren keine originären Input-Output-Tabellen mehr. Man muss sich dann bei der Vermessung räumlicher Cluster entweder auf derivativ ermittelte Input-Output-Tabellen stützen (siehe z.B. Dybe und Kujath (2001) für die Bahnindustrie in Berlin) oder auf die Informationen von "Verflechtungsmatrizen" (siehe dazu für den Produktionssektor Hamburgs Staeglin (2000) - oder man muss versuchen, selbst einen geeigneten Datensatz zu ermitteln.

1st-tier Lieferanten und ihrer unmittelbar vor- und nachgelagerten Stufe ein sehr aussagekräftiges Datenmaterial zur Verfügung. Dagegen dürfte der Nachteil, dass die Verflechtungen durch die weiteren vor- und nachgelagerten Stufen nicht in die Analyse einfließen, nicht schwer wiegen.

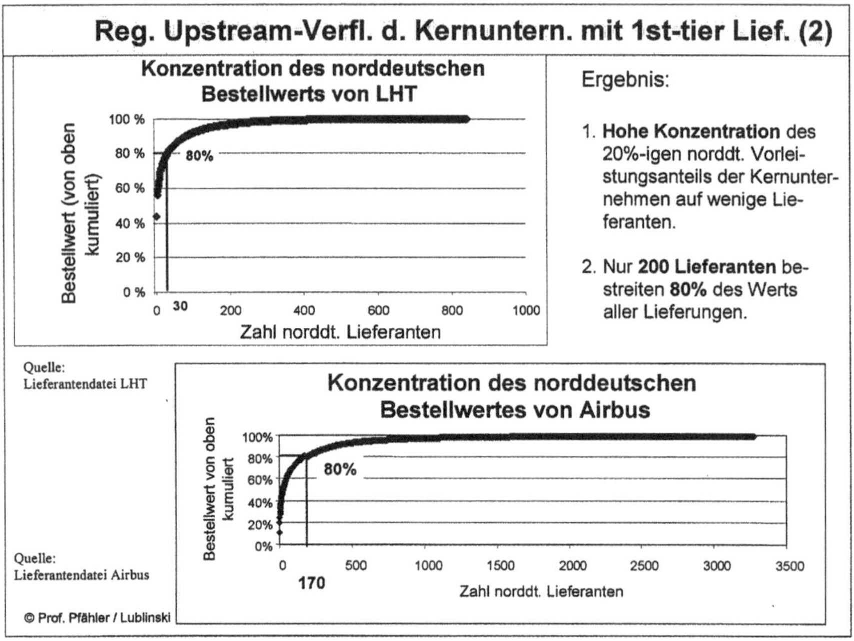

Abbildung 15: Regionale Upstream-Verflechtungen der Kernunternehmen (2)

2.2. Upstream-Verflechtung der Kernunternehmen

Die Analyse der Upstream-Verflechtung der Kernunternehmen zeigt die folgenden Ergebnisse (siehe Abbildung 14 und 15):

1. Aus Norddeutschland beziehen die Kernunternehmen nur rund 20% des Werts ihrer Lieferungen. Dabei ist der regionale Sourcing-Anteil bei Airbus fast doppelt so hoch wie bei LHT.

2. Dieser norddeutsche Vorleistungsanteil der Kernunternehmen konzentriert sich auf relativ wenige Unternehmen. Der Beschaffungswert von LHT ist dabei deutlich stärker konzentriert als jener von Airbus. Insgesamt nur 200 Lieferanten bestreiten 80% aller Lieferungen.

3. Folglich besteht derzeit eine ausgesprochen große *„regionale Angebotslücke"* bei 1st-Lieferanten der Kernunternehmen.

2.3. Upstream-Verflechtung der 1st-tier Lieferanten

Die Upstream-Verflechtung der 1st-tier Lieferanten der Kernunternehmen Airbus und LHT mit ihren Lieferanten, die selbst wiederum 2nd-tier Lieferanten von Airbus und LHT darstellen, wird aus drei Blickwinkeln betrachtet. Zum einen interessiert uns der *durchschnittliche Bestell- oder Einkaufswert* pro Cluster-Betrieb. Sodann wird dargestellt, aus welchen Regionen die 2nd-tier Lieferanten kommen (*regionale Upstream-Verflechtung*). Und schließlich wird gefragt, aus welchen Wirtschaftszweigen sie stammen (*sektorale Upstream-Verflechtung*). Im Interesse einer günstigen Cluster-Entwicklung wäre es wünschenswert, dass die Cluster-Betriebe möglichst viele Lieferanten in räumlicher Nähe und in vielfältigen spezialisierten Branchen finden.

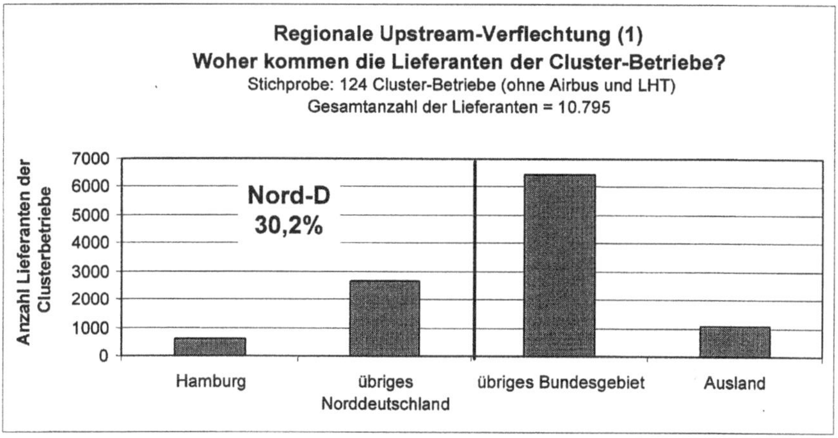

Abbildung 16: Regionale Upstream-Vefelchtung (1)

Die Ergebnisse der Befragung finden sich in Abbildung 16 bis Abbildung 18. Folgende Befunde verdienen hervorgehoben zu werden:

1. *Durchschnittlicher Bestellwert*: 124 Betriebe aus der Cluster-Stichprobe (ohne Airbus und LHT) haben Angaben über die regionale Herkunft ihrer Lieferanten gemacht und insgesamt 10.795 Lieferanten identifiziert. Nur 80 Betriebe jedoch wollten sich zum Bestellwert äußern, der sich in der Summe auf 1.523 Mio. DM beläuft. Das entspricht einem durchschnittlichen Bestellwert pro Lieferant von rund 219 Tsd. DM. In diesem relativ geringen Bestellwert spie-

gelt sich die Größenstruktur der Cluster-Betriebe. Überwiegend handelt es sich um kleine und sehr kleine Betriebe (siehe Abschn. B.1 dieses Kapitels).

2. *Regionale Upstream-Verflechtung*: Die mit Abstand meisten 2nd-tier Lieferanten (fast 70%) kommen *nicht* aus Norddeutschland, sondern aus dem übrigen Bundesgebiet (rund 60%) und dem Ausland (rund 10%) (siehe Abbildung 17). Gemessen am Bestellwert dominieren sogar eindeutig die ausländischen Lieferanten vor den Lieferanten aus dem übrigen Bundesgebiet. Auf den ersten Blick gäbe es damit hinreichend viele Chancen, Lieferanten aus dem Ausland und dem übrigen Bundesgebiet für eine Ansiedlung im Cluster-Raum zu gewinnen („regionale Angebotslücke").

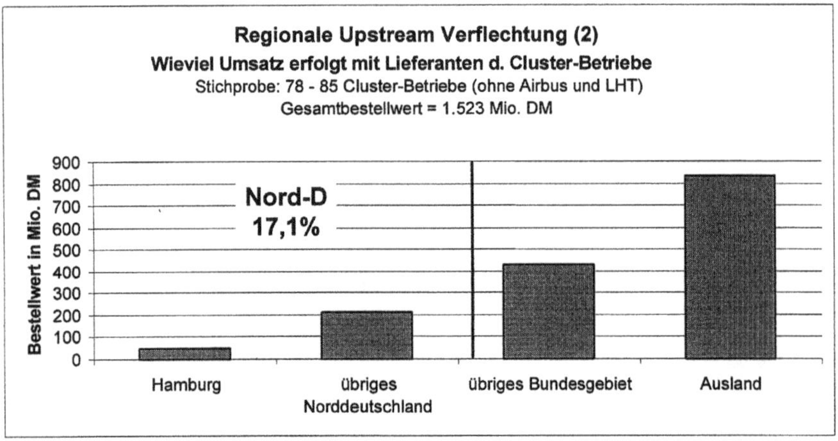

Abbildung 17: Regionale Upstream Verflechtung (2)

3. *Sektorale Upstream-Verflechtung*:[12] Fragt man jedoch, auf welche Wirtschaftszweige sich diese Ansiedlungsbemühungen gezielt richten sollten, zeigt die sektorale Upstream-Verflechtung, dass mit nennenswertem Auftragsvolumen nur aus dem WZ L&R (insbesondere Triebwerke)[13] und dem WZ Rundfunk-, Fernseh- und Nachrichtentechnik gerechnet werden könnte. Alle übrigen Wirtschaftszweige bieten wegen relativ geringer Bestellwerte kein hinreichendes Ansiedlungsmotiv (siehe Abbildung 18).

[12] Die Zuordnung zu Wirtschaftszweigen erfolgte entweder durch die Selbstzuordnung seitens der Betriebe oder über unsere Zuordnung auf der Grundlage der Angaben zu den umsatzstärksten Produkten.

[13] Ein Großteil dieses Bestellwerts entfällt auf nur ein L&R-Unternehmen in Norddeutschland.

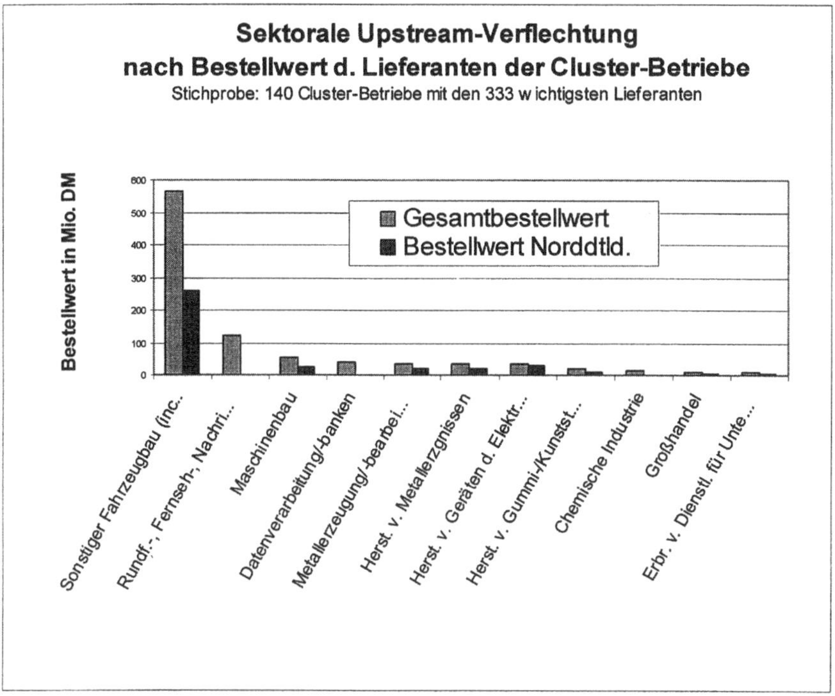

Abbildung 18: Sektorale Upstream-Verflechtung

Zusammenfassend bleibt festzustellen, dass auch für die 1st-tier Lieferanten – wie für die Kernunternehmen – eine „regionale Angebotslücke" und eine „sektorale Angebotslücke" bestehen. Nicht nur die meisten 1st-tier Lieferanten, auch die meisten 2nd-tier Lieferanten kommen nicht aus Norddeutschland.

2.4. Downstream-Verflechtung der 1st-tier-Lieferanten

Auch die Downstream-Verflechtung der 1st-tier Lieferanten der Kernunternehmen Airbus und LHT mit weiteren Kunden wird aus drei Blickwinkeln untersucht, dem *durchschnittlichen Verkaufswert*, der *regionalen Downstream-Verflechtung* und der *sektoralen Downstream-Verflechtung*. Im Interesse einer günstigen Cluster-Entwicklung wäre es wünschenswert, dass die Cluster-Betriebe möglichst viele einkaufsmächtige anspruchsvolle Kunden in räumlicher Nähe und in verwandten Branchen fänden.

Die Ergebnisse der Befragung finden sich in Abbildung 19 bis Abbildung 21. Folgende Befunde verdienen hervorgehoben zu werden:[14]

1. *Durchschnittlicher Verkaufswert:* Die 158 Betriebe aus der Cluster-Stichprobe, welche die Frage nach ihren Kunden beantwortet haben, geben insgesamt 89.142 Kunden mit einem Bestellwert von insgesamt 7.510 Mio. DM an. Das entspricht einem *durchschnittlichen Umsatz pro Kunde* von nur rund 84.000 DM. Dieser überraschend geringe Umsatz pro Kunde hat im Wesentlichen zwei Gründe: Der wichtigste ist, dass sich unter den Cluster-Betrieben eine Reihe von Großhändlern von Materialien und Werkzeugen mit einem sehr großen Kundenstamm und geringem Bestellwert pro Kunde befinden.[15] Ein anderer Grund liegt sicherlich darin, dass nur wenige Cluster-Betriebe zu Lieferanten spezialisierter Komponenten und (Sub-) Systeme für wenige Kunden heranwachsen konnten.

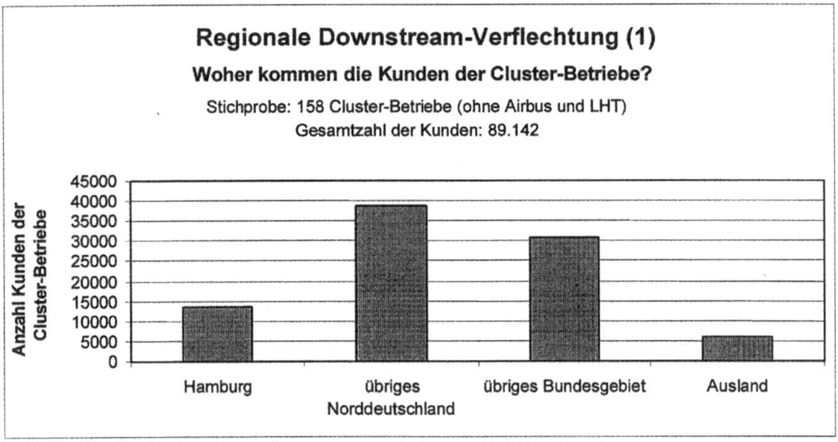

Abbildung 19: Regionale Downstream-Verflechtung (1)

[14] Die Umsatzwerte in der sektoralen Downstream-Verflechtung sind, wie bei der Upstream-Verflechtung, wieder geringer als bei der regionalen Downstreamverflechtung, weil die Unternehmen nur nach ihren jeweils vier wichtigsten Kunden (bzw. Lieferanten) befragt wurden. Da außerdem, wie bei der Upstream-Verflechtung, nicht alle befragten Betriebe diesbezügliche Fragen und Unterfragen beantwortet haben, beziehen sich die folgenden Ergebnisse auf unterschiedlich große Stichproben.

[15] So hat zum Beispiel ein Großhändler für Werkzeuge aus Norddeutschland allein über 12.500 Kunden in Norddeutschland. Die in Norddeutschland ansässige Vertriebsabteilung eines größeren Unternehmens aus der Metallbranche gibt allein in Norddeutschland fast 6.000 Kunden an.

2. *Regionale Downstream-Verflechtung*: Die überwiegende Mehrzahl der weiteren Kunden der Cluster-Betriebe (neben Airbus und LHT) sind in Norddeutschland ansässig (rund 60%). Auf dem Weltmarkt konnten sich die Cluster-Betriebe (ohne Airbus und LHT) kaum durchsetzen; weniger als 6% ihrer Kunden sitzen im Ausland. Betrachtet man aber den Umsatzwert, dominieren der norddeutsche und der Auslandsmarkt (siehe Abbildung 19).

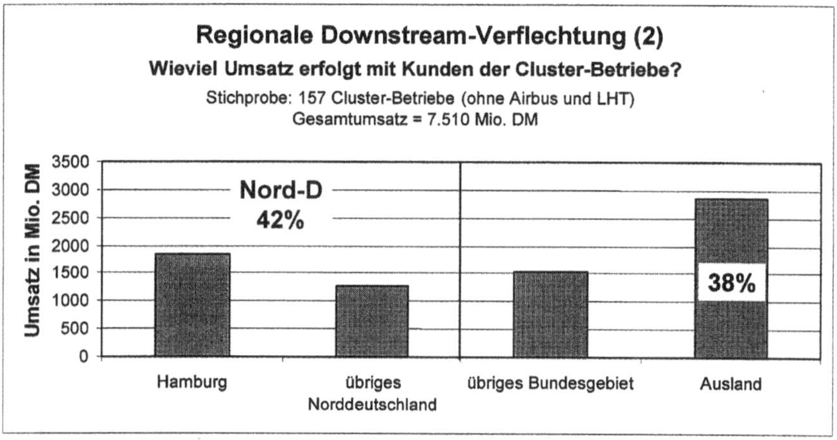

Abbildung 20: Regionale Downstream-Verfelchtung (2)

3. *Sektorale Downstream-Verflechtung* [16]: Mit weitem Abstand die wichtigsten Kunden der 1st-tier Lieferanten sind natürlich die Betriebe des WZ Luft- und Raumfahrt (inkl. Airbus und LHT). Allein die norddeutschen L&R-Kunden bieten einen Auftragswert von ca. 1.500 Mio. DM. Im übrigen kommen "nennenswerte" norddeutsche Auftragsvolumina (zw. 40–60 Mio. DM) nur noch von Kunden aus dem Maschinen-, Automobil- und Schiffsbau sowie von der Mess- und Regelungstechnik (siehe Abbildung 21).

2.5. Zusammenfassung

Zusammenfassend ist zur Up- und Downstream-Verflechtung der Betriebe der Cluster-Stichprobe folgendes festzustellen:

[16] Die Zuordnung zu Wirtschaftszweigen erfolgte entweder durch die Selbstzuordnung seitens der Betriebe oder über unsere Zuordnung auf der Grundlage der Angaben zu den umsatzstärksten Produkten.

1. Aus regionaler Sicht beziehen die norddeutschen Cluster-Betriebe (ohne Airbus und LHT) – wie die Kernunternehmen (Airbus und LHT) selbst - ihre Lieferungen nach Zahl ihrer Lieferanten und nach Bestellwert der Lieferungen überwiegend von Lieferanten außerhalb Norddeutschlands, insbesondere aus dem Ausland; ihre Umsatzwerte erzielen sie dagegen schwerpunktmäßig mit Kunden in Norddeutschland und aus dem Ausland. Insofern gibt es auf der Lieferseite "regionale Angebotslücken" für 1st- und 2nd-tier Lieferanten, in die zukünftige Anbieter (insbesondere aus dem Ausland) mit Standorten in räumlicher Nähe zu ihren Abnehmern hineinstoßen könnten, falls die räumliche Nähe von Bedeutung ist bzw. von den Abnehmern verlangt wird.

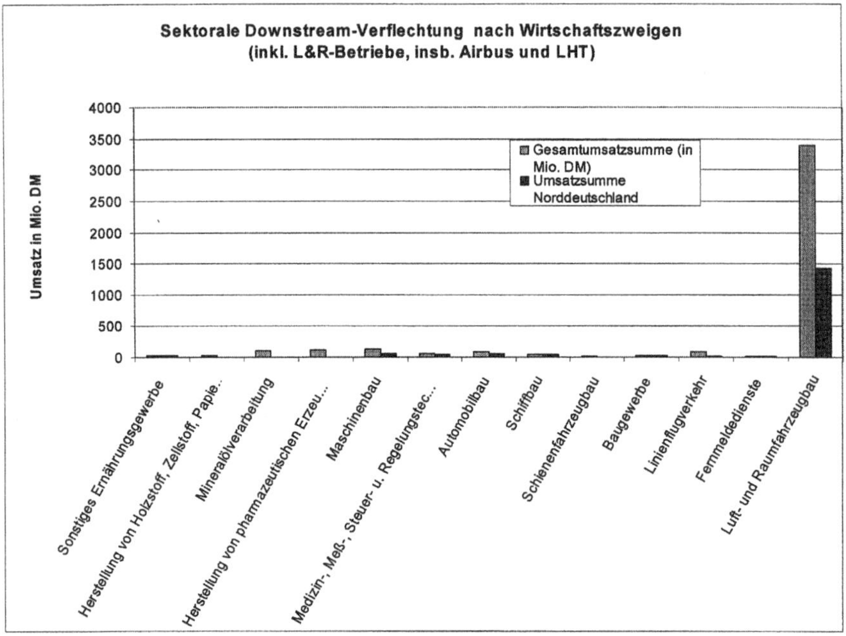

Abbildung 21: Sektorale Downstream-Verflechtung

2. Aus sektoraler Sicht zeigt sich auf Lieferantenseite der Cluster-Betriebe zwar zunächst eine ausgeprägt starke sektorale Konzentration auf den WZ L&R, aber dies betrifft im Wesentlichen die Bestellungen nur eines Unternehmens im Bereich Triebwerkeherstellung. Sieht man von diesem Unternehmen ab, ist die 2nd-tier Lieferantenseite weder auf den WZ L&R noch auf andere WZ's mit nennenswerten Bestellwerten ausgerichtet. Für die Standortpolitik gibt es deshalb auf der 2nd-tier Lieferantenseite gegenwärtig kaum Ansatzpunkte.

Umgekehrt sind die Kunden der Cluster-Betriebe überwiegend im WZ L&R zu finden. Aber nur weniger als die Hälfte des Absatzwertes in diesem Wirtschaftszweig wird mit Unternehmen aus Norddeutschland getätigt; insofern gibt es aus standortpolitischer Sicht eine "regionale Nachfragelücke", die durch neu in der Region angesiedelte Kunden der L&R-Branche gefüllt werden könnte.

3. Gleichzeitig zeigt aber die sektorale Analyse, dass es gegenwärtig im Cluster-Raum nur beschränkte Chancen gibt, Lieferanten und Kunden aus verwandten, technologisch nahen Branchen oder Systemindustrien zu finden. Die Bestell- und Absatzwerte der gegenwärtigen Cluster-Betriebe mit Betrieben anderer Branchen aus dem Cluster-Raum sind relativ unbedeutend. Ansatzpunkte gäbe es allenfalls in den Bereichen Maschinen-, Automobil-, Schiff-, Schienenfahrzeugbau und im WZ Medizin-, Mess- Steuer- und Regelungstechnik. Diese komplementären Absatz- oder Lieferchancen würden die Risiken einer räumlichen und technologischen Ausrichtung auf wenige, marktmächtige Abnehmer (wie z.B. Airbus, LHT) mindern.

3. Produkte/Dienste, Kompetenzen und Qualifikationen

Die sektorale Zugehörigkeit der Cluster-Betriebe zu verschiedenen Wirtschaftszweigen liefert nur ein sehr grobes Bild über die Produkte bzw. Dienste, ihren Neuigkeitsgrad (Stellung im Produktlebenszyklus) und über die technologischen und produkt-bezogenen Kompetenzen, die hinter diesen Produkten bzw. Diensten stecken und infolgedessen im Cluster-Raum vertreten sind. Man muss die ökonomische Sicht im Sinne der Zugehörigkeit zu Wirtschaftszweigen deshalb um die Ingenieur- bzw. technologische Sicht sowie aus Sicht der Mitarbeiterqualifikation ergänzen, wenn man ein genaueres Bild von der technologischen Leistungsfähigkeit, Spezialisierung und Bandbreite an Kompetenzen im Cluster erhalten will.

3.1. Produkte und Dienste

Ausgangspunkt der technologischen Zuordnung der Cluster-Betriebe ist eine Liste von Systemen, Subsystemen und Komponenten, die benötigt werden, um ein Luftfahrzeug herzustellen und zu warten.[17] Man unterscheidet dabei - entlang der Wertkette von Herstellung und Wartung - zwischen *Struktursystemen*, *Ausrüstungssystemen* und *Ausstattungssystemen*. Diese Systemliste ist zu ergänzen um eine Liste *luftfahrt-affiner Dienstleistungen*. Innerhalb der einzelnen Systeme gibt es jeweils eine Reihe wichtiger (Zwischen-) Produkte und Dienste. Die Gesamtlis-

[17] Die Zusammenstellung und Überprüfung dieser Liste erfolgte in Zusammenarbeit mit den beiden Kernunternehmen Airbus Deutschland GmbH und Lufthansa Technik AG. Für ihre Hilfe sei hier herzlich gedankt.

te über die System- und Produktbereiche findet sich in Abbildung 22. Sie bildet die Grundlage der empirischen Erhebung.

Produkte und Dienstleistungen im Bereich Luftfahrzeugbau und -wartung				
Struktur-systeme	**Ausrüstungssysteme**		**Ausstattungs-systeme**	**luftfahrzeugbau-affine Dienstleistungen**
	mechanische & hydraulische	**elektrische & elektronische**		
Zelle/Rumpf-komponenten Flügel/Pylon/ Nacel Leitwerke Fahrwerke Klappensysteme Cockpit Sonstiges	Kraftstollsysteme Getriebesysteme Hydraulik/Pumpen Ventile Bodenstartgeräte Betätigungssysteme Enteisungssysteme Sonstiges	Klima- & Lüftungs-systeme Verkabelungssysteme Kontroll- & Regel-systeme Energieversorgungs-systeme Avionik/Cockpitaus-stattung Navigationssysteme Flugmanagmentrechner Flugsteuerungssysteme Elektronische Komp. Sensorik/Radarsysteme Aktuatoren Triebwerke Sonstiges	Frachtladesyteme/ Kits (Not-) Sauerstoff- & Wassersysteme Inneneinrichtung/ Bordküchen/ Bordtoiletten Beleuchtungssysteme Audio- & Video-systeme Rettungssysteme/ Notrutschen Sonstige Dokumentation Aerospace Logistik Wartung/Überholung Sonstiges	Forschung & Entwicklung Aus- & Fortbildung Recruiting Finanzierung Planung Techn. Service/ Product Support Montage Tests/Prüfstände Spare Support Einkauf/Marketing/ Vertrieb LF-Technik Modellbau Design Consulting Simulation Modifikation

Abbildung 22: Produkte und Dienste im Bereich Luftfahrzeugbau- und Wartung

Die Cluster-Betriebe haben im Rahmen der Befragung jeweils jene Positionen dieser Produkt- und Diensteliste markiert, unter die nach Selbsteinschätzung ihre Produkte und Dienste fallen, wobei sie zusätzlich aufgefordert waren anzugeben, ob sie schwerpunktmäßig in diesen jeweiligen System- oder Produktbereichen tätig sind. Mehrfachnennungen waren möglich.

Die Ergebnisse der Befragung finden sich in den folgenden Abbildungen. Zunächst findet man dort einen *Überblick* über die Anzahl der Betriebe, die in den einzelnen *technischen Systembereichen* überhaupt und schwerpunktmäßig tätig sind (siehe Abbildung 23). Für die Betriebe, die mit Schwerpunkt in den jeweiligen Systembereichen tätig sind, zeigen wir zusätzlich auf, wie viele Beschäftigte sie in diesen Bereichen einsetzen. Dabei interessiert uns einmal das Ergebnis für alle Stichproben-Betriebe zusammen und zum anderen das Ergebnis ohne die beiden Kernunternehmen Airbus und LHT (siehe Abbildung 24 und 25).

Innerhalb jedes Systembereichs werden verschiedene Produkte/Dienste als Vor- und Zwischenprodukte (Komponenten, Subsysteme, Systeme, Dienste) hergestellt. Sie sind in Abbildung 22 aufgelistet. In Abbildung 26 bis 29 wird im Detail gezeigt, wie viele Betriebe mit der Herstellung dieser *einzelnen Zwischenprodukte* in den jeweiligen Systembereichen befasst sind. Zusätzlich interessiert uns die Anzahl der Betriebe, die die einzelnen *luftfahrt-affinen Dienstleistungen* anbieten (siehe Abbildung 30).

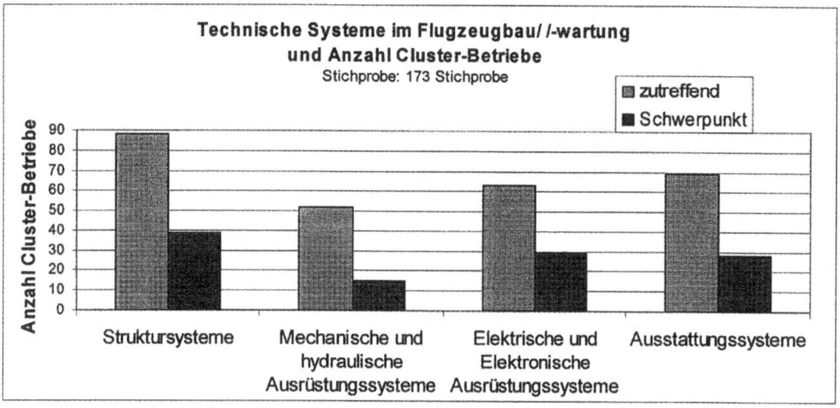

Abbildung 23:Technische Systeme

Die Auswertung der Befragung führt zu folgenden wichtigen Befunden:

1. Schließt man die Kernunternehmen, insbesondere die Werke von Airbus, in die Betrachtung ein, dann nimmt innerhalb der *technischen Systembereiche* der Bereich *Struktursysteme* eine dominante Stellung ein. In diesem Bereich finden sich neben den Airbus-Werken die meisten Cluster-Betriebe (insgesamt 88) sowie die meisten Betriebe mit Schwerpunkt Struktursysteme (39) und die meisten Beschäftigten aller Schwerpunktbereich (29129). Der zweitwichtigste technische Systembereich ist nach diesen Kriterien der Bereich *Ausstattungssysteme*, gefolgt von dem Bereich *Elektrische und elektronische Systeme* (siehe Abbildung 23 und 29).

2. Innerhalb des dominanten Bereichs der *Struktursysteme* sind wiederum die meisten Betriebe (45 insgesamt, 25 mit Schwerpunkt)) im *Produktbereich Zelle/Rumpfkomponenten* tätig. In allen übrigen Produktbereichen von Struktursystemen sind weniger als 30 Betriebe insgesamt und sogar weniger als 15 Betriebe mit Schwerpunkt vertreten (siehe Abbildung 26). Innerhalb des zweitwichtigsten Bereichs der *Ausstattungssysteme* finden sich die meisten

Betriebe insgesamt und mit Schwerpunkt der Beschäftigung im *Produktbereich Inneneinrichtung/Küchen und Toiletten* (siehe Abbildung 29).

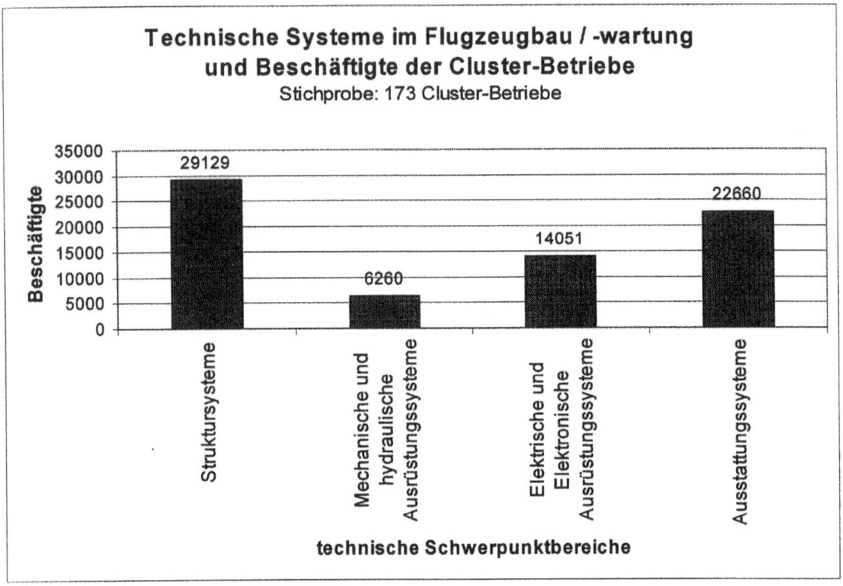

Abbildung 24: Technische Systeme und Beschäftigte

3. Unter den Unternehmen, die nicht Kernunternehmen sind, hat - gemessen an der Zahl der schwerpunktmäßig Beschäftigten - der Bereich *Elektrische und elektronische Ausrüstungssysteme* mit 7973 Beschäftigten die dominante Stellung, gefolgt vom Bereich *mechanische und hydraulische Ausrüstungssysteme* mit 6260 Beschäftigten (siehe Abbildung 25).

4. Bei den *luftfahrt-affinen Dienstleistungen* gibt es relativ viele kleine Betriebe (z.B. Ingenieurbüros), die mit Forschung und Entwicklung sowie Tests/Prüfverfahren u.ä. befasst sind. Die übrigen Dienstleistungen werden jeweils von einer ähnlich kleinen Zahl (5-15) kleiner Betriebe mit jeweiligem Beschäftigungsschwerpunkt erbracht. (siehe Abbildung 30).

In diesem Ergebnis spiegeln sich natürlich vor allem die europaweite Arbeitsteilung innerhalb der Airbus-Gesellschaft und der Geschäftsschwerpunkt der LHT AG wieder. Die Arbeitsteilung innerhalb von Airbus sieht für die norddeutschen Standorte vornehmlich die Entwicklung und den Bau des Rumpfes, der Seitenleitwerke und der Kabinen sowie die Endmontage und die kundenspezifische

Ausstattung vor; ein wichtiger Geschäftsschwerpunkt der LHT AG liegt im Bereich Overhaul und Cabin Modification (siehe im Detail Kapitel III.B.3.2) Hier liegen Chancen für die Entwicklung eines internationalen Kompetenzzentrums Cabin Interior Systems und gleichermaßen (Restrukturierungs-) Risiken für die norddeutsche Zulieferindustrie (siehe im Detail Kapitel III.B.5 und III.B.3.2).

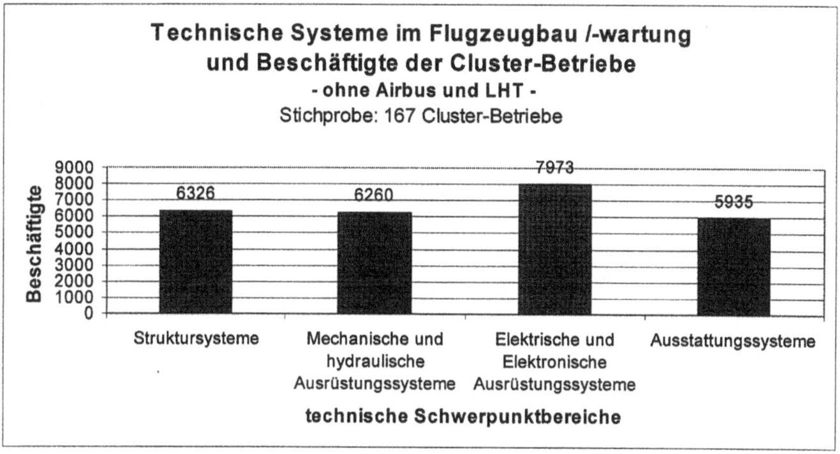

Abbildung 25: Technische Systeme und Beschäftigte ohne Airbus und LHT

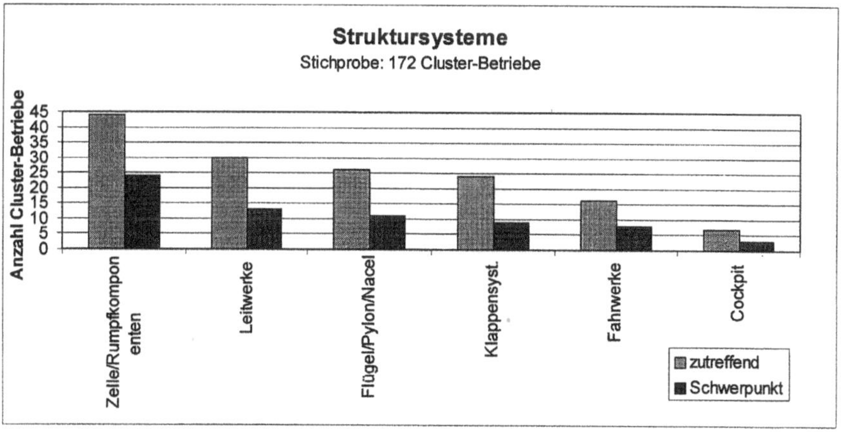

Abbildung 26: Struktursysteme und Zahl der Cluster-Betriebe

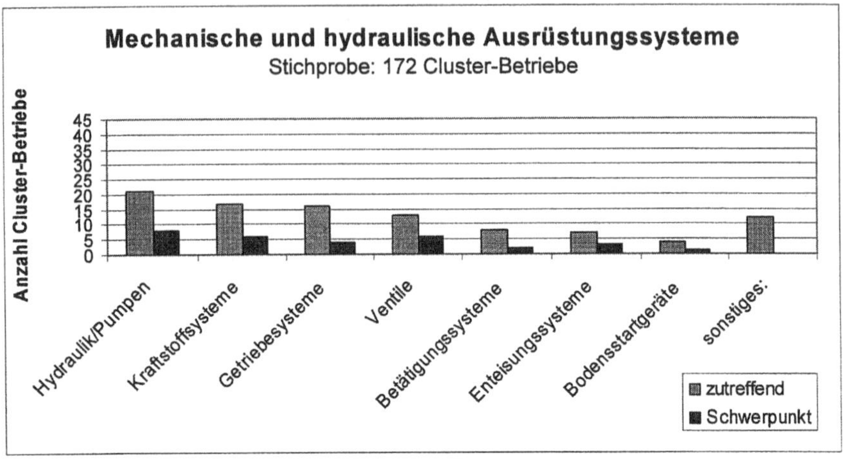

Abbildung 27: Mechanische & hydraulische Ausrüstungssysteme

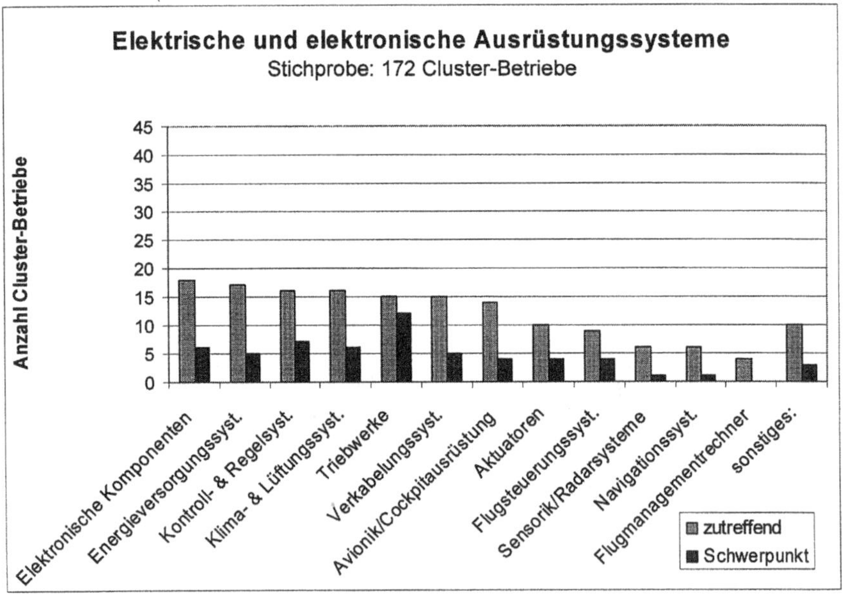

Abbildung 28: Elektrische & elektronische Ausrüstungssysteme

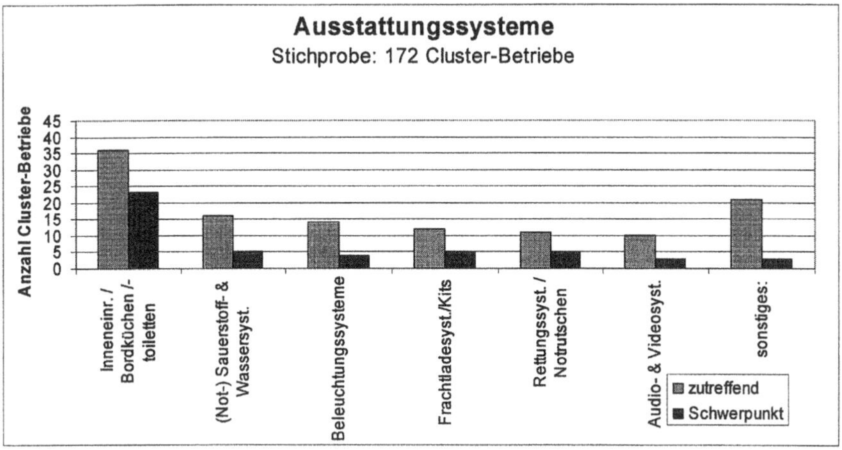

Abbildung 29: Ausstattungssysteme

3.2. Produkte im Produktlebenszyklus

Nach Selbsteinschätzung der Stichproben-Betriebe im Cluster ist ihre Produktpalette relativ jung. Die Mehrheit der Produkte befindet sich in der Einführungs- und Wachstumsphase (insgesamt 61%) (siehe Abbildung 31). Diese Einschätzung begründet sicher die insgesamt positiven Wachstums- und Beschäftigungserwartungen der Betriebe (siehe Kapitel III.B.5.3). Nur ein verschwindend geringer Teil der Produkte (6%) wird der Schrumpfungsphase zugerechnet.

Allerdings sind Zweifel gegenüber diesen Angaben angebracht. Vermutlich schätzen die befragten Betriebe ihr Produktportfolio zu jung ein. Ein Vergleich mit der Umsatzstruktur nach Produktlebensphasen in HH und der gesamten BRD (West) in der unten stehenden Tabelle 7 zeigt, dass selbst nicht einmal im günstigsten Boom-Jahr 1990 für das Verarbeitende Gewerbe insgesamt ein ähnlich hoher Anteil der Umsätze mit Produkten in der Einführungs- und Wachstumsphase erzielt worden ist (HH 40,9%, BRD 47,7%).

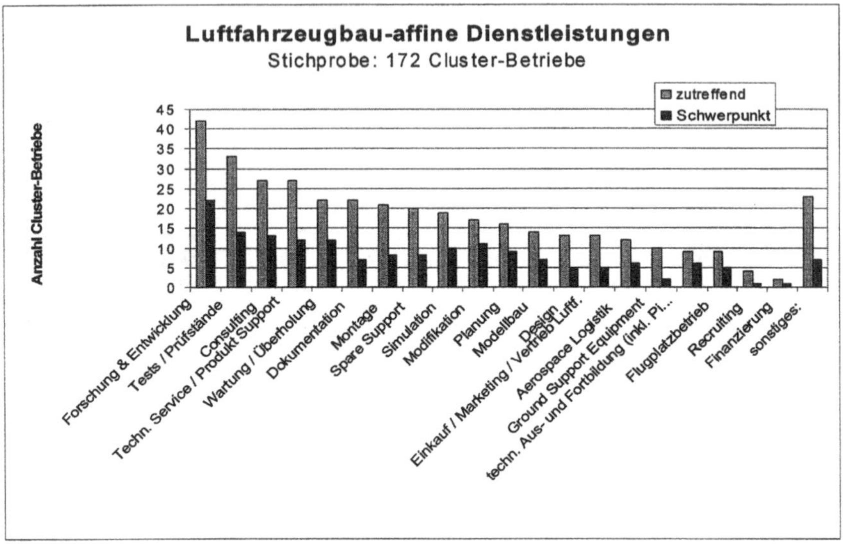

Abbildung 30: Luftfahrzeug-affine Dienstleistungen

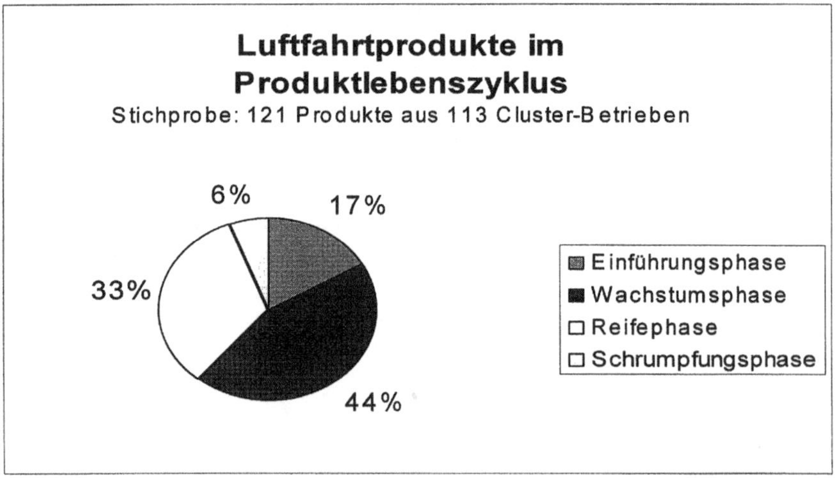

Abbildung 31: Luftfahrtprodukte im Produktlebenszyklus

3.3. Technische bzw. produktbezogene Kernkompetenzen

Technische und produktbezogene Kompetenzen bilden die Grundlage eines wettbewerbsfähigen Angebots. Zum Teil werden diese Kompetenzen bereits mit Aufträgen und Umsätzen honoriert (siehe oben), zum anderen Teil bilden sie ein Potenzial, das durch zukünftige Aufträge erschlossen werden könnte. Um dieses Potenzial abschätzen zu können, macht es Sinn, neben den gelieferten Produkten und Diensten auch die technischen und produktbezogenen Kernkompetenzen zu erfragen.

Umsatzstruktur im Verarbeitenden Gewerbe (Umsatzanteile in Prozent)

	1982		1990		1995	
Phasen	**HH**	BRD	**HH**	BRD	**HH**	BRD
Markteinführung	**8,9**	8,7	**7,4**	10,4	**9,4**	10,6
Wachstum	**23,8**	21,0	**33,5**	37,3	**24,0**	24,6
Stagnation	**55,7**	54,3	**50,9**	42,5	**56,3**	50,6
Schrumpfung	**11,6**	16,0	**8,2**	9,8	**10,3**	14,2

Quelle: Sonderumfrage 'Innovation' im Ifo-Konjunkturtest. HH: Hamburg; BRD: Bundesrepublik Deutschland (alte Bundesländer).

Tabelle 7: Umsatzstruktur nach Produktlebenszyklus

Allerdings vermitteln die Antworten auf diese Frage insgesamt ein recht diffuses Bild (siehe Abbildung 32). Aus technischer Sicht sticht nur die relative Häufigkeit der Betriebe hervor, die ihre Kernkompetenzen in der "Oberflächentechnik und Metallbearbeitung" (28) sehen. Viele (insbesondere kleine und sehr kleine) Betriebe sehen ihre Kernkompetenzen auch in "Forschung und Entwicklung" (35) sowie "betriebswirtschaftlicher Beratung" (28). Bemerkenswert ist jedoch die geringe Anzahl von Betrieben, die nach Selbsteinschätzung Kernkompetenzen in den zentralen Bereichen des Flugzeugbaus "Mechanik und Hydraulik" (3), "Elektronik" (17) und "Ausstattung" (13) sehen. Darin zeigt sich, dass es *gegenwärtig wohl nur beschränkte Outsourcing-Möglichkeiten* im Clusterraum gibt. Für ein treffenderes Bild müssten freilich die Angaben mit den Umsätzen der Unternehmen gewichtet werden.

Eine objektive Überprüfung von Kernkompetenzen liefern Qualifikationsnachweise und Anerkennungen. Von den befragten Unternehmen gingen dazu die folgenden Angaben ein:

Qualifikationsnachweise und Anerkennung	
ISO 9000, 9001 und/oder 9002 (68/173=39%)	68 Betriebe
mindestens eine JAR-Zertifizierung	11 Betriebe
LBA-Anerkennung	6 Betriebe

Überraschend ist die relativ geringe Zahl von Betrieben, die eine JAR-Zertifizierung bzw. LBA-Anerkennung haben. Diese sind unabdingbar notwendig, wenn man mittel- und langfristig Anbieter von Komponenten, Sub-Systemen und Systemen sowie von technischen Dienstleistungen bleiben oder werden will.

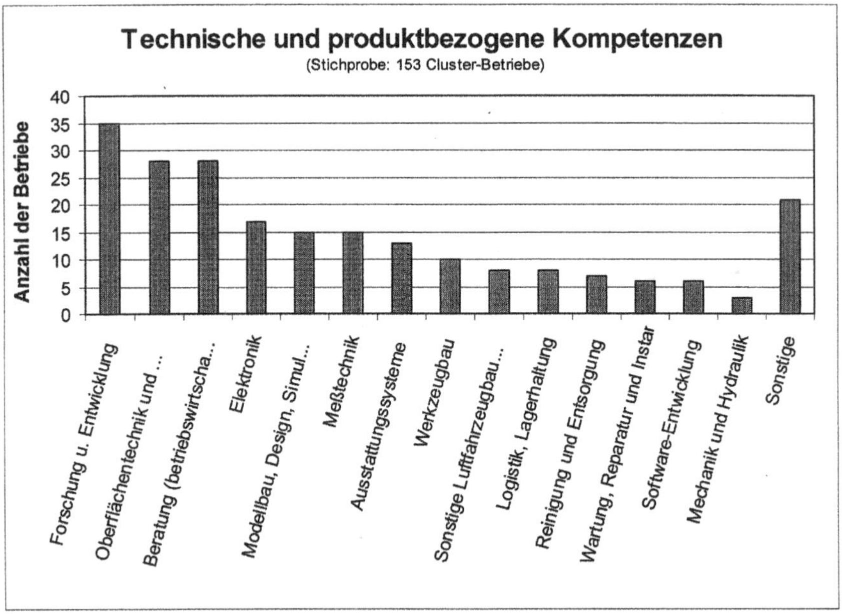

Abbildung 32: Technische und produktbezogene Kernkompetenzen

3.4 Qualifikationsstruktur der Beschäftigten

Der Einsatz des technischen Wissens und die Umsetzung neuer Ideen in Produkte und Dienstleistungen verlangt eine gut qualifizierte Mitarbeiterschaft. Deshalb kommt der *Qualifikationsstruktur der Beschäftigten* in den Cluster-Betrieben eine hohe Bedeutung zu.

Die Befragung zeigt, dass die Betriebe der Cluster-Stichprobe insgesamt hohe Anforderungen an die berufliche Qualifikation ihrer Mitarbeiter stellen und dass diese im Qualifikationsprofil erwartungsgemäß stark technisch ausgerichtet sind (siehe Abbildung 33). Rund ein Fünftel der Mitarbeiter (21%) fallen unter die Kategorie Ingenieure/Wissenschaftler/andere Hochqualifizierte, für die in der Regel ein Fachhochschul- oder Universitätsabschluss erforderlich ist. Weitere 52% der Mitarbeiter sind Techniker, Meister und Facharbeiter. Damit sind fast drei Viertel aller Mitarbeiter mit unterschiedlichen Qualifikationen stark technisch ausgerichtet.

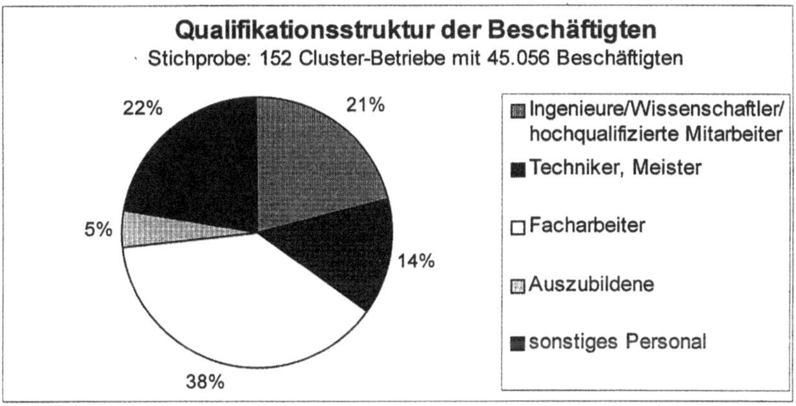

Abbildung 33: Qualifikationsstruktur der Beschäftigten

4. Position in Zulieferkette und Wertschöpfungsaktivitäten

4.1. Position in der Zulieferkette

Vor dem Hintergrund der sich abzeichnenden grundlegenden Restrukturierung der Luftfahrtindustrie (siehe im Detail Kapitel III.B.5) ist von Interesse, welche Positionen die Cluster-Betriebe heute in der Zulieferkette einnehmen und welche Erwartungen sie bezüglich ihrer zukünftigen Positionen hegen. Abbildung 34 gibt einen Überblick über die Positionen, denen sich die befragten Clusterbetriebe zuordnen sollten. Die Ergebnisse der Befragung finden sich in Abbildung 35.

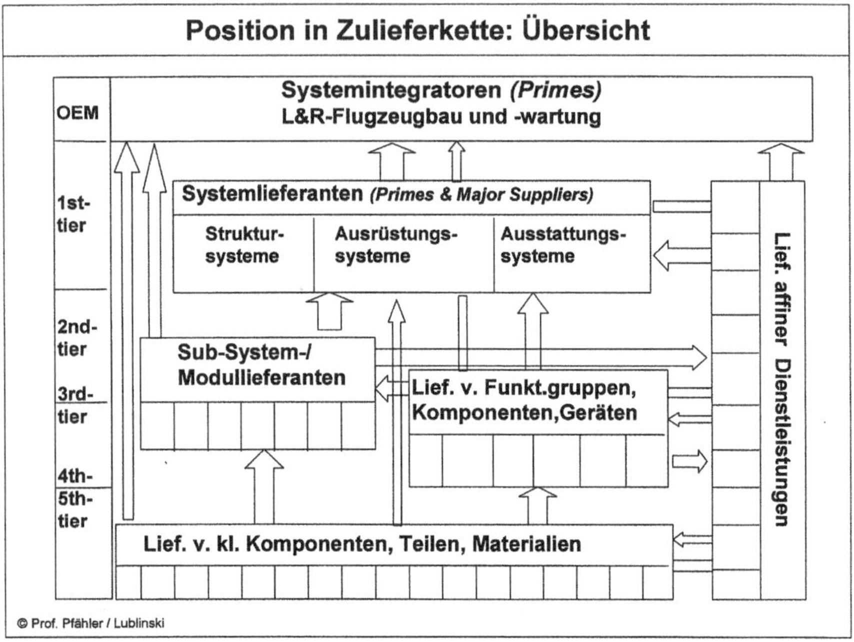

Abbildung 34: Positionen in der Zulieferkette

Folgende Befragungsergebnisse verdienen festgehalten zu werden (siehe Abbildung 35):

1. Auffällig ist, dass sich nur etwa die Hälfte der befragten Betriebe in der Lage sahen oder willens waren, diese Frage überhaupt zu beantworten. Das kann als Indiz einer gewissen Unsicherheit über die eigene strategische Positionierung (oder als taktisches Verhalten) gewertet werden.

2. Die Cluster-Betriebe, die sich zur Frage geäußert haben, sind heute weit überwiegend in der "untersten Position" der Zulieferkette als "Material-, Komponenten- und Dienstelieferanten" angesiedelt.

3. Allerdings befinden sich darunter auch viele technische Dienstlieferanten (Ingenieurbüros), die (noch) die Position von Direktzulieferern einnehmen.

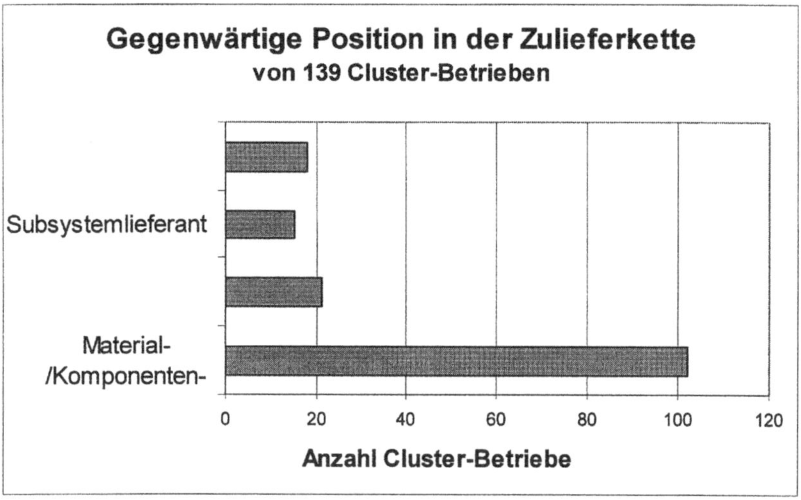

Abbildung 35: Positionen in der Zulieferkette - Ergebnisse

4.2. Aktivitäten in der Wertkette

Die Frage nach den Aktivitäten in der *Wertschöpfungskette von Luft- und Raumfahrzeugbau und –wartung* zielt darauf ab, festzustellen, ob innerhalb des räumlichen Clusters eine große Vielfalt und Breite an wertschöpfenden originären und unterstützenden Aktivitäten in der Kernbranche anzutreffen ist oder eine starke Spezialisierung auf wenige Aktivitätsbereiche. Ein große Vielfalt an Aktivitäten bietet im Prinzip die doppelte Chance, sowohl eine hohe Wertschöpfungstiefe in der Kernbranche im Cluster-Raum selbst zu erzielen als auch Aufträge aus verwandten, vor- und nachgelagerten Branchen im Cluster und von anderen Orten bedienen zu können.

Die Betriebe hatten innerhalb einer allgemein gehaltenen Porterschen Wertkette zu markieren, in welchen Bereichen originärer oder unterstützender Tätigkeiten der *Wertschöpfungskette von Luft- und Raumfahrzeugbau* sie gegenwärtig tätig sind (siehe Abbildung 36). Die Befragungsergebnisse (siehe Abbildung 37) zeigen erwartungsgemäß drei Schwerpunktbereiche: "Forschung und Entwicklung" (53 Betriebe), "Beschaffung (Lagerhaltung)" (48 Betriebe) und "Fertigung" (59 Betriebe).

Allerdings sind diese Ergebnisse mit Vorsicht zu interpretieren. Zum einen handelt es sich vielfach (insbesondere im Bereich "Forschung und Entwicklung") um sehr kleine Betriebe (Ingenieur-Büros), zum anderen kann nicht ausgeschlossen werden, dass – trotz entsprechender Pre-Tests - viele Betriebe die Frage nicht richtig einordnen konnten.[18]

Abbildung 36: Die Wertkette eines Unternehmens

5. Art der Geschäftsbeziehungen

Die Art der Geschäftsbeziehungen (Vertrags- bzw. Koordinationsformen), die ein Unternehmen oder Betrieb mit seinen Lieferanten und Kunden eingeht, resultiert im Prinzip aus der eigenen Wettbewerbsposition (in Bezug auf Markt und Technologie) und der Produktivitäts- und Wettbewerbsvorteile, die mit verschiedenen Koordinationsformen verbunden sind.

Hier wird zwischen folgenden Arten von Geschäftsbeziehungen unterschieden:

---

[18] Die weit überwiegende Mehrzahl der Betriebe gehören selbst nicht zum WZ Luft- und Raumfahrzeugbau. Als Lieferanten von Komponenten, (Sub-) Systemen müssten sie sich zum Beispiel dem Bereich "Beschaffung" (und nicht dem Bereich "Fertigung") zuordnen.

- *kurzfristige Lieferverträge* (Spotmärkte): sie sind in der Regel dann angezeigt, wenn spezifische Produkt- oder andere Differenzierungsvorteile *keine* nennenswerte Rolle spielen, viele Lieferanten oder Kunden als Geschäftspartner zur Verfügung stehen und die Transaktionskosten (Informations-, Kommunikations- und Transportkosten) gering sind;

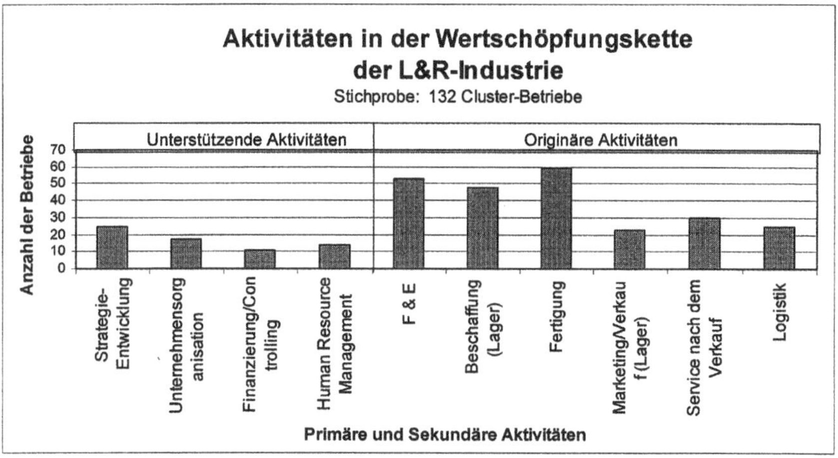

Abbildung 37: Aktivitäten in der Wertschöpfungskette von Luft- und Raumfahrzeugbau und -wartung

- *kurzfristige Koalitionen oder Kooperationen*: diese Vertragsform wird häufig für Saison- oder anderen zeitlich begrenzten Restrukturierungs-, Beratungs-, F&E- und ähnlichen (Dienstleistungs-) Geschäfte gesucht;

- *längerfristige Rahmenverträge bei Bewahrung der eigenen Selbständigkeit*: diese Vertragsform wird häufig zwischen technologie- und marktmächtigen Lieferanten und Kunden gesucht, die sich Optionen offen halten, aber gleichwohl einer "strategischen Familie" zugehörig sein wollen;

- *längerfristige Rahmenverträge mit hierarchischer Einbindung*: sie werden gewählt, wenn ein Vertragspartner spezifisches Wissen und besondere Kompetenzen hat und der andere Vertragspartner darauf einen "direkten und kontrollierten Durch- und Zugriff" sicherstellen will, beide aber die Einbindung in eine gemeinsame Unternehmensorganisation (In-Sourcing) aus anderen Gründen als nachteilig einschätzen.

Die längerfristigen Vertragsformen verlangen von beiden Vertragsseiten in der Regel ein Selbstverpflichtung zur inhaltlichen und zeitlichen Koordination ihrer strategischen Planungen, ein großes Maß an Vertrauen sowie ein gemeinsames

Verständnis, Mitglieder einer "strategischen Familie" zu sein, dessen Stärke im optimierten Verbund liegt. Vielfach ist dafür und für die kooperative Technologie- und Geschäftsentwicklung die räumliche Nähe von Vorteil. Insofern gibt die relative Häufigkeit von längerfristigen Vertragsbindungen, insbesondere mit Partnern in räumlicher Nähe, im Vergleich mit den kurzfristigen Vertragsbeziehungen Auskunft über die "mentale Dichte" und "Stoßkraft" eines räumlichen Clusters. Als Leitbild fungiert hier in Deutschland wieder die Automobilindustrie. (Förmliche Kooperationen zwischen Cluster-Betrieben werden im Detail im nächsten Abschnitt untersucht.)

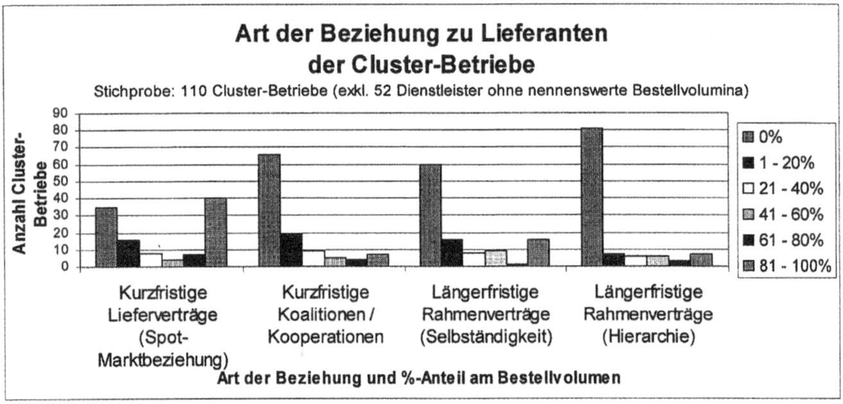

Abbildung 38: Art der Beziehung zu Lieferanten der Cluster-Betriebe

Die Ergebnisse unserer Befragung sind in Abbildung 38 und Abbildung 39 dokumentiert und lassen sich in den folgenden Punkten zusammenfassen (siehe Lesehilfe in der Fußnote[19]):

1. Es gibt keine nennenswerten Unterschiede in der Wahl der Art der Geschäftsbeziehungen zwischen der Lieferanten- und der Kundenseite. Im Gegensatz dazu findet man in der Automobilzulieferindustrie häufig Spotmarktbeziehungen beim Einkauf (*e-sourcing*) und langfristige Verträge mit den Autoherstellern.

2. Längerfristige Rahmenverträge, sei es mit hierarchischer Einbindung oder mit Selbständigkeit, spielen weder auf der Lieferanten- noch auf der Kundenseite

[19] Als Lesehilfe zur Graphik eine beispielhafte Erläuterung: Der erste Balken in der Abb. 53 zu den Lieferanten besagt, dass fast 40 Betriebe 81-100% ihres Bestellwerts auf der Grundlage kurzfristiger Verträge mit ihren Lieferanten beziehen.

die von uns erwartete wichtige Rolle. Nur jeweils rund ein Viertel der Betriebe, die die Frage beantwortet haben, wickeln mehr als 60% ihres Bestell- oder Absatzwertes mittels längerfristiger Rahmenverträge ab.

3. Die größte Bedeutung und eine Sonderrolle haben die kurzfristigen Vertragsbeziehungen: Sowohl auf Lieferanten- wie auf Kundenseite gibt es relativ viele Betriebe, die hohe Bestell- oder Verkaufswerte (über 60%) auf Spot-Märkten abwickeln. Fast gleichhoch ist aber auch die Zahl der Betriebe, die weder lieferanten- noch kundenseitig kurzfristige Vertragsbeziehungen eingehen.

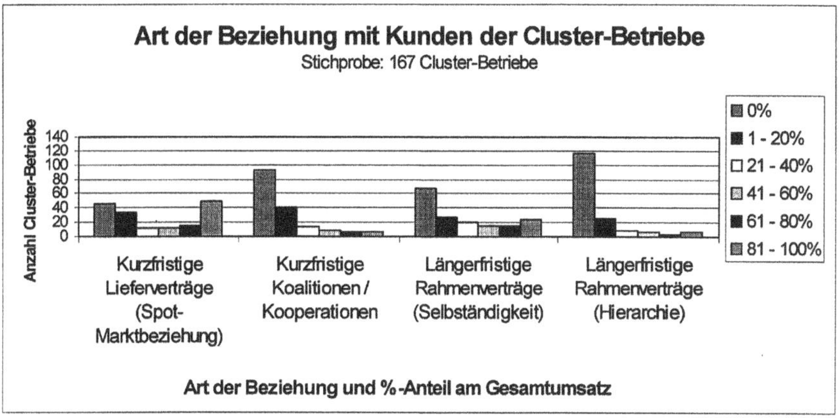

Abbildung 39: Art der Beziehung mit Kunden der Cluster-Betriebe

6. Kooperationen

Kooperationen zwischen Unternehmen sind Geschäftsbeziehungen im Zwischenfeld von Markt- und hierarchischen Beziehungen. Sie werden gesucht, weil sie es gestatten, die jeweiligen (Transaktionskosten-) Vorteile von Markt- und hierarchischen Beziehungen effektiv und flexibel zu kombinieren und damit Produktivitäts- bzw. Wettbewerbsvorteile zu erzielen. Das gelingt in der Regel umso besser, je räumlich näher sich die Kooperationspartner sind und umso leichter sie infolgedessen *face-to-face* – Kontakte aufnehmen können. Vermutlich auch deshalb erwarten sich viele Cluster-Betriebe bessere Wettbewerbschancen durch Kooperation.

Kooperationen können sich auf die gesamte Wertkette eines Unternehmens beziehen[20] oder –auf einzelne originäre oder unterstützende Aktivitäten (siehe Abbildung 36). Immer häufiger findet man die Kooperation in ausgewählten Aktivitäten bei gleichzeitiger Konkurrenz um dieselben Endkunden. Das ist dann möglich und sinnvoll, wenn es den Kooperationspartnern erlaubt, Kosten zu sparen, ohne ihr spezifisches Angebotsprofil gegenüber ihren Kunden zu verlieren.

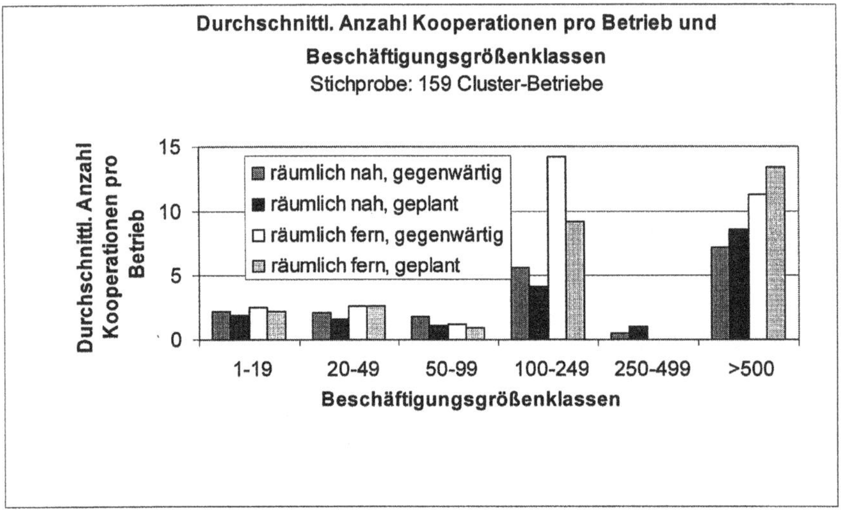

Abbildung 40: Kooperationen und Beschäftigungsgrößenklassen

Im Rahmen dieser Bestandsaufnahme wurden die Cluster-Betriebe gefragt, (1) in welchen Aktivitätsfeldern sie bisher überhaupt mit anderen Betrieben gegenwärtig kooperieren, (2) ob diese Kooperationspartner sich in räumlicher Nähe oder Ferne befinden und (3) ob ggf. für die Zukunft Kooperationen mit räumlich nahen oder fernen Kooperationspartnern angestrebt werden. Die Befragung zu Art und Umfang von Kooperationen in den verschiedenen originären und unterstützenden Aktivitäten der Wertkette ergab insgesamt ein recht einheitliches Bild. Infolgedessen sind die Ergebnisse in Abbildung 40 für alle Kooperationsfelder zusammengefasst:

[20] Es handelt sich dann eher um einen "Zusammenschluss auf Zeit" oder einen "Zusammenschluss in einem Markt" ohne förmliche eigentums- und gesellschaftsrechtliche Verbindung.

1. Cluster-Betriebe aller Betriebsgrößen haben gegenwärtig räumlich nahe und ferne Kooperationspartner und planen für die Zukunft, die Zahl ihrer Partner zu vergrößern.
2. Eine überdurchschnittliche Kooperationsaktivität findet man in der Betriebsgröße 100-249 Beschäftigte und bei den Großbetrieben (mit über 500 Beschäftigten). Eine Ausnahme bilden die nur 8 Betriebe in mittleren Betriebsgröße (250-499). Sie gaben keine räumlich fernen Kooperationen und nur eine geringe Zahl von räumlich nahen Kooperationen an.
3. Die räumliche Nähe scheint keinen erkennbaren positiven Einfluss auf die Anzahl von Kooperationen zu haben; im Gegenteil, bei den besonders kooperationsintensiven Betriebsgrößen ist die Zahl der räumlichen fernen Kooperationspartner deutlich größer. Dies wird vermutlich daran liegen, dass die Betriebe gegenwärtig nicht ausreichend viele räumlich nahe Partner finden und auch in Zukunft nicht damit rechnen.

Weitere empirische Befunde zu Kooperationsbarrieren und den Erfolgsfaktoren von Kooperationen finden sich in Kapitel III.B.5.3 im Rahmen der Analyse der Perspektiven der LF-Zulieferindustrie.

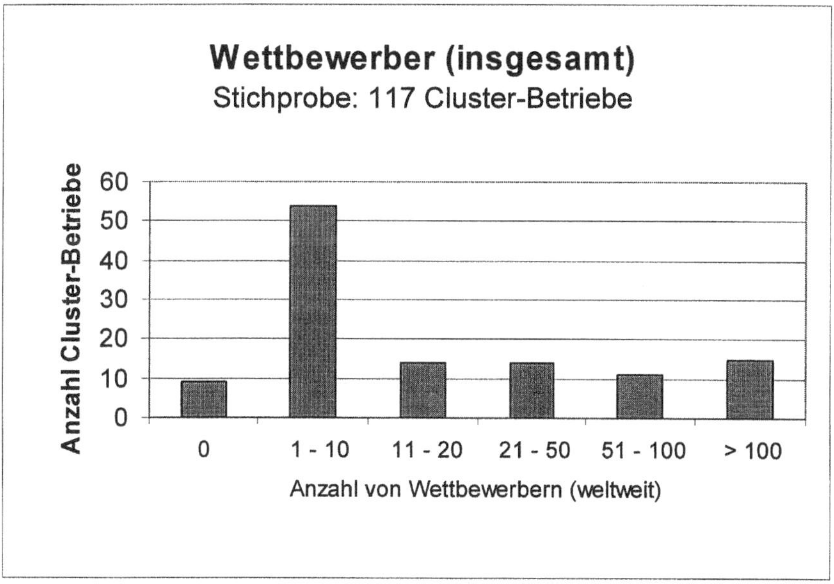

Abbildung 41: Zahl der Wettbewerber

7. Wettbewerbssituation

Vom Wettbewerb mit direkten, räumlich nahen Konkurrenten aber möglicherweise auch vom Vergleich mit anderen räumlich nahen Unternehmen, die nicht unmittelbare Konkurrenten auf dem Produktmarkt sind, kann eine stimulierende Wirkung ausgehen. Dies ist die Anreizfunktion des Wettbewerbs. Gleichzeitig bedrohen Wettbewerber, egal ob räumlich nah oder fern, die eigenen Marktanteile und Gewinnmargen. Um ein erstes Bild über den Wettbewerb im Luftfahrt-Cluster HH/NW-D zu bekommen, wurden die Cluster-Betriebe nach der Zahl ihrer Wettbewerber insgesamt und in räumlicher Nähe befragt. Ihre Einschätzung der Wettbewerbsintensität und ihrer Wettbewerbschancen wird in Kapitel III.B.5.3 untersucht.

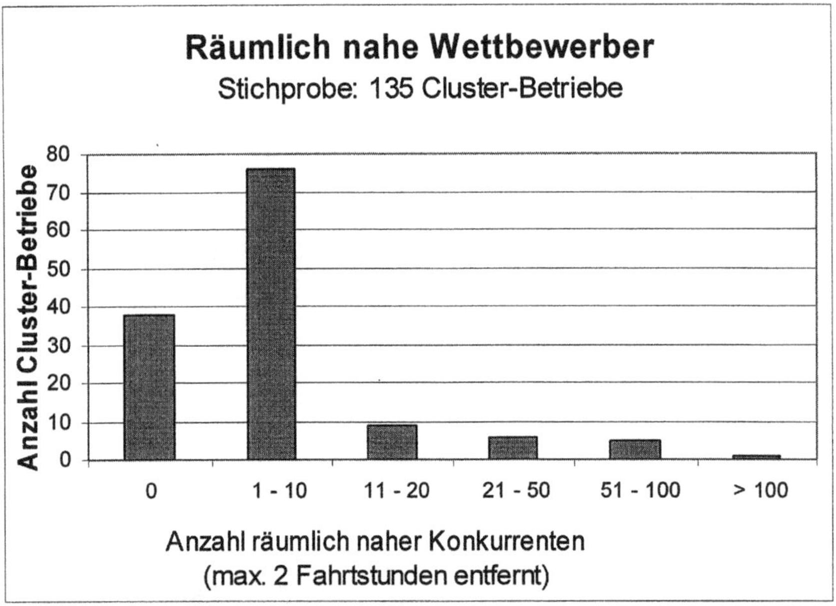

Abbildung 42: Zahl der räumlich nahen Wettbewerber im Cluster-Raum

Die wichtigsten Befunde zur Zahl und räumlichen Nähe der Wettbewerber sind in Abbildung 41 bis Abbildung 44 zusammengestellt. Sie lassen sich in den folgenden Punkten zusammenfassen:

1. Über die Hälfte der befragten Betriebe, die zu dieser Frage Stellung nahmen, haben nach eigenen Angaben keine oder relativ wenige Wettbewerber. Noch mehr Betriebe meinten gar, sie hätten keine bzw. relativ wenige Wettbewerber in räumlicher Nähe (siehe Abbildung 41 und Abbildung 42). In der Regel findet man ein solches Ergebnis nur bei stark spezialisierten Nischenanbietern.

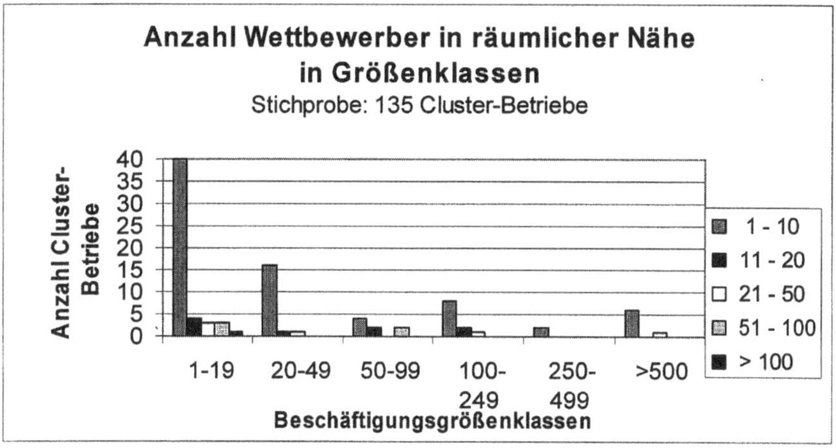

Abbildung 43: Zahl der räumlich nahen Wettbewerber
in Beschäftigungsgrößenklassen

2. Betrachtet man die Betriebsgrößen (gemessen an Beschäftigungsgrößenklassen), dann stellt man fest, dass insbesondere die große Zahl kleiner Betriebe nur relativ wenige Wettbewerber in räumlicher Nähe hat (lokale Monopole oder Oligopole), während die kleine Zahl mittelgroßer Betriebe (250-499 Beschäftigte) eine große Zahl räumlich naher Wettbewerber angibt (siehe Abbildung 43 und Abbildung 44).[21]

8. Innovationsfähigkeit

Die Innovationsfähigkeit ist - neben der Fähigkeit zum Produktivitätswachstum und zu vitaler Gründungsaktivität – der größte potenzielle Wettbewerbsvorteil

---

[21] Dieses Umfrageergebnis ist nur schwer nachzuvollziehen, denn es ist unklar, von welchen größeren Betrieben in räumlicher Nähe der Wettbewerbsdruck auf die Cluster-Betriebe ausgehen soll.

räumlicher Cluster. Deshalb gilt unser spezielles Interesse der Innovationsfähigkeit im Luftfahrt-Cluster HH/NW-D.

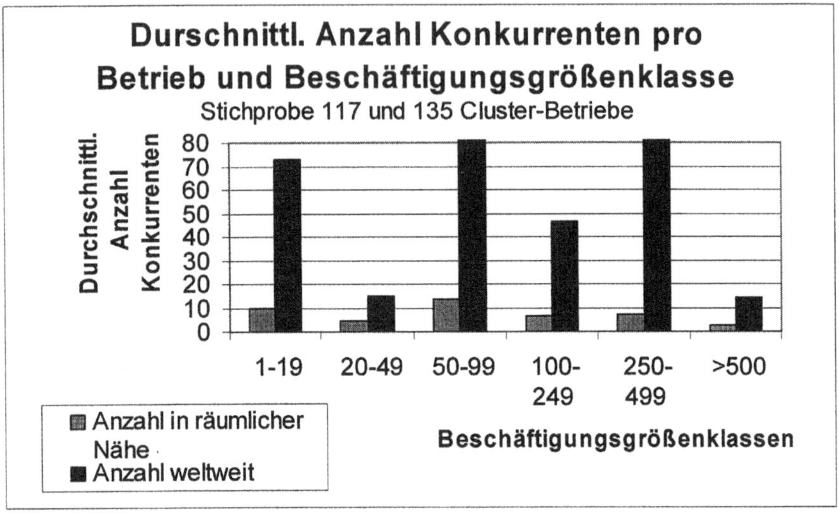

Abbildung 44: Durchschnittliche. Anzahl von Wettbewerbern pro Betrieb und Beschäftigungsgrößenklasse

8.1. Innovationsprozess und Indikatoren der Innovationsfähigkeit

Die Innovationsfähigkeit ist Ergebnis eines komplexen Innovationsprozesses, in dem die *Innovationsbereitschaft* einerseits und die *technische und wirtschaftliche Innovationsfähigkeit* der Unternehmen andererseits die zentrale Rolle spielen (siehe Abbildung 45) [22]

Die *Innovationsbereitschaft* der Unternehmen findet unter anderem ihren Niederschlag in dem Aufwand, der für Forschung und Entwicklung (F&E) betrieben wird. Dafür ist der Anteil des F&E-Personals an der Gesamtzahl der Beschäftigten (*F&E-Personalintensität*) ein wichtiger Input-Indikator. Sie eignet sich auch, um die technologische Leistungsfähigkeit der Cluster-Betriebe einzuschätzen (siehe Abschnitt 8.2).

Die technische Innovationsfähigkeit wird ganz wesentlich durch die Technologie- und Innovationsinfrastruktur bestimmt, in deren Zentrum die Wissensinfrastruktur steht. Ihr wird ein eigener Abschnitt gewidmet (siehe Abschnitt 9). Die wirtschaft-

[22] Vgl. Albach, H. (1983), S. 25 f.

liche Innovationsfähigkeit hängt ganz wesentlich von der Profitabilität (Eigenfinanzierung) und der Verfügbarkeit von (Risiko-) Kapital (Fremdfinanzierung) ab.

Abbildung 45: Der Innovationsprozess

Zur Erfassung des Innovationsergebnisses nach der Entscheidung und Durchführung von Innovationen sind Outputindikatoren heranzuziehen. Vier wichtige Output-Indikatoren sind die Stellung der umsatzstärksten Produkte im Innovationszyklus (siehe Abschnitt 8.3), die Zahl der Patente sowie die Zahl und Geographie der Prozess- und Produktinnovationen (siehe Abschnitt 8.4) sowie die Zahl der Unternehmensneugründungen im Verhältnis zur Gesamtzahl der Betriebe bzw. die Altersstruktur der Betriebe (Abschnitt 8.5). Allerdings stehen dem Innovationserfolge auch eine Reihe von Innovationshemmnissen entgegen, die zu untersuchen sich lohnt (siehe dazu Kapitel III.B.5.3).

8.2. F&E-Personalintensität und technologische Leistungsfähigkeit

Über die F&E-Personalintensität und die anhand dieses Indikators gemessene technologische Leistungsfähigkeit in der Cluster-Stichprobe informieren Abbildung 46 und Abbildung 47. Die F&E-Personalintensität gibt an, welchen Anteil das F&E-Personal an allen Beschäftigten der Betriebe ausmacht. Je nach Höhe dieser F&E-Personalintensität kann man die technologische Leistungsfähigkeit der Betriebe in die Kategorien "Spitzentechnik" (*high-tech*), "höherwertige Technik" (*medium-tech*) und "geringwertige Technik" (*low-tech*) eingruppieren.

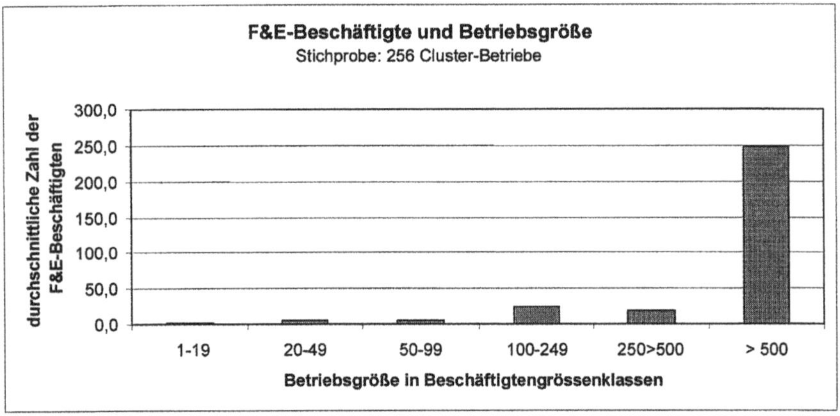

Abbildung 46: F&E-Beschäftigte und Betriebsgrößen

Die wichtigsten Ergebnisse der Befragung zur F&E-Personalintensität sind die folgenden:

1. Absolut betrachtet findet sich F&E-Personal in nennenswerter Anzahl nur in den Kern- und wenigen anderen Großbetrieben des Clusters (siehe Abbildung 46). Die absolute Anzahl zu betrachten ist deshalb von Bedeutung, weil in vielen Branchen "kritische Massen" (an Personal- und Finanzmittel) erforderlich sind, um technologische Durchbrüche zu erzielen. Das gilt auch für die L&R-Branche.

2. Betrachtet man die F&E-Personalintensität als Indikator der technologischen Leistungsfähigkeit, dann stellt man fest, dass die überwiegende Mehrheit der Cluster-Betriebe als low-tech-Betriebe eingestuft werden müssen und die in anderen Branchen des Verarbeitenden Gewerbes so wichtigen medium-tech

Betriebe im Cluster nur in geringer Zahl vertreten sind. In der relativ großen Zahl von high-tech-Betrieben finden sich vor allem kleine und kleinste Ingenieurbüros (siehe Abbildung 47). So zeigt sich die dünne Ausstattung des Clusters mit technisch kompetenten (Sub-) Systemlieferanten der Luft- und Raumfahrt auch im Mangel einer größeren Zahl von high-tech Betrieben des gehobenen Mittelstands (250-500 Beschäftigte).

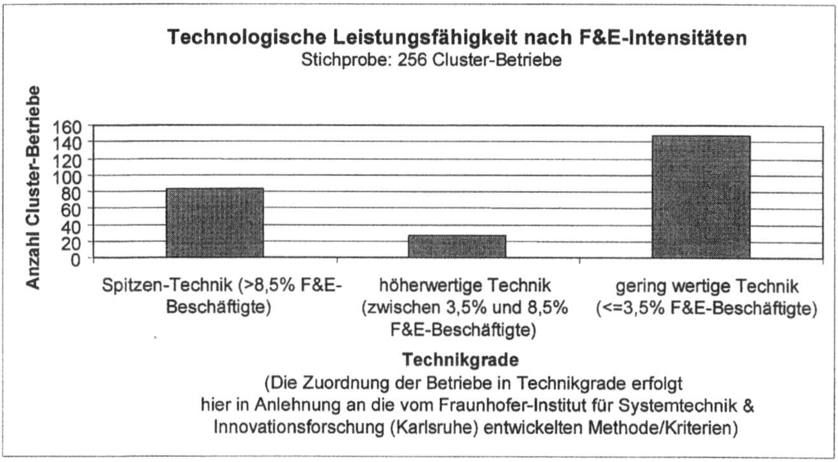

Abbildung 47: Technologische Leistungsfähigkeit nach F&E-Personalintensität

3. Die F&E-Beschäftigten der Cluster-Stichprobe sind im Großraum Hamburg und Hannover konzentriert.

8.3. Stellung umsatzstärkster Produkte im Innovationszyklus

Um eine Abschätzung über das Ergebnis der Innovationsfähigkeit zu bekommen, wurden die Cluster-Betriebe nach der Stellung ihrer Luftfahrtprodukte im Innovationslebenszyklus befragt (siehe Abbildung 48). Diese Frage ähnelt der Frage nach der Stellung im Produktlebenszyklus (vgl. Abschnitt B.3.2 und Abbildung 31), zielt hier aber speziell auf den innovativen Gehalt der Produkte und Dienstleistungen.[23] Die im Pre-Test befragten Unternehmen waren sich über diesen Un-

[23] Produkte, die von einzelnen Unternehmen neu in den Markt eingeführt werden und im Umsatz stark wachsen, müssen nicht notwendig innovative Produkte sein; es können auch ältere, bekannte Produkte sein, für die sich aber erst jetzt – aus welchen Gründen auch immer – ein (regionaler) Markt entwickelt hat.

terschied im Klaren, ob dies freilich auch für die insgesamt 107 Cluster-Betriebe zutrifft, die diese Frage beantwortet haben, lässt sich nicht mit Sicherheit feststellen.

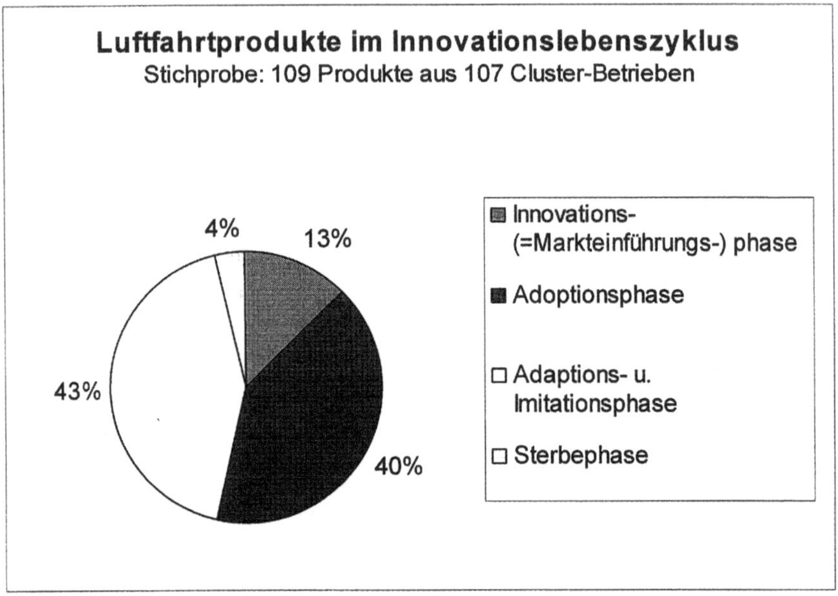

Abbildung 48: Stellung der Luftfahrtprodukte im Innovationslebenszyklus

Im Ergebnis fällt die Befragung zum Innovationslebenszyklus erwartungsgemäß ähnlich aus wie die zum Produktlebenszyklus (vgl. Abbildung 48 mit Abbildung 31 in Abschnitt B.3.2). Allerdings ist der Anteil junger Produkte, gemessen am Innovationsgehalt (Innovations- und Adoptionsphase), mit insgesamt 43% deutlich geringer als der Anteil der Produkte von 61%, den die Unternehmen der Einführungs- und Wachstumsphase, gemessen an der Altersstruktur des Umsatzes, zugerechnet haben.

8.4. Patente, Produkt- und Prozessinnovationen

Voraussetzung und Grundlage von Umsätzen mit jungen, innovativen Produkten und Herstellungsverfahren sind Patente und Produkt- und Prozessinnovation. Über Patente informieren Patentstatistiken, während über die Anzahl, Art und den Standort von Innovationen die Betriebe selbst befragt werden müssen.

Patente

Patente können entweder selbst entwickelt sein oder über Lizenzen oder Patenkäufe erworben werden. Hier interessieren nur die selbst angemeldeten Patente. Diese werden freilich nach dem Prinzip von Wirtschaftszweigen statistisch ausgewiesen und nicht nach dem Branchen übergreifenden Prinzip räumlicher Cluster. Um ein ungefähres Bild vom Patentergebnis im Cluster-Schwerpunkt Hamburg zu haben, sind deshalb in Tabelle 8 die Patentzahlen der 10 größten Anmelder in Hamburg wiedergegeben.

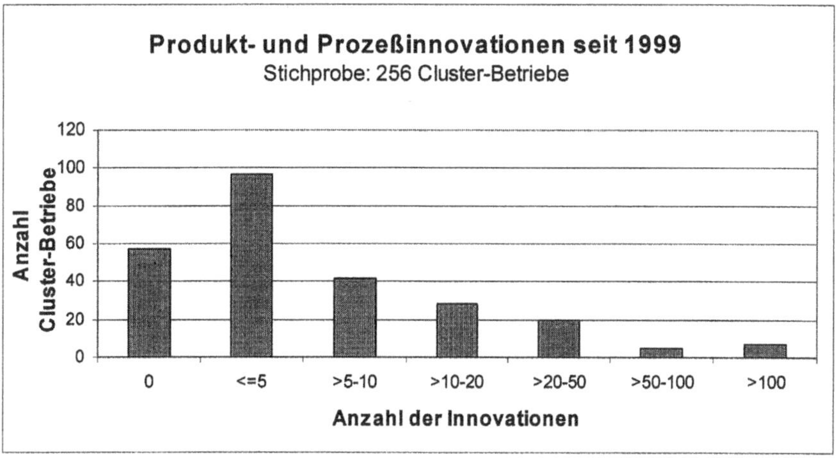

Abbildung 49: Anzahl von Produkt- und Prozessinnovationen

Produkt- und Prozessinnovationen

Die Ergebnisse der Befragung zur Anzahl der Produkt- und Prozessinnovationen finden sich in Abbildung 49 und Abbildung 50. Die wichtigsten Ergebnisse:

1. Insgesamt 12 Cluster-Betriebe (von 256) haben angegeben, seit 1999 mehr als 50 Produkt- und Prozessinnovationen realisiert zu haben. Diese Betriebe haben ihre Standorte fast alle in Hamburg und Umgebung, dazu kommt der Standort Hannover (mit MTU).

2. Umgekehrt haben 56 Cluster-Betriebe angegeben, gar keine Innovationen durchgeführt zu haben. Die wesentlichen Ursachen dafür waren, dass verbundene Betriebe Innovationsaktivitäten durchführen oder die Marktstellung Innovationsaktivitäten nicht erforderlich bzw. nicht möglich macht (siehe Abbildung 50).

3. Rund 50% der Betriebe hat zwischen fünf bis zehn Innovationen im Berichtszeitraum realisiert, weitere rund 20% konnten immerhin von zwischen zehn und 50 durchgeführten Innovationen berichten.

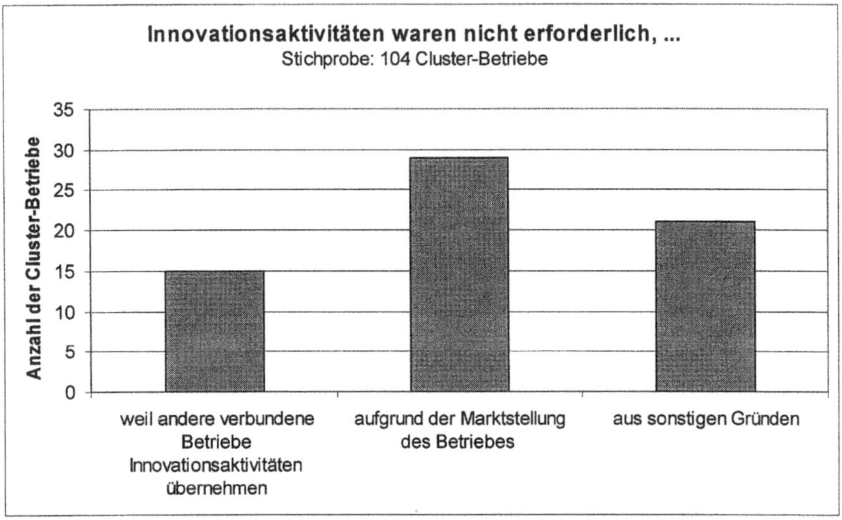

Abbildung 50: Ursachen ausbleibender Innovationsaktivitäten

4. Die Innovationsstandorte liegen schwerpunktmäßig außerhalb von Hamburg

Nr.	**1985**	**1990**	**1995**	**1997**
1	Philips Patent-verwal-tung GmbH 381	Philips Patentver-waltung GmbH 305	Philips Patent-verwaltung GmbH 246	Philips Corporate Intellectual Property GmbH 272
2	Phönix AG 48	Beiersdorf AG 43	Beiersdorf AG 106	Beiersdorf AG 195
3	Hauni Werke Körber & Co KG 45	Airbus Deutschland GmbH 36	Daimler-Benz Aerospace Airbus GmbH 44	**Daimler-Benz Aero-space Airbus GmbH 46**
4	Körber AG 34	Phönix AG 35	Deim, Martin 32	Hauni Maschinenbau GmbH 29

5	Blohm & Voss AG 31	Körber AG 24	Hauni Maschinenbau AG 18	Still GmbH 29
6	BASF Farben+Lacke AG 26	Rotring Werke Riepe KG 15	Philips Electronics N.V. 16	Phoenix AG 13
7	Beiersdorf AG 18	BAT Cigaretten-Fabriken GmbH 14	Olympus Winter & IBE GmbH 13	Kaehler, Kai 12
8	Europa Carton AG 18	Baiersdorf AG 13	H.F. & PH.F. Reemtsma GmbH & Co 11	Dolmar GmbH 12
9	Airbus Deutschland GmbH 15	Jungheinrich AG 9	Dolmar GmbH 10	Jungheinrich AG 12
10	Polygram GmbH 14	Europa Carton AG, Alfill Getränketechnik GmbH Waldemar Link GmbH 9	Berendsohn AG 9	Hans Schwarzkopf GmbH & Co. KG 10

Quelle: IPC, Handelskammer Hamburg (Auskunft von Herrn Dr. Kuckartz)

Tabelle 8: Die größten Patentanmelder in Hamburg, 1985-1997

Eine vernünftige Einschätzung der Innovationsaktivität verlangt den Vergleich mit einer relevanten Bezugsgruppe. Eine solche Vergleichsmöglichkeit steht gegenwärtig nicht zur Verfügung.

8.5. Unternehmensgründungen (Altersstruktur der Betriebe)

Die Altersstruktur unter den Betrieben der Cluster-Stichprobe entspricht der üblichen, leicht rechtsschiefen Verteilung (siehe Abbildung 51). Immerhin sind rund 25% der Betriebe jünger als 10 Jahre und 10% sogar jünger als 5 Jahre. Das lässt - auch im Lichte der Innovationshemmnisse (siehe unten) - auf eine gut entwickelte Gründungsbereitschaft im Cluster-Raum schließen.

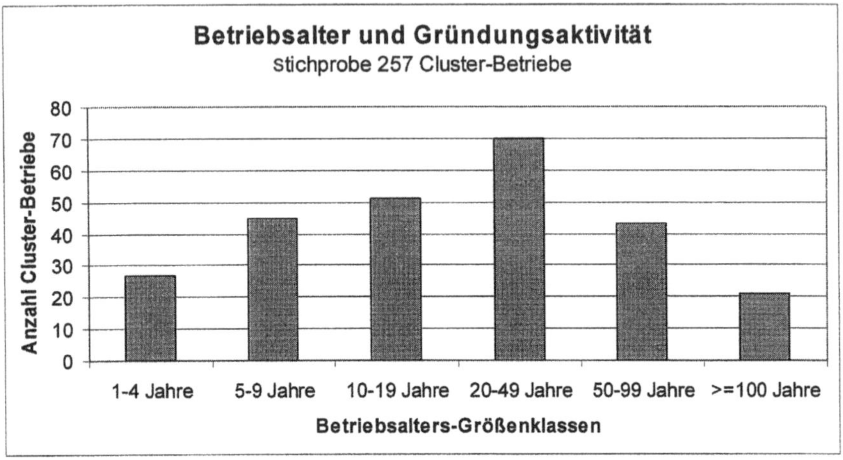

Abbildung 51: Betriebsalter und Gründungsaktivität

9. Wissensinfrastruktur im LF-Cluster HH/NW-D

9.1. Innovationskritische Wissensinfrastruktur

Die zentrale Voraussetzung für eine intensive und erfolgreiche Innovationstätigkeit ist eine geeignete Technologie- und Innovationsinfrastruktur. In jeder Phase des Innovationsprozesses, der Inventions-, Innovations- und Diffusionsphase, können Engpässe auftreten, die die Innovationsfähigkeit beeinträchtigen. Infolgedessen muss für jede Phase eine spezifische Technologie- und Innovationsinfrastruktur (einschließlich Qualifizierungsmöglichkeiten) bereitstehen, die im Bedarfsfalle hilft, diese Engpässe zu überwinden (siehe Abbildung 52). Die wesentliche Input-Basis für die *technische und wirtschaftliche Innovationsfähigkeit* bildet die *räumlich nahe Verfügbarkeit* folgender *innovationskritischer bzw. engpassrelevanten Ressourcen*:

1. das spezifische Marktwissen
2. das Managementwissen
3. das technische Wissen qualifizierter Mitarbeiter
4. spezifische "Luftfahrtstudiengänge"
5. das technologische Forschungswissen
6. und der Transfer dieses Wissens in die Praxis.

Das technische Wissen, Management- und Marktwissen wird im Prinzip von Berufsbildungs-, Hochschulbildungs- und universitären sowie außeruniversitären Forschungseinrichtungen bereitgestellt. Im Rahmen dieser Studie wird deshalb geprüft,

Technologie- und Innovationsinfrastruktur

	Überwindung von Engpässen *Phasen*	1 Information	2 Personengeb. Information (Qualifikation)	3 Flankierende Maßnahmen (Finanzmittel)
I	Forschung und Entwicklung (Invention)	FuE der Forschungseinrichtungen Allgemeine Beratung Wissens- u. Technologietransfer Datenbanken Anwenderzentren Innovations- u. Technologiezentren	Ausbildung in Forschungseinrichtungen Personaltransfer Berufsbildungswesen	Risikokapital Direkte Projektförderung
II	erstmalige Nutzung (Innovation)	Anwenderzentren Technologieberatung Beratung bei Vermarktung und Management Beratung Normen und Gesetze Technologiemessen	Ausbildung in Forschungseinrichtungen Personaltransfer Weiterbildung in Anwenderzentren Berufsbildungswesen Seminare und Mitarbeiterschulungen	Risikokapital Innovationsförderprogramm Technologieeinführungsprogramm
III	Verbreitung (Diffusion)	Beratung bei der Einführung von Innovationen Anwenderzentren	Ausbildung in Forschungseinrichtungen Seminare und Mitarbeiterschulungen Berufsbildungswesen	Technologieeinführungsprogramm Programm zur Diffusionsbeschleunigung

Quelle: Pfähler und Hoppe (1997)

Abbildung 52: Technologie und Innovationsinfrastruktur

- welche öffentliche Wissensinfrastruktur (als Teil der Technologie- und Innovationsinfrastruktur) im Cluster-Raum für die Luft- und Raumfahrt- (L&R) und verwandte Industrien in Hamburg/Norddeutschland angeboten wird,
- wie die Cluster-Betriebe die Bedeutung der räumlichen Nähe dieser Wissensinfrastruktur grundsätzlich einschätzen, und wie sie die vorhandene Infrastruktur bewerten.

- Kein Gegenstand der Angebotsanalyse ist der Bereich der beruflichen Aus- und Weiterbildung im Berufsbildungssektor. Alle Informationen stammen aus schriftlichen Befragungen.

9.2. L&R-relevante Hochschulausbildung im LF-Cluster-Raum

Insgesamt sieben von dreizehn befragten Hochschulen im Clusterraum HH/NW-D bieten – nach den Ergebnissen unserer Befragung - in den genannten Fachbereichen, Zentren, Instituten oder anderen Einrichtungen - *L&R spezifische Lehrveranstaltungen* an (siehe Tabelle 9).

Jedoch nur fünf dieser Hochschulen bieten förmliche Studiengänge im Bereich L&R und verwandten Bereichen an und bilden darin insgesamt - im Durchschnitt der letzten 3 Jahre - nur 129 AbsolventInnen aus (siehe Tabelle 10). Fast so groß ist die Zahl der Praktika pro Jahr (121), größer dagegen die Zahl der Studien- und Diplomarbeiten pro Jahr (207). Zusätzlich werden rund 30 Dissertationen pro Jahr angefertigt (siehe Tabelle 11). Erfreulich ist die hohe Anzahl internationaler Kooperationen im Lehrbetrieb.

Hochschul-Einrichtungen	**Fachbereiche (FB), Zentren (Z), Instituten (I) oder andere Einrichtungen (AE)**
HAW Hamburg	FB Fahrzeugtechnik und Flugzeugbau
TU Hamburg-Harburg	FB Maschinenbau FB Elektrotechnik FB Informationstechnik
Universität der Bundeswehr Hamburg	FB Maschinenbau
Universität Bremen	ZARM, Zentrum für angewandte Raumfahrttechnologie und Mikrogravitation Aerodynamik/Strömungsmechanik, Raumfahrzeugbau
Hochschule Bremen	FB Maschinenbau
TU Braunschweig	Z für Luft u. Raumfahrttechnik: I für Flugführung I für Flugzeugbau u. Leichtbau I für Strömungsmechanik I für Luft- u. Raumfahrtsysteme
FH Braunschweig	FB Transport und Verkehr

Tabelle 9: Hochschuleinrichtungen im LF-Cluster mit L&R-spezifischen Lehrangeboten

Hochschul-Einrichtungen	**Studiengänge**	**Durchschnittl. Absolventenzahl der letzten 3 Jahre**
HAW Hamburg	Flugzeugbau (Dipl. Ing. FH)	40
TU HH Harburg	Flugzeug-Systemtechnik (Dipl. Ing.) Master of Information and Communication Technology	11 5
Hochschule Bremen	Luft- u. Raumfahrt im FB Maschinenbau (Dipl. Ing. FH) Luftfahrtsystemtechnik und Management	20 15
TU Braunschweig	Luft- u. Raumfahrttechnik im FB Maschinenbau (Dipl. Ing.)	32
FH Braunschweig	Verkehrsinformatik mit Vertiefung LuR	6
Gesamt:		**129**

Tabelle 10: L&R-relevante Studiengänge und Absolventenzahlen im LF-Cluster HH/NW-D.

Hochschul-Einrichtungen	**Praktika**	**Diplom- o. Studienarbeiten**	**Dissertationen**
Universität Bremen	10	15	5
Hochschule Bremen	20	20	0
Fraunhofer IFAM	3	6	4
TU Hamburg Harburg	15	30	2
HAW Hamburg	40	40	0
Uni BW Hamburg	6	5	2
GKSS	1	5	12
TU Braunschweig	ca. 24	83	8
FH Braunschweig	3	3	0,5
Gesamt:	121	207	33,5

Tabelle 11: Praktika, Diplom- u. Studienarbeiten, Dissertationen im LF-Cluster HH/NW-D.

Der Personaleinsatz (Professoren, wissenschaftliche Assistenten und Mitarbeiter, technisches Personal) beläuft sich insgesamt im Cluster lediglich auf die Größe eines mittelgroßen Fachbereichs (30 Professoren) und konzentriert sich nach

Kopfzahl auf die TU Braunschweig und die HAW Hamburg bzw. nach Finanzmassen auf die TU Braunschweig und die TU Hamburg-Harburg (siehe Tabelle 12).

Hochschul-Einrichtungen	Professoren	Wissenschaftl. Mitarbeiter u. Assistenten	Technisches Personal	Finanzmittel (in tausend Euro)
Hochschule Bremen	5	5	4	144
Universität Bremen	1	12	5	5
TU Hamburg Harburg	2	15	3	750
Uni BW Hamburg[24]	5	12	7	k.A.
HAW Hamburg	11	3	2	k.A.
TU Braunschweig	10	17	4	1.370
FH Braunschweig	1	3	0	k.A.
Gesamt:	30	55	18	k.A.

Tabelle 12: Personalressourcen und Finanzmittel im Bereich L&R-relevanter Lehre im LF-Cluster HH/NW-D.

9.3. L&R-relevante Forschung und Entwicklung im LF-Cluster-Raum

In Tabelle 13 sind die acht Einrichtungen aufgelistet, in denen im LF-Cluster HH/NW-D. L&R-spezifische Forschung und Entwicklung betrieben wird. Der thematische Schwerpunkt der Forschung und Entwicklung liegt bei der Strukturtechnik und der (mechanischen, hydraulischen, elektrischen und elektronischen) Ausrüstungstechnik (Eine detaillierte Auflistung der Forschungsgebiete findet sich im Anhang 2). Dank der außeruniversitären Forschungseinrichtungen und der starken Forschungsorientierung der Universitäten TU Braunschweig, TU Hamburg-Harburg sowie der Universität Bremen sind der Personaleinsatz (insbesondere bei wissenschaftlichen Mitarbeitern und beim technischen Personal) und der Finanzmitteleinsatz in der Forschung und Entwicklung deutlich höher als bei der Lehre (siehe Tabelle 14). Diese Ausstattung und die fachlichen Leistungen bilden die Grundlagen eines regional und thematisch breit gefächerten Feldes nationaler und internationaler F&E-Kooperationen mit Forschungseinrichtungen und der Praxis (siehe Tabelle 15). Das Ergebnis der Bemühungen zeigt sich auch in der Patentbilanz dieser F&E-Einrichtungen (siehe Tabelle 16).

[24] Es handelt sich hierbei um das Personal im Studiengang Maschinenbau.

F&E-Einrichtungen	**Fachbereiche (FB), Zentren (Z), Instituten (I) oder andere Einrichtungen (AE)**
HAW Hamburg	FB Fahrzeugtechnik und Flugzeugbau
TU Hamburg-Harburg *FS = Forschungsschwerpunkt	FS* Systemtechnik FS Werkstoffe, Konstruktion u. Fertigung FS Informations- u. Kommunikationstechnik Technologiezentrum Hamburg-Finkenwerder
Uni BW Hamburg	FB Maschinenbau - Professur für Strömungslehre - Laboratorium für Strömungsmaschinen - Professur für Mechanik - Professur für Mechatronik - Professur für Regelungstechnik
Universität Bremen	ZARM (Zentrum für angewandte Raumfahrt-technologie und Mikrogravitation) Fallturm Betriebsgesellschaft mbH (ZARM-FAB) ZARM Technik GmbH
Hochschule Bremen	Institut für Aerospace-Technologie
Fraunhofer Institut für Fertigungstechnik u. Angewandte Materialforschung (I-FAM)	
GKSS-Forschungszentrum Geesthacht GmbH	Institut für Werkstofforschung Institut für Küstenforschung
TU Braunschweig	Z für Luft u. Raumfahrttechnik: I für Flugführung I für Flugzeugbau u. Leichtbau I für Strömungsmechanik I für Luft- u. Raumfahrtsysteme
FH Braunschweig	FB Transport und Verkehr

Tabelle 13: Forschungs- und Entwicklungseinrichtungen im LF-Cluster HH/NW-D mit L&R-spezifischer Forschung

F&E-Einrichtungen	**Professoren**	**Wissen-schaftl. Mit-arbeiter u. Assistenten**	**Tech-nisches Personal**	**Finanzmittel (in tausend Euro)**
Hochschule Bremen	5*	3*	3*	ca. 210
Universität Bremen	1*	35 (3*)	15	k.A.
TU Hamburg Harburg	10*	30*	5*	2.500
Uni BW Hamburg	5*	12*	7*	

GKSS	5	48	34	5.400
Fraunhofer IFAM	2	30	20	4.000
HAW Hamburg	4	4	2	k.A.
TU Braunschweig	6*	45 (17*)	13 (4*)	5.200
FH Braunschweig	1*	3*	0	k.A.
Gesamt:	39	210	99	-

* Personen die bereits unter Punkt 5 im Bereich Lehre genannt wurden.

Tabelle 14: Personal- und Finanzressourcen im Bereich L&R-relevanter Forschung und Entwicklung im LF-Cluster HH/NW-D

F&E-Einrichtungen	Kooperationen	Partner
HAW Hamburg	F&E	- ESTACA Paris (F) - UH, Hatfield (GB)
Universität Bremen	Systemkomponenten Raumfahrt	- Astrium - DLR Braunschweig - ESA - NASA
	Strömungstechnische Untersuchungen	- Siemens / KWU - Enercon - Airbus Deutschland GmbH - Astrium
	Verbrennungs-untersuchungen	- Siemens / KWU - MTU - DLR Braunschweig - NASA
TU Hamburg Harburg	FS Flugzeug-Systemtechnik	- Airbus Deutschland GmbH - EADS Airbus - Liebherr - ESW - KID - Thales Avionic (F) - DLR Braunschweig - TU München - TU Braunschweig
Uni BW Hamburg	F&E	- DLR Braunschweig

		– Universität Magdeburg – Universität Bochum – TU Berlin – TU Darmstadt - Industrieunternehmen
Hochschule Bremen	Auftragsforschung gemeinsame Forschung	- Astrium GmbH Bremen - EADS Airbus Bremen - STN Atlas Bremen - Universität Stuttgart - DLR Braunschweig
Fraunhofer IFAM	F&E	- DLR Braunschweig - IVW Kaiserslautern - Airbus Bremen
TU Braunschweig	EU Verbundprojekte BMBF, DFG Verbundprojekte Industrieprojekte	Airbus, ONERA, CERFAX, THALES, AERODATA, CASA, DFS, ESA, DLR, NLR, DERA, Bae, SAAB, SNECMA, TU Delft, Universität DASA, Eurocopter, AERODATA, DLR, DFS, PTB, Uni Hannover, Uni Dresden, Uni Stuttgart, UniBW München, TU Aachen, TU Berlin Airbus, VW, Bosch, Rolls-Royce (Triebwerke),Volvo Aero Corp., MTU, Eurocopter, Eurocontrol
FH Braunschweig	Caltech ESTEC	CACR University of Greenwich, School of Mahtematics TOS-MPA

Tabelle 15: Nationale und internationale L&R-relevante Forschungs- und Entwicklungskooperationen im LF-Cluster HH/NW-D

F&E-Einrichtungen	Jährliche Patentzahl im Durchschnitt der letzten 3 Jahre
Universität Bremen	0
Hochschule Bremen	0
Fraunhofer IFAM	5
TU Hamburg Harburg	ca. 5
HAW Hamburg	0
Uni BW Hamburg	0
GKSS	3
TU Braunschweig	ca. 4
FH Braunschweig	0
Gesamt:	17

Tabelle 16: Patentbilanz der L&R-relevanten Forschung und Entwicklung im LF-Cluster HH/NW-D

9.4. L&R-relevanter Wissenstransfer im LF-Cluster-Raum

Im Zusammenhang mit dem Wissenstransfer wurde versucht zu ermitteln, welche Personal- und Sachressourcen für den *institutionalisierten Wissenstransfer* im L&R-(affinen) Bereich zur Verfügung stehen. Nur sehr wenige Einrichtungen scheinen über einen institutionalisierten Wissenstransfer zu verfügen oder konnten dazu Informationen geben (siehe Tabelle 17). Die TU Hamburg-Harburg und das Fraunhofer IFAM stechen hier hervor. Beratungen und Schulungen werden vor allem vom Fraunhofer IFAM für Facharbeiter und Meister sowie von der TU Hamburg-Harburg für Ingenieure und Führungskräfte angeboten. Aber auch die HAW Hamburg und die Hochschule Bremen zeigen hier Aktivitäten (siehe Tabelle 18). Nur sehr gering ausgeprägt sind Kooperationen mit anderen Organisationen im Rahmen von Ausstellungen und Messen (siehe Tabelle 19)

Einrichtung	Personal	Sachmittel
Fraunhofer IFAM	6	100 Tsd Euro
TU Hamburg Harburg - AB Flugzeug-Systemtechnik - TUHH-Technologie GmbH	 gering 50 T Euro	 gering 10 T Euro
GKSS	3	k.A.
TU Braunschweig - Zentrale Technologie Kontaktstelle	6	k.A.
Gesamt:	-	-

Tabelle 17: Ausgaben für institutionalisierten Wissenstransfer im LF-Cluster HH/NW-D.

Einrichtung	Bereich/Zielgruppe	Anzahl der Beratungen/Schulungen je Jahr
Hochschule Bremen	Weiterqualifizierung „Systems Engineering“	15
Fraunhofer IFAM	- Facharbeiter - Gruppenleiter/Meister - Bonding	50 40 25
TU Hamburg Harburg	- Ingenieure in Luftfahrttechnischen Bereichen u. Technologien - TUHH Technologie GmbH, Projektberatung bei Initiierung von F&E Projekten	4 15
HAW Hamburg	Dipl.-Ing. Maschinenbau/Bau-Ing.	25
FH Braunschweig	Computersimulation	5
Gesamt:		179

Tabelle 18: Beratungen und Schulungen im LF-Cluster HH/NW-D

Einrichtung	Veranstaltung	Partner
HAW Hamburg	ILA	Hanse Aerospace
GKSS	Hannovermesse HiTech Hamburg	HGF Handelskammer
TU Braunschweig	ILA, AERO, Hannovermesse	ALROUND, Industriepartner
FH Braunschweig	Fachmessen	PDC Inc (N.Y.)

Tabelle 19: Kooperationen im Wissenstransfer im LF-Cluster HH/NW-D.

9.5. Probleme, Engpässe und Empfehlungen der Anbieter

Folgende *Probleme und Engpässe* wurden von den befragten Einrichtungen genannt:

Universitäten und Hochschulen

- zu wenig Studienplätze im Bereich Flugzeug-Systemtechnik, insbesondere in den Bereichen Kabinenelektronik sowie Flugzeug-Elektronik
- zu geringe Ausstattung mit wissenschaftlichem Personal (Professuren, wissenschaftlichen Mitarbeitern)
- zu geringe Ausstattung der Technologie-Transfer-Infrastruktur

- nicht ausreichende Abstimmung der Maßnahmen im Rahmen der LRI-Offensive
- keine eigenständige Möglichkeit für Promotionen
- geringe Grundausstattung an Investiv- und Sachmitteln
- zu geringe Laborausstattung
- geringes industrielles Budget und geringes Interesse an Grundlagenforschung
- kurze Projektlaufzeiten aber lange Bewilligungszeiträume
- industrielle Umstrukturierung bzw. Schwerpunktverlagerung
- fehlende Langfrist-Programmatik
- informationsdefizite bezüglich Angebot und Bedarf

Außeruniversitäre Einrichtungen

- keine länderübergreifenden Konzepte und Förderstrukturen
- keine Kontinuität in der Förderung
- zu hohe Auftragsadministration
- keine Integration der Bevölkerung

Empfehlungen

Für den Ausbau und die Strukturierung der L&R-relevanten Wissensinfrastruktur in HH/NW-D. wurden folgende *Empfehlungen* gegeben:

- Aufbau zusätzlicher F&E Kapazitäten durch Einrichtung weiterer L&R affiner Professuren, insbesondere Flugzeug-Elektronik sowie Kabinen-Elektronik.
- Ansiedlung von Instituten/Abteilungen nationaler Großforschungseinrichtungen in innovativen Feldern, wie z.B. Flugzeug-Systemtechnik mit Bezug zu den Stärken der Kompetenz Hamburgs (z.B. DLR-Institut für Flugzeugsystemtechnik).
- Entwicklung des Technologiezentrums Hamburg-Finkenwerder (Nukleus) zusammen mit Industrie zu einem F&E Kompetenzzentrum (Systeme und Kabine).
- Verbesserung der Zusammenarbeit der Hochschulen im Lehrbereich, abgestimmte Angebote, Aufbau eines Forschungsverbundes.

- Verbesserung der Zusammenarbeit der Hochschulen und Forschungsinstitutionen in Norddeutschland auf dem Gebiet L&R relevanter Forschung im Rahmen von Verbundprojekten, Sonderforschungsbereichen, etc.
- Verbesserung der personellen und finanziellen Ausstattung der L&R relevanten Bereiche vor allem an den Fachhochschulen.
- Kapazitätsausweitung für die Ausbildung von Entwicklungsingenieuren.
- Einrichtung eines neuen Studienschwerpunkts „Kabinenausstattung und Kabinensysteme".
- Förderung und Unterstützung von industriellen Ausgründungen aus Universitäten.
- Schwerpunktbildung; Bildung von „Center of Competence" (COC).
- Bildung einer Info-Börse.

9.6. Bewertung des L&R-relevanten Angebots durch LF-Cluster-Betriebe

Eine erste Einschätzung der Wissensinfrastruktur im Cluster-Raum durch die Cluster-Betriebe wurde im Rahmen der schriftlichen Befragung eingeholt. Sie wurden nach der *Bedeutung* und *Bewertung* dieser innovationskritischen Ressourcen (außer den Transfereinrichtungen) in räumlicher Nähe befragt. Sowohl der Bedeutung als auch der Bewertung dieser kritischen Ressourcen konnte von den Unternehmen auf einer Skala von 1 bis 6 ein Wert zugewiesen werden. Dabei steht 1 für völlig unbedeutend bzw. sehr schlecht und 6 für sehr bedeutend bzw. sehr gut. Abgetragen sind die Mittelwerte der Bedeutung, der Bewertung sowie die Differenz der beiden. Die Differenz lässt sich inhaltlich zwar nur schwer interpretieren, sie signalisiert u.E. aber recht gut diejenigen Ressourcen, welche Ansatzpunkte für eine Verbesserung des Clusters bieten. Beispielsweise zeigt eine negative Differenz von fünf Punkten, dass einer Ressource aus Sicht der Unternehmen eine sehr hohe Bedeutung zukommt, ihre räumliche Verfügbarkeit jedoch als sehr schlecht eingestuft wird.

Die Ergebnisse dieser Befragung sind in Abbildung 53 und Abbildung 54 dokumentiert und lassen sich in drei Punkten zusammenfassen:[25]

1. Das erste und auffälligste Ergebnis ist die Tatsache, dass die drei größten Kernbetriebe (zwei Airbus-Betriebe und LHT) sehr deutliche Defizite in *allen* genannten innovationskritischen Ressourcen in der Region sehen – außer

[25] Die Unternehmen haben allerdings aus verschiedenen Gründen nicht für alle innovationskritischen Ressourcen Angaben gemacht. Deshalb ist ein Vergleich mit einer gewissen Vorsicht zu betrachten.

beim Finanzkapital (siehe Abbildung 54). Im Lichte der zentralen Bedeutung dieser Kernunternehmen für das gesamte Cluster wirft dies nachdrücklich die Frage eines politischen Handlungsbedarfs auf, insbesondere in den Bereichen qualifizierter Mitarbeiter und luftfahrzeugbauspezifischer Lehre und Forschung.

2. Das zweite Ergebnis ist, dass die weit überwiegende Mehrheit der kleinen und mittleren Betriebe insgesamt eine ähnliche Einschätzung über die Bedeutung der Ressourcen haben, aber – außer im Bereich qualifizierter Mitarbeiter - nahezu keine Defizite sehen können (siehe Abbildung 53). Die Ursache für diese "Zufriedenheit" dürfte im Wesentlichen in der Low-Tech-Orientierung vieler Cluster-Betriebe liegen (siehe unten).

3. Die relativ größte Bedeutung hat für alle Cluster-Betriebe mit Abstand die räumlich nahe Verfügbarkeit von qualifizierten MitarbeiterInnen. Die tatsächliche Verfügbarkeit wird allerdings von den meisten als nur mittelmäßig eingeschätzt (siehe Abbildung 53 und Abbildung 54).

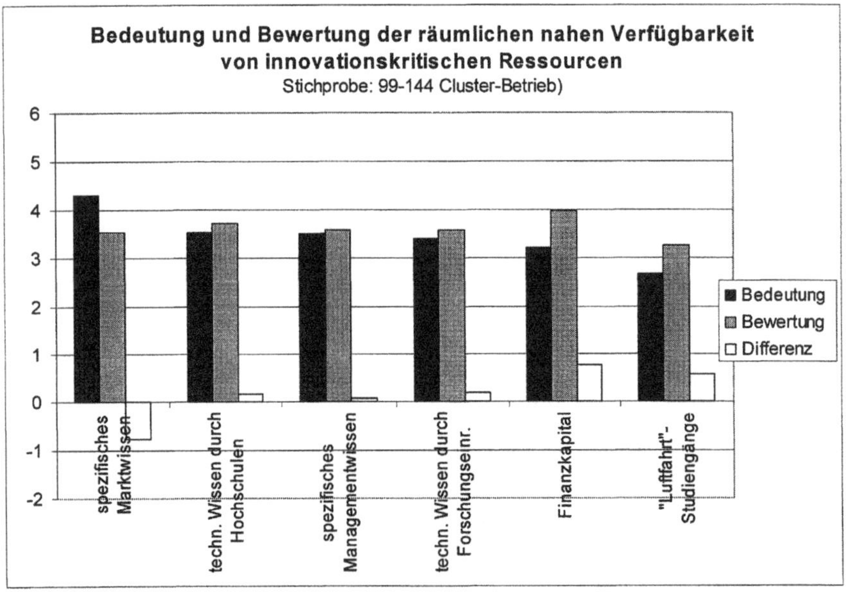

Abbildung 53: Bedeutung und Bewertung innovationskritischer Ressourcen durch Cluster-Betriebe der Stichprobe

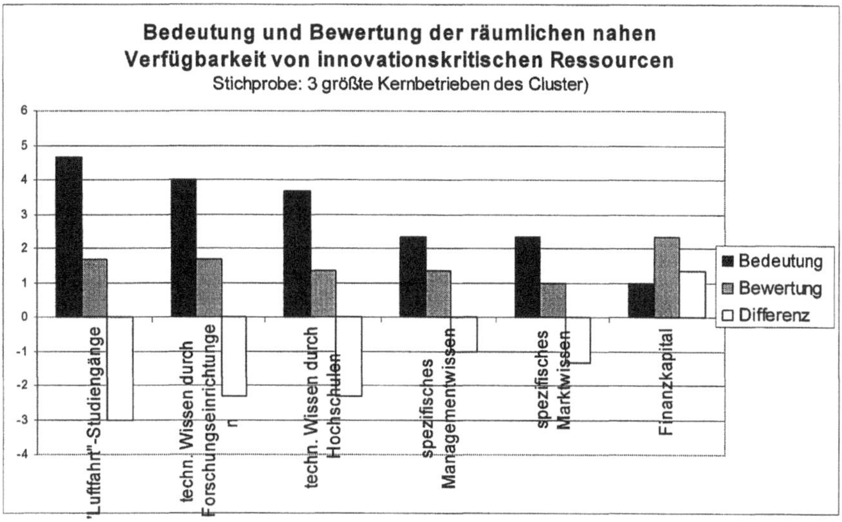

Abbildung 54: Bedeutung und Bewertung innovationskritischer Ressourcen durch Kernunternehmen

9.7. Kurzer Vergleich mit dem LF-Cluster Toulouse/Midi-Pyrénées

Vergleicht man den Ressourceneinsatz für Forschungs- und Lehrzwecke im Bereich von Luft- und Raumfahrt zwischen dem Luftfahrtclustern HH/NW-D und Toulouse/Midi-Pyrénées, gelangt man zu folgenden empirischen Befunden:

1. In Frankreich ging – im Gegensatz zu Deutschland - mit der Entscheidung für die Entwicklung eines regionalen Schwerpunkts des zivilen Luftfahrzeugbaus in Midi/Pyréneés auch die Entscheidung für eine Konzentration der Lehr- und Forschungsressourcen in dieser Region einher. Das zeigt der Auf- und Ausbau L&R-spezifischer Universitäten und Forschungsinstitute (siehe Abbildung 55 und Abbildung 56).

2. Im Ergebnis macht das wissenschaftliche und technische Personal im LF-Toulouse/Midi-Pyrénées das 15-fache vom Personal im LF-Cluster HH/NW-D und die Absolventenzahl L&R-affiner Studiengänge das Fünffache aus (siehe Abbildung 57).

9.8. Zusammenfassende Einschätzung

Die *Hauptproblempunkte* im Angebot von Hochschulbildungs- und Forschungseinrichtungen lassen sich wie folgt zusammenfassen:

1. Die L&R-relevanten Lehr- und Forschungsressourcen im gesamten norddeutschen Cluster-Gebiet sind

   - unfokussiert
   - unkoordiniert (innerhalb und zwischen den Einrichtungen)
   - und unterfinanziert / unterfordert.

   Insgesamt ist das Angebot an clusterspezifischer Hochschulbildung und Forschung im Cluster-Raum lediglich von der Größenordnung einer größeren Fakultät (rund 30 Professuren) und konzentriert sich stark auf den Bereich Systemtechnik.

Midi-Pyrénées

Einrichtung	**Ausbildungs- und Forschungsschwerpunkte**	**Anzahl der Studierenden**	**jährliche Absolv.zahl**
Ecole Nationale Supérieure d'Ingénieurs de Construction Aéronautique Kürzel: ENSICA *(Nationale Ingenieurshochschule für Flugzeugbau)*	Strömungsmechanik und Thermodynamik Mechanik Avionik und Flugsysteme	400	**130**
Ecole Nationale Supérieure de l'Aéronautique et de l'Espace Kürzel: ENSAE („SUP AERO") *(Nationale Hochschule für Luft- und Raumfahrt)*	Aerodynamik Fluglenkungs- und steuerungssysteme Elektronische und optische IT Antriebssysteme Struktur- und Materialforschung Flug und Raumfahrzeugbau	760	**165**
Ecole Nationale de l'Aviation Civile, Kürzel: ENAC *(Nationale Hochschule für zivile Luftfahrt)*	Luftfahrttechnik Leit- und Kontrollsysteme für den Luftverkehrs Elektrotechnik und Telekom.	1450	**300**
	Summe:	2610	**595**

Quelle: Midi-Pyrénées Expansion (2000), eigene Darstellung

Abbildung 55: L&R relevante (technische) Hochschulen in Midi-Pyrénées

2. Die Bedeutung der Wissensinfrastruktur und ihr tatsächliches Angebot in Norddeutschland werden von den Kernbetrieben und den Peripherie-Betrieben sehr unterschiedlich beurteilt. Die Kernunternehmen schätzen die Bedeutung von luftfahrtspezifischer Ausbildung und Forschung hoch ein, stellen aber eine deutliche Mangellage im LF-Cluster HH/NW-D fest. Die weit

überwiegende Mehrzahl der übrigen Cluster-Betriebe beurteilt das Wissensangebot zufrieden stellend – vermutlich deshalb, weil diese Low-Tech Betriebe keine direkten Nutzer bzw. Kooperationspartner sind.

Midi-Pyrénées

Einrichtung	**Forschungsschwerpunkte**	*wissenschaftliches und technisches Personal*
Centre d'Essais Aéronautiques de Toulouse, Kürzel CEAT	Belastungstests für Fahrwerk, Flügel, Bremsen, Elektronik, Kabinenklima etc. Simulation von Verschleiß, Spitzenbelastung, Blitz etc. (*Das einzige in Frankreich, Europas größte Testanlage für die Luftfahrt.*)	**800**
Office National d'Études et Recherches Aérospatiales - Centre de Toulouse, Kürzel: ONERA	Aerothermodynamische Modellierung, Flugsysteme und Flugdynamik, Optik, Elektromagnetismus, Radar, Windkanaltests (*Von Airbus FuE-Verantwortlichen als besonders wichtig eingestuft, Interview Nr.10*)	**450**
Centre National de Recherches Météorologiques, Kürzel : CNRM	Luftfahrtmeteorologie Klimaforschung	**270**
Centre Européen de Recherche et de Formation Avancée en Calcul Scientifique Kürzel: CERFACS	Hochleistungsrechenzentrum für angewandte Mathematik (*Von Airbus FuE-Verantwortlichen als besonders wichtig eingestuft, Interview Nr.10*)	**50**
Laboratoire d'Analyse et d'Architecture des Systèmes, Kürzel: LAAS-CNRS	Mikroelektronik, Informatik, Automatisierung, (*Von Airbus FuE-Verantwortlichen als besonders wichtig eingestuft, gemeinsam genutztes Labor LCIP für Sensorik und Energie, Interview Nr. 10*)	**450**
Institut de Mécanique des Fluides de Toulouse, Kürzel: IMFT	Strömungsmechanik, Aerodynamik, Aeroakustik, Thermodynamik	**170**
Centre d'Études de la Navigation Aérienne STNA/ CENA	Systeme der Luftfahrt- und Luftraumüberwachung	**450**
Centre National d'Études Spatiales, Kürzel: CNES	Raumfahrt, Erdbeobachtung, Schwerelosigkeit, Radiokommunikation	**2200**
	Summe:	**4840**

Quelle: Midi-Pyrénées Expansion (2000), eigene Darstellung

Abbildung 56: L&R relevante Forschungsinstitutionen in Midi-Pyrénées

3. Kern- und Peripheriebetriebe schätzen die Verfügbarkeit von qualifizierten MitarbeiterInnen - gemessen an deren Bedeutung - schlecht ein.

Unsere *wichtigsten Empfehlungen* sind:

- *Konzentration* der bestehenden Hochschulmittel auf *standortrelevante Gebiete* (Systemtechnik, Kabinenausstattung und Kabinensysteme) in Lehre und Forschung.
- Koordination der Lehre und Forschung im Rahmen einer (z.T. virtuellen) „Hamburg School of Aviation“ oder einer „Northern University of Aeronautics“
- Förderung der Zusammenarbeit mit der Industrie in Forschung und Lehre durch *institutionalisierten Wissenstransfer* im Rahmen eines *Cluster-Managements*.

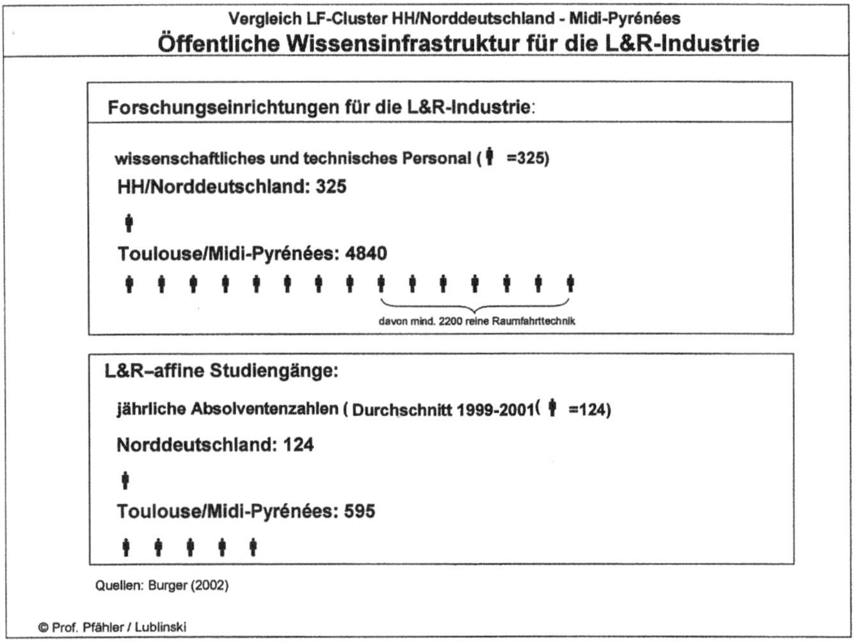

Abbildung 57: Vergleich öffentlicher Wissensinfrastruktur HH/NW-D mit Toulouse/Midi-Pyrénées

10. Weitere Unterstützende Einrichtungen / Organisationen

Unter dem Namen „Luftfahrtstandort Hamburg“ haben Unternehmen der Hamburger Luftfahrtindustrie sowie Verbände, Institutionen und Behörden im Juni 2001 eine gemeinsame Initiative zur Bündelung und Förderung ihrer Luftfahrtaktivitäten gegründet. Deren Mitglieder sind Airbus Deutschland GmbH, Lufthansa Technik, Hamburg Airport, Hanse Aerospace e.V., das Arbeitsamt Hamburg, die Industriegewerkschaft Metall Küste, die Handelskammer Hamburg, Nordmetall und die Freie und Hansestadt Hamburg. Seit Februar 2002 neu hinzugekommen sind außerdem die Deutsche Gesellschaft für Luft- und Raumfahrt e.V. (DGLR) sowie der Verbund norddeutscher Ingenieur-Dienstleister, HECAS e.V. Die Einzelheiten hierzu können der Internet-Seite www.luftfahrtstandort-Hamburg.de entnommen werden. Einen wichtigen Beitrag zur Profilierung des LF-Clusters HH/NW-D könnte auch eine dauerhafte Verankerung der Messe zu den Cabin Interior Systems in Hamburg leisten. (siehe http://www.ukintpress.com/airexpo/conf.html)

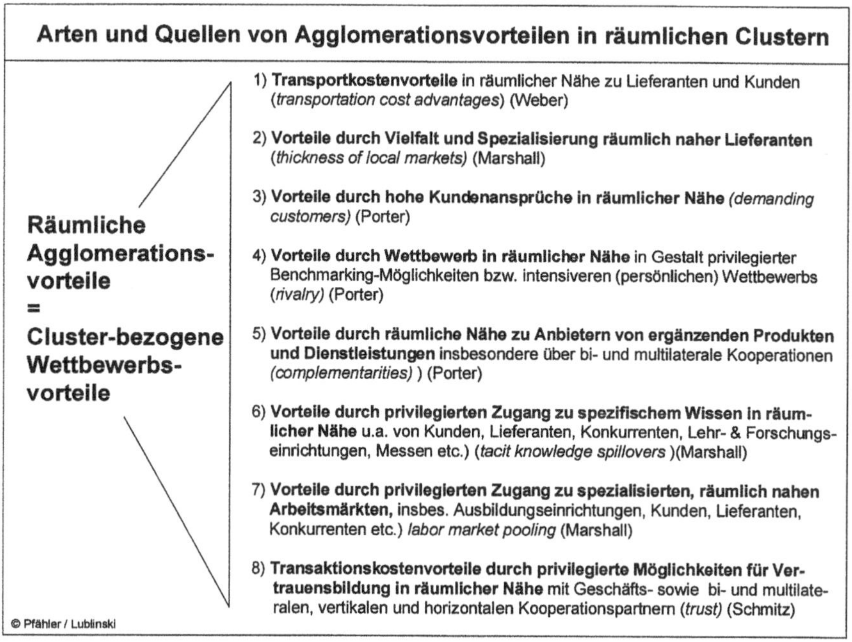

Abbildung 58: Arten und Quellen von Agglomerationsvorteilen in räumlichen Clustern

C. Agglomerationsvorteile im LF-Cluster HH/NW-D

Ein wichtiger, eigenständiger Teil der Bestandsaufnahme eines Clusters ist die empirische Analyse der Frage, ob es sich bei diesem Cluster um eine *Ko-Lokation* von Unternehmen oder um eine *Agglomeration* handelt. Denn eine räumliche und funktionale Konzentration von Unternehmen einer Kernbranche und dieser vor- und nachgelagerten Branchen kann außer-ökonomische oder ökonomische Gründe haben. Im ersten Falle sind die Unternehmen nicht in Liefer-, Absatz- oder Informationsnetzwerke eingebunden und erfahren keine spezifischen Vorteile aus ihrer räumlichen Nähe zueinander. Man spricht dann von einer *Ko-Lokation.* Sind hingegen ökonomische Kräfte am Wirken, die es den Unternehmen lohnend erscheinen lässt, sich in räumliche Nähe zueinander zu begeben (geografische Dimension) und Liefer-, Absatz- und Informationsnetzwerke zu bilden (funktionale Dimension), weil sie daraus spezifische Wettbewerbsvorteile erzielen, spricht man von einer *Agglomeration.*

Wirkungen cluster-spezifischer Quellen von Wettbewerbsvorteilen

höhere Produktivität	höhere Innovativität	höhere Gründungsaktivität
• durch besseren Zugang zu Mitarbeitern *(Arbeitsmarktvorteile durch labor market pooling)* • durch besseren Zugang zu spezialisierten Prod.faktoren und Lieferanten *(Spezialisierungsvorteile durch „lokales Outsourcing")* • durch besseren Zugang zu speziellen Informationen *(Wissens-spillover-Vorteile)* • durch Synergien durch komplementäre Vorteile und Produkte *(Synergievorteile)* • durch besserern Zugang zu Institutionen & (quasi-) öffentlichen Leistungen *(Produktivitätsvorteile durch (quasi-) öffentliche Inputs)* • durch höhere Motivation und bessere Vergleichsmaßstäbe *(X-efficiency Vorteile durch Anreiz & Benchmarking)*	• wegen höherem Innovationsdruck durch anspruchsvolle Kunden, starken Wettbewerbern und guten Vergleichsmaßstäben *(X-efficiency Vorteile durch Anreiz & Benchmarking)* • wegen höheren Innovationschancen infolge schnellerer u. leichterer Erkenntnis neuer Kundenbedürfnisse *(Wissenspillover-Vorteile)* • wegen besseren *techn. Innovationsmöglichkeiten* infolge schnellerer Erkenntnis und Verfügbarkeit von neuen Technologie, Betriebsabläufen ,Liefer- u. Marketingmethoden *(Wissensspillover-Vorteile durch andere Unternehmen, Lieferanten, Bildungs- u. Forschungsstätten)* • wegen besseren *wirtschaftlichen Innovationsmöglichkeiten infolge* flex Organisation (lok. outsourcing-Möglichkeiten), besserer Information und Qualifikation, besserem Timing *(Produktivitäts- und Timingvorteile)*	• wegen größerer Gründungsanreize infolge besserer Information über Geschäftschancen • wegen geringerem Gründungsrisiko infolge infolge räuml. konz. Kundenbasis und besserer Erkennung von Marktchancen • wegen geringeren Anfangshürden und Eintrittsbarrieren aufgrund besserer Verfügbarkeit von techn. Marktwissen, Fähigkeiten, Vorleistungen, (Wagnis-) Kapital und öffentl. Wissensinfrastruktur • wegen dynamischeren Entwicklungsmöglichkeit infolge „synergetischen Wachstums" im räuml. Cluster In Anlehnung an Porter (1999) © Pfähler/Lublinski

Abbildung 59: Determinanten der Qualität des Wettbewerbs im räumlichen Cluster

Hier interessiert die Frage, ob es sich beim LF-Cluster HH/NW-D gegenwärtig eher um eine Ko-Lokation oder eine ökonomisch begründete Agglomeration handelt. Nur im Falle einer Agglomeration könnte man mit einem sich selbst verstärkenden Prozess der Cluster-Entwicklung rechnen. Will man die Entwicklungschancen oder –hemmnisse des Luftfahrt-Clusters HH/NW-D wissen und auf der

Grundlage dieses Wissens mittels unternehmens- und wirtschaftspolitischer Maßnahmen auf das Cluster einzuwirken versuchen, sind deshalb fundierte Kenntnisse seiner treibenden (Agglomerations-) Kräfte unverzichtbar.

Zu diesem Zweck stellen wir zunächst die verschiedenen Arten und Quellen von Agglomerationsvorteilen kurz vor und erläutern, wie diese zu cluster-spezifischen Wettbewerbsvorteilen beitragen können (Abschnitt C.1). Danach ermitteln wir im Rahmen einer deskriptiven Analyse, ob die Unternehmen im LF-Cluster HH/NW-D nach eigener Einschätzung Vorteile aus ihrer räumlichen Nähe zueinander erfahren (Abschnitt C.2). Im Rahmen einer Kausalanalyse versuchen wir anschließend herauszufinden, ob die Innovation im LF-Cluster tatsächlich auf Agglomerationsvorteile zurückzuführen ist. Die wichtigsten empirischen Befunde fassen wir am Ende zusammen (Abschnitt C.3). Eine sehr ausführliche Darstellung unserer Analyse von Agglomerationskräften im LF-Cluster HH/NW-D findet der allgemein interessierte Leser in Pfähler/Lublinski (2002) und der wissenschaftlich interessierte Leser in Lublinski (2002, Kapitel 3; 2003) und in Bönte/Lubslinki (2002).

1. Agglomerationskräfte und cluster-spezifische Wettbewerbsvorteile

Die verschiedenen Arten und Quellen von Agglomerationskräften sind in Abbildung 58 aufgelistet und werden im Rahmen der deskriptiven Analyse näher erläutert. Sie bestimmen die cluster-spezifischen Rahmenbedingungen des Wettbewerbs, indem sie, wie von Porter (1999) analysiert, das Produktivitätswachstum, die Innovativität und die Gründungsaktivität im räumlichen Cluster in besonderer Weise fördern (siehe Abbildung 59).

Die tiefere Ursache räumlicher Agglomerationsvorteile liegt in der Möglichkeit, *face-to-face* Kontakte in räumlicher Nähe aufzunehmen, sei es mit Kunden, Lieferanten, Arbeitnehmern, Kooperationspartnern, Bildungs- und Forschungseinrichtungen, unterstützenden öffentlichen Institutionen oder mit Wettbewerbern. Durch *face-to-face* Kontakte lassen sich Wissen, Vertrauen, Motivation und Geschäftsbeziehungen in einer Weise und einem Umfang aufbauen und aneignen, die über räumliche Distanzen nicht bzw. nur eingeschränkt oder nur mit beträchtlich höheren Kosten möglich sind. Wir definieren pragmatisch „räumliche Nähe" als zwei Fahrtstunden.

Die Untersuchung der Agglomerationsvorteile im Rahmen der *deskriptiven Analyse* zielt darauf ab, festzustellen, (1) ob sich für die Cluster-Betriebe hinsichtlich dieser Agglomerationsvorteile signifikante Unterschiede zwischen räumlicher Nähe und Ferne feststellen lassen und (2) ob Unterschiede zu den Ergebnissen der Kontrollgruppe feststellbar sind, so dass man vermuten darf, dass clusterbezogene Agglomerationskräfte wirksam sind? Für diesen Zweck haben wir zwei Gruppen von Unternehmen zu den "Wettbewerbsvorteilen im Cluster" telefonisch befragt: Erstens haben wir 111 Unternehmen befragt, von denen wir annehmen konnten, dass sie aller Wahrscheinlichkeit nach dem norddeutschen Luftfahrt-Cluster angehören.[26] Mit Hilfe eines t-Tests kann überprüft werden, ob die befragten Cluster-Betriebe räumliche Nähe und Ferne signifikant unterschiedlich beurteilen.[27] Zweitens haben wir eine Gruppe von 68 Unternehmen befragt, von denen wir annehmen, dass sie aller Wahrscheinlichkeit nach *keinem* Luftfahrt-Cluster angehören. Letztere werden befragt, um zu überprüfen, ob die Ergebnisse der Cluster-Betriebe auch tatsächlich *cluster-spezifisch* sind. Es kann nämlich nicht ausgeschlossen werden, dass die Ergebnisse sich in gleicher Weise auch bei einer Befragung von Nicht-Cluster-Betrieben ergeben würden. Somit bildet die zweite Gruppe von Unternehmen eine *Kontrollgruppe*, deren Ergebnisse bei der Auswertung jeweils als Vergleichsmaßstab ausgewiesen werden. Da die Betriebe der beiden Gruppen hinsichtlich bestimmter Charakteristika, wie z.B. Betriebsgröße, möglichst ähnlich sein sollen, wurden die Kernunternehmen des Clusters bei der Befragung nicht berücksichtigt. Wenn die Cluster-Betriebe räumliche Nähe signifikant höher bewerten als räumliche Ferne und dieses Ergebnis für die Kontrollgruppe *nicht* festgestellt werden kann, dann interpretieren wir ein solches Ergebnis als einen *ersten Hinweis* auf mögliche *cluster-spezifische Agglomerationsvorteile*.[28]

---

[26] Diese telefonische Befragung wurde nach mehreren Pre-Tests im Zeitraum vom 21.05.01 bis 27.06.01 von 10 studentischen Hilfskräften nach entsprechender Schulung mit Mitgliedern der jeweiligen Geschäftsführungen der kontaktierten Betriebe durchgeführt. Leitfaden eines jeden Interviews war der Fragebogen zu den „Wettbewerbsvorteilen im Cluster" (siehe Anhang 2), der den Interviewpartnern vorab per Fax, Email oder über eine Internetseite zugeschickt wurde. Die Grundgesamtheit der Stichprobe bildeten insgesamt 514 luftfahrt-affine Betriebe, davon 376 norddeutsche (Untersuchungsgruppe) und 138 mitteldeutsche Betriebe (Kontrollgruppe). Die entsprechende Rücklaufquote liegt demnach bei 34,8%. Die Luftfahrt-Affinität der Betriebe aus der Stichprobe ist dabei definiert durch die Datenbanken, aus denen sie gezogen wurden. Diese sind alle in Abschnitt II. A. 2 genannten Datenbanken für die Cluster-Identifikation. Davon ausgenommen sind allerdings die allgemeinen Lieferantenverzeichnisse der Airbus Deutschland GmbH und der Lufthansa Technik AG, die auch nicht-luftfahrt-affine Lieferanten beinhalten. Die Stichprobe für die Kontrollgruppe wurde aus denjenigen Bundesländern gezogen, die vergleichsweise niedrige Anteile an der bundesdeutschen L&R-Beschäftigung aufweisen und die aufgrund dessen mit aller Wahrscheinlichkeit ihren Standort nicht in einem Luftfahrt-Cluster haben (siehe Abschnitt II. B. 2.). Hierbei handelt es sich um die Bundesländer Saarland, Sachsen, Berlin, Sachsen-Anhalt, Thüringen, Rheinland-Pfalz, Brandenburg und Nordrhein-Westfalen.

[27] Siehe hierzu Lublinski (2002).

[28] Wir möchten hier allerdings knapp auf die *Grenzen der Aussagefähigkeit dieser Tests* hinweisen: Erstens handelt es sich um Tests auf Differenzen der Bewertungen *innerhalb* der jeweiligen Gruppe (Cluster-Betriebe, Kontrollgruppe). Wir testen hier folglich *nicht*, ob *zwischen* den Bewertungen der Cluster-Betriebe und den Bewertungen der Betriebe der Kontrollgruppe hinsichtlich potenzieller Agglomerationsvorteile statistisch signifikante Differenzen vorliegen. Es wird beispielsweise nicht getestet, ob Cluster-Betriebe die Bedeutung räumlich naher Fachhochschulen für

2. Agglomerationsvorteile in deskriptiver Analyse

2.1. *Vielfältige und spezialisierte Lieferanten*

Die Produktion hochwertiger Produkte bedingt unter anderem das Vorhandensein geeigneter Zulieferer. Unternehmen in einem erfolgreichen Cluster profitieren von tiefen und breiten Vorleistungsverflechtungen.[29] Spezialisierte Zulieferer und eine große Vielfalt von Vorleistungsgütern in räumlicher Nähe können Cluster-Unternehmen Wettbewerbsvorteile verschaffen. Lokales Outsourcing ermöglicht einen schnellen und/oder kostengünstigen Bezug spezialisierter Vorleistungsgüter.

Um zu untersuchen, ob der so definierte Agglomerationsvorteil im Luftfahrt-Cluster HH/NW-D wirksam wird, wurden die Unternehmen von uns nach dem Grad der Spezialisierung ihrer Lieferanten gefragt. Folgt man der wirtschaftstheoretischen Argumentation, dann würde man vermuten, dass insbesondere in einem Cluster spezialisierte Lieferanten zu finden sind, d.h., dass die Produktpalette bzw. die Dienstleistungsangebote von Lieferanten in räumlicher Nähe stärker spezialisiert sind als solche aus anderen Regionen. Dagegen ist in Regionen ohne eine nennenswerte Konzentration der untersuchten Branche a priori keine theoretisch fundierte Aussage über den Spezialisierungsgrad räumlich naher und ferner Lieferanten möglich.

Die Befragung hat ergeben (siehe Abbildung 128 im Anhang 2), dass die Cluster-Betriebe und die Kontrollgruppe die Produktpalette ihrer Zulieferer als eher spezialisiert sehen. Darüber hinaus schätzen sowohl die Unternehmen des norddeutschen Clusters als auch die Unternehmen der Kontrollgruppe den Spezialisierungsgrad räumlich entfernter Unternehmen höher ein. Dieser Unterschied ist auch statistisch signifikant. Die Ergebnisse sprechen somit gegen die Existenz eines Wettbewerbsvorteils der Cluster-Betriebe, der auf die räumlich nahe Verfügbarkeit spezialisierter Vorleistungen zurückzuführen wäre.

2.2. *Anspruchsvolle Kunden*

Ein wichtiger Aspekt der Qualität des Wettbewerbs im Cluster ist die Existenz anspruchsvoller Kunden vor Ort. Sie sorgen dafür, dass die regionalen Anbieter dazu gedrängt werden, qualitativ hochwertige Produkte zu produzieren, woraus sich die Notwendigkeit ergibt, Innovationen vorzunehmen und in neue Produkti-

---

die Einstellung neuer Mitarbeiter höher einschätzen als die Betriebe der Kontrollgruppe. Zweitens erfolgt hier *keine* Untersuchung der Wirkung potenzieller Agglomerationsvorteile auf Zielgrößen, wie beispielsweise Produktivität oder Innovativität. Es wird folglich *nicht* überprüft, ob z.B. die Nutzung externer Wissensquellen einen statistisch signifikanten Einfluss auf das Innovationsverhalten der Unternehmen hat.

[29] Siehe Marshall (1920) und Krugman (1991).

onsprozesse zu investieren.[30] Darüber hinaus verfügen anspruchsvolle Kunden über Wissen, dass den Unternehmen beispielsweise schnellere und leichtere Erkenntnisse über Kundenbedürfnissen ermöglicht, wodurch sich die Innovationschancen erhöhen.[31] Porter stellt hierzu fest, dass der Charakter der regionalen Nachfrage sehr viel bedeutsamer sei als ihr Umfang.[32] Die durch den lokalen Wettbewerb „gestählten“ Unternehmen haben bessere Chancen, auf überregionalen (internationalen) Märkten zu reüssieren.

Man wird erwarten, dass insbesondere diejenigen Kunden, die aufgrund ihrer Leistungsfähigkeit ihre Produkte auf dem Weltmarkt anbieten können, hohe Ansprüche an ihre Zulieferer stellen und zu den "anspruchsvollen Kunden" zählen. Wir haben die Betriebe deshalb gefragt, wie viele ihrer Kunden sich schätzungsweise aufgrund ihrer Leistungsfähigkeit (z.B. Qualität, Innovativität) auf dem Weltmarkt durchgesetzt haben. Hierbei interessiert uns die Unterscheidung zwischen räumlich nahen und räumlich fernen Kunden. Da es den Unternehmen möglicherweise schwer fällt, die exakte Zahl dieser Kunden zu nennen, haben wir im Rahmen der Auswertung lediglich untersucht, ob die Befragten Betriebe überhaupt solche Kunden in räumlicher Nähe oder Ferne haben (Zahl dieser Kunden >0) und die Anteile dieser Betriebe an der Gesamtzahl der Betriebe berechnet.

Unsere Untersuchungsergebnisse zeigen (siehe Abbildung 129 in Anhang 2) dass die überwiegende Mehrheit der von uns befragten Betriebe sowohl räumlich nahe wie auch räumlich ferne "anspruchsvolle Kunden" hat, der Anteil der Cluster-Betriebe, die "anspruchsvolle Kunden" in räumlicher Nähe haben, jedoch größer ist als der Anteil der Cluster-Betriebe, die solche Kunden in räumlicher Ferne haben. In der Kontrollgruppe ist das Bild (fast) genau umgekehrt. Hier überwiegt der Anteil der Betriebe mit räumlich fernen, anspruchsvollen Kunden.

Die Mehrzahl der Cluster-Betriebe hat, wie soeben festgestellt, sowohl räumlich nahe als auch ferne Kunden, die auf dem Weltmarkt agieren. Es ist deshalb zu fragen, ob sich ein Unterschied zwischen den Ansprüchen räumlich naher und ferner Kunden feststellen lässt. Darüber hinaus ist zu fragen, ob diese Ansprüche zur Gewinnung von Neukunden führen. Auch hier kann wieder zwischen räumlicher Nähe und räumlicher Ferne unterschieden werden.

Die Ergebnisse unserer Befragung sind in Abbildung 60 dargestellt. Auf die Frage, ob sich die Befragten durch die Ansprüche der Kunden stark gefordert fühlen, wählten die Betriebe im Durchschnitt Werte, die deutlich über dem Wert drei liegen. Dies bedeutet, dass diese Aussage eher zutreffend ist. Darüber hinaus gaben

---

[30] Siehe Porter (1999), S. 185.

[31] Siehe von Hippel (1988).

[32] Siehe Porter (1999), S. 185.

die Cluster-Betriebe an, dass sie sich durch räumlich nahe Kunden stärker gefordert fühlten und die Betriebe der Kontrollgruppe, dass sie sich durch räumlich ferne Unternehmen stärker gefordert fühlten. In den beiden Gruppen sind die Unterschiede zwischen räumlicher Nähe und räumlicher Ferne statistisch signifikant.

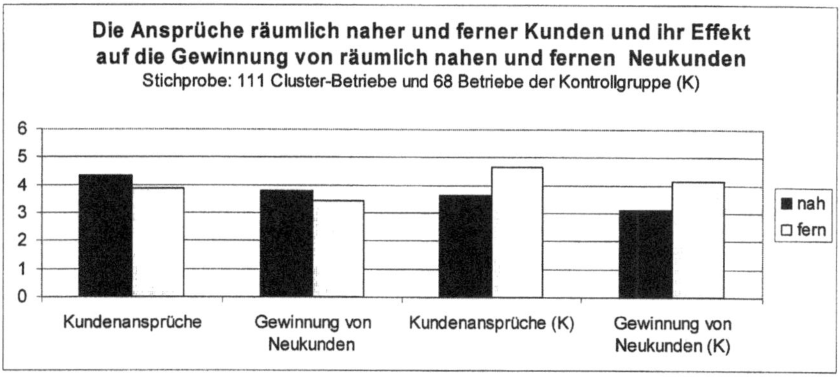

Abbildung 60: Ansprüche räumlich naher und ferner Kunden

Auf die Frage, ob die Anforderungen der Kunden geholfen haben, neue Kunden zu gewinnen, antworten die Betriebe in ähnlicher Weise. Auch deuten ihre Antworten im Durchschnitt darauf hin, dass diese Aussage eher zutreffend ist. Außerdem geben die Cluster-Betriebe an, dass dies eher die Gewinnung von Neukunden in räumlicher Nähe unterstützt habe. Umgekehrt ist dies bei den Betrieben der Kontrollgruppe. Interessant ist das Ergebnis, dass die Ansprüche der Kunden aus Sicht der Cluster-Betriebe eher zur Gewinnung räumlich naher Neukunden führen. Dies liegt nicht auf der Hand, denn höhere Leistung und Innovativität infolge hoher Kundenansprüche könnten ebenso gut zur Gewinnung räumlich ferner Neukunden beitragen.

2.3. Rivalität

Ein weiterer wichtiger Faktor für die Entstehung von Wettbewerbsvorteilen ist die Existenz starker (regionaler) Konkurrenten. Porter (1999, S. 191) vertritt die Ansicht, dass insbesondere die *Rivalität auf dem regionalen (Binnen-) Markt* bedeutsam sei, da sie die Anstrengungen der Unternehmen nachhaltig stimuliere. Nach Porter besteht allerdings ein wesentlicher Unterschied zwischen dem regionalen (Binnen-) Wettbewerb und dem überregionalen (internationalen) Wettbewerb. Während bei letzterem die Rivalität eher „analytisch und distanziert" sei, habe ersterer eine sehr „persönliche Note". Danach streiten regionale Rivalen nicht nur um Marktanteile, Mitarbeiter und eine technische Vormachtstellung, sondern vor allem um die „Ehre“. Vom regionalen Wettbewerb würde demzufolge ein besonderer Stimulus für die Motivation der Unternehmen bzw. ihrer Mitarbeiter ausgehen.

Nach diesen Überlegungen wäre zu erwarten, dass von der Rivalität mit direkten, räumlich nahen Konkurrenten aber möglicherweise auch vom Vergleich mit anderen räumlich nahen Unternehmen, die nicht unmittelbare Konkurrenten auf dem Produktmarkt sind, eine stimulierende Wirkung ausgeht. MitarbeiterInnen eines Betriebs können Ihre beruflichen Leistungen vergleichen mit der beruflichen Leistung von MitarbeiterInnen andere Betriebe. Wir haben deshalb sowohl die Cluster-Betriebe als auch die Betriebe der Kontrollgruppe gefragt, für wie bedeutend Sie diese Vergleichsmöglichkeiten bzw. den Wettbewerb mit anderen Betrieben und deren MitarbeiterInnen für den Arbeitsansporn bzw. die Motivation ihrer Mitarbeiter halten. Auch hier haben wir differenziert nach räumlich nahen und fernen Betrieben.

Unsere Untersuchungsergebnisse (siehe Abbildung 130 in Anhang 2) deuten darauf hin, dass im Durchschnitt sowohl die Cluster-Betriebe als auch die Betriebe der Kontrollgruppe diesem Stimulus nicht sehr viel Bedeutung beimessen. Die größte Bedeutung wird der Rivalität mit räumlich nahen Betrieben zugewiesen, wobei der Wert auch hier lediglich bei 2,75 liegt. Interessant ist hier, dass die Cluster-Betriebe der räumlich nahen Rivalität eine höhere Bedeutung zuweisen als der Rivalität mit räumlich fernen Unternehmen und dass diese Differenz statistisch signifikant ist. Im Gegensatz dazu ist bei den Betrieben der Kontrollgruppe die Bedeutung räumlich naher Rivalität deutlich niedriger und statistisch nicht signifikant verschieden von der Bedeutung räumlich ferner Rivalität. Hier scheint also ein Unterschied zwischen Cluster-Betrieben und Betrieben der Kontrollgruppe zu bestehen.

2.4. Anbieter von Komplementärgütern

Häufig werden Waren und Dienstleistungen eines Unternehmens zusammen mit so genannten komplementären Gütern oder Dienstleistungen eines anderen Unternehmens von denselben Kunden nachgefragt. Aufgrund von Komplementaritäten haben die Mitglieder eines Clusters die Möglichkeit, ihre Aktivitäten in Form von Kooperationen im Bereich F&E, Fertigung, Marketing oder Vertrieb gegenseitig zu unterstützen. Dies kann beispielsweise dazu beitragen, dass Innovationen (schneller) diffundieren. In einer Region wird dies insbesondere dann der Fall sein, wenn aufgrund kurzer Kommunikationswege (häufiger face-to-face Kontakte) ein schneller und anhaltender Wissensfluss möglich ist.

Wir haben die Cluster-Betriebe und die Betriebe der Kontrollgruppe deshalb zunächst nach der Zahl der Anbieter von Komplementärgütern befragt und dann im Rahmen der Auswertung untersucht, ob die befragten Betriebe überhaupt solche Anbieter in räumlicher Nähe oder Ferne haben (Zahl dieser Kunden >0). Dabei wurde festgestellt, dass bei den Cluster-Betrieben der Anteil der Betriebe an der Gesamtzahl der Betriebe mir räumlich nahen Anbietern von Komplementärgütern etwas höher ist als der Anteil der Betriebe mit räumlich fernen Anbietern. Bei den Betrieben der Kontrollgruppe ist dies umgekehrt und der Anteil der Betriebe mit räumlich fernen Anbietern ist deutlich höher (siehe Abbildung 131 im Anhang 2). Man könnte vermuten, dass dieses Ergebnis auf cluster-spezifische Effekte zurückzuführen ist. Betriebe können beispielsweise den gleichen Standort wählen, um besser kooperieren zu können. Um dies zu untersuchen, haben wir diejenigen Betriebe genauer betrachtet, die mit Anbietern von Komplementärgütern kooperieren. Wir haben die Zahl der kooperierenden Betriebe ins Verhältnis gesetzt zur Zahl der Betriebe, die angegeben haben, dass Anbieter von Komplementärgütern in räumlicher Nähe und/oder Ferne existieren. Dies sind 66 bzw. 74 Cluster-Betriebe und 33 bzw. 50 Betriebe der Kontrollgruppe. Wir haben nicht die Gesamtheit aller Betriebe als Bezugspunkt gewählt, da nur Betriebe mit Anbietern in räumlicher Nähe/Ferne überhaupt die Möglichkeit haben, mit diesen zu kooperieren. Falls tatsächlich cluster-spezifische Effekte wirken, dann würde man erwarten, dass bei den Cluster-Betrieben der Anteil der Betriebe mit räumlich nahen Anbietern deutlich über dem der Betriebe mit räumlich fernen liegt. Tatsächlich zeigt sich, dass bei den Cluster-Betrieben der Anteil der Betriebe mit räumlich fernen Kooperationen etwas über dem der Betriebe mit räumlich nahen liegt. Gleiches gilt aber auch für die Kontrollgruppe. Der prozentuale Anteil ist in beiden Untersuchungsgruppen sogar relativ ähnlich (siehe Abbildung 132 im Anhang 2). Diese Ergebnisse deuten *nicht* darauf hin, dass bei den befragten Betrieben die Kooperationen mit den Anbietern von Komplementärgütern durch cluster-spezifische Effekte gefördert werden.

2.5. Wissensspillover und Wissenstransfer

Unternehmen können davon profitieren, dass sie das Wissen anderer Unternehmen oder Einrichtungen unentgeltlich nutzen können, weil letzteres nicht komplett geschützt werden kann. Diese so genannten Wissensspillover werden dann geographisch begrenzt sein, wenn es sich um die Weitergabe von so genanntem „tacit knowledge" handelt. Damit ist solches Wissen gemeint, das nicht kodifizierbar ist – z.B. in Form von Anleitungen -, sondern das durch persönliche Kontakte weitergegeben wird. Es handelt sich dabei z.B. um Handlungsabläufe oder Prozesse, die durch Erfahrung und Anschauung erlernt werden müssen.[33]

Insbesondere die Innovationsaktivitäten von Unternehmen werden auch davon beeinflusst, ob die Unternehmen in der Lage sind, extern vorhandenes Wissen erfolgreich zu nutzen. Dieses Wissen kann in anderen Unternehmen, Forschungseinrichtungen oder Verbänden vorgehalten werden. Um Aufschluss über die Nut-

---

[33] Siehe Lawson und Lorenz (1999), S. 310 ff.

zung solcher Wissensquellen durch die Betriebe zu erhalten, haben wir die Betriebe gefragt, welche Bedeutung bestimmte Einrichtungen und Betriebe in den Jahren 1997-2000 als externe Wissensquelle für die Innovationsaktivitäten der Betriebe hatten.

Aus lassen sich die Ergebnisse für die Cluster-Betriebe entnehmen. Zunächst einmal fällt auf, dass keiner der einzelnen Wissensquellen – abgesehen vielleicht von den Kunden – eine größere Bedeutung zugewiesen wird. Außerdem ist insbesondere die Bedeutung von Bildungseinrichtungen und Forschungsinstituten aus Sicht der Unternehmen eher gering. Allerdings scheint auch bei der Nutzung externer Wissensquellen die geographische Distanz eine Rolle zu spielen. In sechs Fällen wird die Bedeutung räumlich naher Betriebe und Einrichtungen höher eingeschätzt, wobei diese Differenz in fünf dieser Fälle auch statistisch signifikant ist. Dagegen sind Differenzen in den Fällen, in welchen räumlich fernen Einrichtungen und Betrieben im Durchschnitt eine höhere Bedeutung zugewiesen wird, statistisch insignifikant. Bei der Kontrollgruppe wurde im Gegensatz dazu festgestellt, dass der Wissenstransfer nicht intraregional sondern interregional verläuft (siehe Abbildung 133 im Anhang 2) verlaufen.

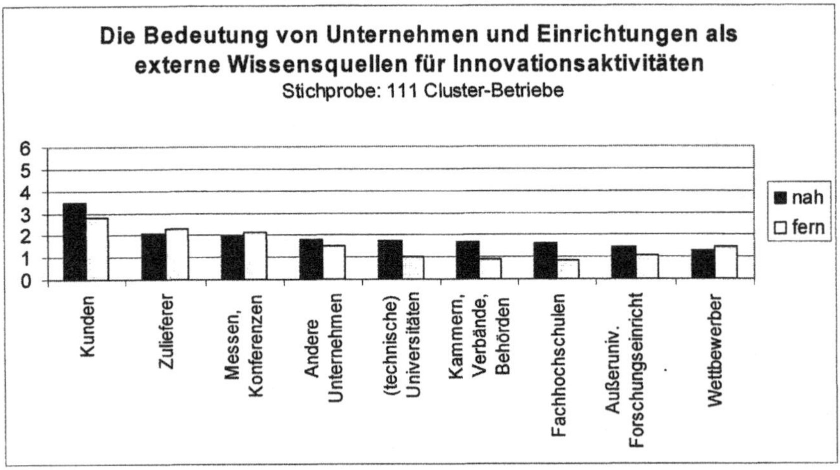

Abbildung 61: Die Bedeutung von Unternehmen und Einrichtungen als externe Wissensquellen für Innovationsaktivitäten (Cluster-Betriebe)

Neben dem positiven Aspekt der Nutzung externen Wissens, ist auch hier ein negativer Aspekt zu berücksichtigen. Wissen ist nicht perfekt schützbar. Es ist deshalb möglich, dass das Wissen des befragten Betriebes durch andere Betriebe genutzt wird, ohne dass dies durch den Betrieb kontrolliert werden kann. Es kommt zu einem Abfluss von Wissen an andere Betriebe. Es handelt sich hierbei um einen aus Sicht der Betriebe negativen Wissensspillover. Wir haben die Betriebe gefragt, für wie groß sie die Gefahr halten, dass es zu einem unkontrollierten Abfluss ihres Wissens an andere Betriebe kommt.

Die Auswertung der Antworten zeigt einen deutlichen Unterschied zwischen den Cluster-Betrieben und den Betrieben der Kontrollgruppe (siehe Abbildung 134 im Anhang 2). Während erstere die Gefahr eines Abflusses von Wissen an räumlich nahe Betriebe höher einschätzen als an räumlich ferne Betriebe, ist dies bei den Betrieben der Kontrollgruppe genau umgekehrt. In beiden Fällen ist die Differenz statistisch signifikant. Auch hier kommt wieder zum Ausdruck, dass der Wissenstransfer bei den Cluster-Betrieben eher *intraregional* erfolgt, wohingegen dieser bei der Kontrollgruppe *interregional* ist. Allerdings bleibt festzustellen, dass die Niveaus der Bewertungen recht ähnlich sind, d.h., dass die Betriebe grundsätzlich – ohne Berücksichtigung der Geographie - die Gefahr des Abflusses von Wissen recht ähnlich einschätzen.

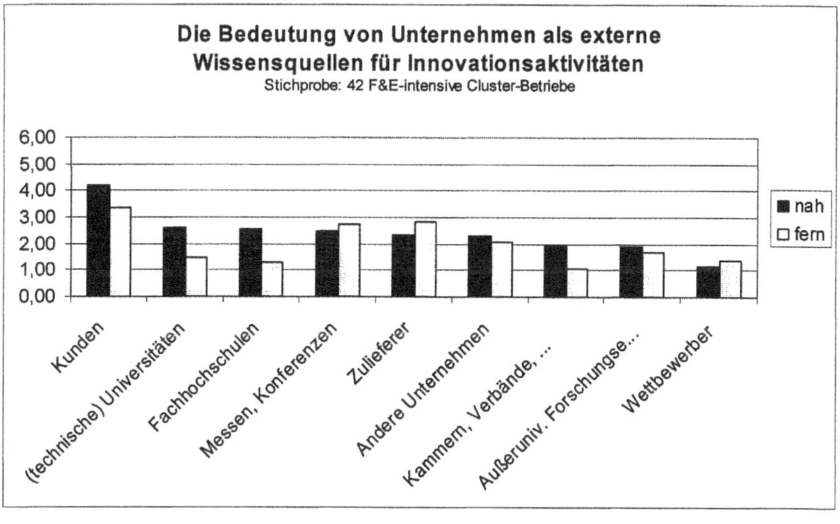

Abbildung 62: Die Bedeutung von Unternehmen und Einrichtungen als externe Wissensquellen für Innovationsaktivitäten (F&E- intensive Cluster-Betriebe)

Wir haben bisher nicht zwischen F&E-intensiven und anderen Unternehmen unterschieden. Es ist aber sehr wahrscheinlich, dass erstere externe Wissensquellen in anderer Weise nutzen als Betriebe mit geringer F&E-Intensität. Wir haben deshalb eine Sonderauswertung für die F&E-intensiven Betriebe vorgenommen. In

Anlehnung an die Systematik des Fraunhofer-Instituts für Innovationsforschung klassifizieren wir solche Unternehmen als F&E-intensiv, bei denen der Anteil der F&E-Beschäftigen and den Gesamtbeschäftigten über 3,5% liegt.

In Abbildung 62 sind die Ergebnisse dieser Sonderauswertung für 42 F&E-intensive Cluster-Betriebe abgebildet. Zunächst einmal fällt auf, dass die Bewertung der externen Wissensquellen – abgesehen von den Wettbewerbern - deutlich ansteigt, was auf eine stärkere Nutzung externer Wissensquellen durch F&E-intensive Unternehmen hindeutet. Außerdem ändert sich die Reihenfolge der Quellen hinsichtlich der Relevanz räumliche Nähe. Fachhochschulen und (technische) Universitäten steigen in ihrer relativen Bedeutung von Platz 7 auf Platz 3 und von Platz 5 auf Platz 2, während die relative Bedeutung der Zulieferer und der Messen/Kongresse in umgekehrter Weise abnimmt. Bestehen bleibt jedoch für die einzelnen Quellen – zumindest dem Vorzeichen nach - die relative Einschätzung der räumlichen Nähe und Ferne. Für die F&E-intensiven Betriebe der Kontrollgruppe läßt sich ähnliches beobachten (siehe Abbildung 135 im Anhang 2).

Wir haben zusätzlich untersucht, ob sich die Gefahr des unkontrollierten Abflusses von Wissen aus der Sicht F&E-intensiver Betriebe anders darstellt als für die Gesamtzahl aller Cluster-Betriebe und der Betriebe der Kontrollgruppe. Tatsächlich zeigt sich sowohl für die Cluster-Betriebe als auch für die Kontrollgruppe eine geringfügig höhere Einschätzung dieser Gefahr (siehe Abbildung 136 im Anhang 2). Im Übrigen deuten auch hier die Ergebnisse darauf hin, dass der Wissenstransfer bei den F&E-intensiven Cluster-Betrieben eher intraregional erfolgt, wohingegen dieser bei der Kontrollgruppe interregional ist.

2.6. Lokaler Arbeitsmarkt

Der meist genannte Agglomerationsvorteil ist das so genannte *labor market pooling* (Marshall, 1920; Krugman, 1991). Unternehmen in räumlichen Clustern haben einen besseren Zugang zu qualifizierten Arbeitskräften und niedrigere Einstellungs- und Trainingskosten. Dies lässt sich wie folgt begründen: Erstens können Unternehmen auf die Absolventen lokaler Ausbildungseinrichtungen zurückgreifen. Dies setzt natürlich voraus, dass sich diese Einrichtungen auch am Bedarf der lokalen Unternehmen orientieren.[34] Zweitens bildet sich durch die regionale Konzentration von Unternehmen mit ähnlichen qualifikatorischen Anforderungen ein „Pool“ spezialisierter und erfahrener Arbeitskräfte. Expandierende Unternehmen können in diesem Fall davon profitieren, dass Arbeitskräfte in anderen Unternehmen betriebsbedingt entlassen werden. Dies gilt nur dann wenn die „guten Zeiten“ einiger Unternehmen mit den „schlechten Zeiten“ anderer Unter-

---

[34] Hierzu liegt eine Sondererhebung durch Wirtschaftsbehörde im Verbund mit den Kernunternehmen und der Handels- sowie Handwerkskammer vor, die sich detailliert mit den Qualifikationsprofilen beschäftigt.

nehmen zusammenfallen (asymmetrische Schocks). Allerdings besteht auch die Gefahr, dass Mitarbeiter von anderen Unternehmen abgeworben werden (head hunting), wenn alle oder die meisten Unternehmen stark wachsen.

Hier wird im Folgenden die Bedeutung verschiedener Einrichtungen und Betriebe für die Einstellung neuer Mitarbeiter sowie die Frage nach der Existenz von *labor-market-pooling* und head-hunting näher untersucht. Dabei wird wieder zwischen räumlicher Nähe und Ferne unterschieden.

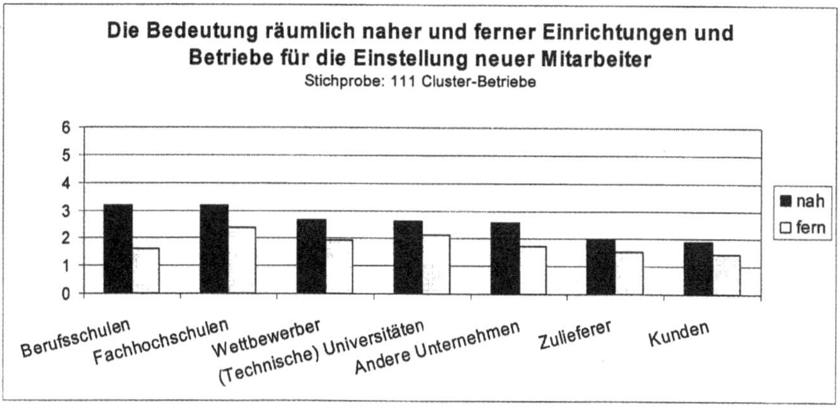

Abbildung 63: Die Bedeutung von Einrichtungen und Betrieben für die Einstellung neuer Mitarbeiter (Cluster-Betriebe)

Für die Cluster-Betriebe ist die Bedeutung von Betrieben und Einrichtungen in Abbildung 63 dargestellt. Nach Einschätzung der Cluster-Betriebe kommt bei der Einstellung neuer MitarbeiterInnen die größte Bedeutung den Bildungseinrichtungen zu. In räumlicher Nähe sind dies die Berufs- und Fachhochschulen und unter den räumlich fernen Einrichtungen sind dies die Fachhochschulen und die (technischen) Universitäten. Die Bedeutung von Betrieben unterscheidet sich hiervon deutlich. Während den Zulieferern und Kunden eine eher geringe Bedeutung zukommt (der Wert eins bedeutet völlig unbedeutend/irrelevant), ist die Bedeutung der räumlich nahen Wettbewerber und räumlich naher, anderer Betriebe größer. Ein etwas anderes Bild ergibt sich für die Betriebe aus der Kontrollgruppe (siehe Abbildung 137 im Anhang 2).

Es fällt auf, dass bei den Cluster-Betrieben die Bedeutung räumlich naher Betriebe und Einrichtungen in allen Kategorien diejenige räumlich ferner Einrichtungen und Betriebe übersteigt. Die Ergebnisse statistischer Test zeigen zudem, dass diese Differenzen in allen Fällen statistisch signifikant sind. Für die Betriebe der

Kontrollgruppe gilt dies nicht in allen Fällen. Hier scheinen zwischen der Bedeutung räumlich naher und ferner Wettbewerber und Zulieferer keine Unterschiede zu bestehen.

Für die höhere Bedeutung räumlich naher Betriebe und Einrichtungen können verschiedene Erklärungen herangezogen werden. Zum einen spielt vermutlich die Immobilität des Faktors Arbeit eine nicht unwesentliche Rolle. Zum anderen können hierin Agglomerationsvorteile in Form von Labor-Market-Pooling zum Ausdruck kommen, d.h., dass Betriebe mit guter Auftragslage neue Mitarbeiter einstellen können, die zuvor von anderen Betrieben entlassen wurden.

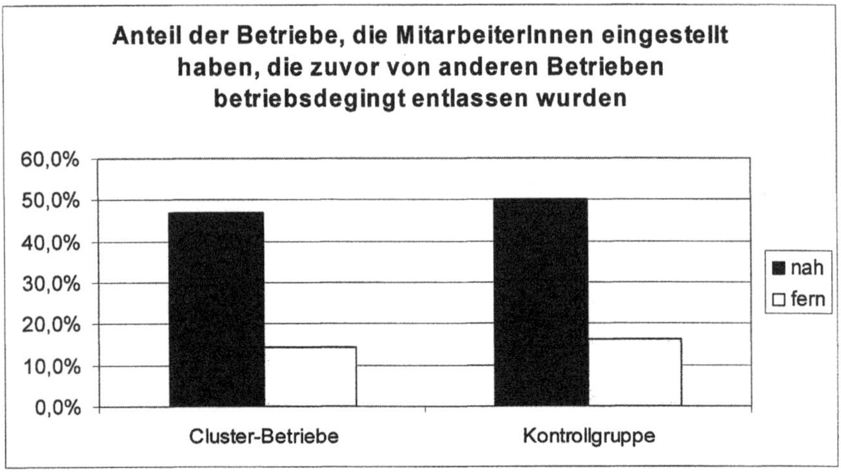

Abbildung 64: Der Anteil der Betriebe, die MitarbeiterInnen eingestellt haben, die zuvor von anderen Betrieben betriebsbedingt entlassen wurden

Wir haben deshalb die Betriebe gefragt, ob sie in den Jahren 1997-2000 Gelegenheit hatten, MitarbeiterInnen einzustellen, die zuvor von anderen Unternehmen betriebsbedingt entlassen werden mussten. Die Ergebnisse sind in Abbildung 64 graphisch dargestellt. Der Anteil der Betriebe, die Einstellungen on ehemaligen Mitarbeitern räumlich naher Betriebe vorgenommen haben, liegt bei den Cluster-Betrieben bei ca. 45% und bei den Betrieben der Kontrollgruppe bei ca. 50%. Deutlich niedriger ist jeweils der Anteil der Betriebe, die ehemalige Mitarbeiter räumlich ferner Betriebe eingestellt haben. Den Ergebnissen zufolge scheint regionales „labor market pooling" relevant zu sein. Allerdings lassen sich ausAbbildung 64 keine bedeutenden Unterschiede zwischen Cluster-Betrieben und den Betrieben der Kontrollgruppe erkennen.

Neben den positiven Effekten der räumlichen Nähe anderer Betriebe können aus betrieblicher Sicht aus dieser Nähe auch Nachteile erwachsen. Falls beispielsweise die Betriebe in einer Region in gleicher Weise von positiven Nachfrageschocks betroffen sind, kann dies zu einem verschärften Wettbewerb um qualifizierte Mitarbeiter führen. Wir haben deshalb gefragt, für wie groß die Betriebe die Gefahr halten, dass ihre MitarbeiterInnen von anderen Betrieben abgeworben werden. Abbildung 65 macht deutlich, dass auch hier die räumliche Nähe von Betrieben eine Rolle spielt, denn die Gefahr, dass „Head-Hunting"-Aktivitäten von räumlich nahen Betrieben ausgehen, wird sowohl von den Cluster-Betrieben als auch von den Betrieben der Kontrollgruppe als deutlich höher eingeschätzt. In beiden Fällen sind die Differenzen zwischen räumlicher Nähe und Ferne statistisch signifikant. Die Cluster-Betriebe scheinen diese Gefahr sogar höher einzuschätzen als die Betriebe der Kontrollgruppe. Dies liegt möglicherweise in der geographischen Konzentration der Wettbewerber begründet. Darauf deutet auch das oben erwähnte Ergebnis hin, dass die Cluster-Betriebe räumlich nahen Wettbewerbern eine deutlich höhere Bedeutung im Hinblick auf die Einstellung neuer Mitarbeiter beimessen als die Betriebe der Kontrollgruppe.

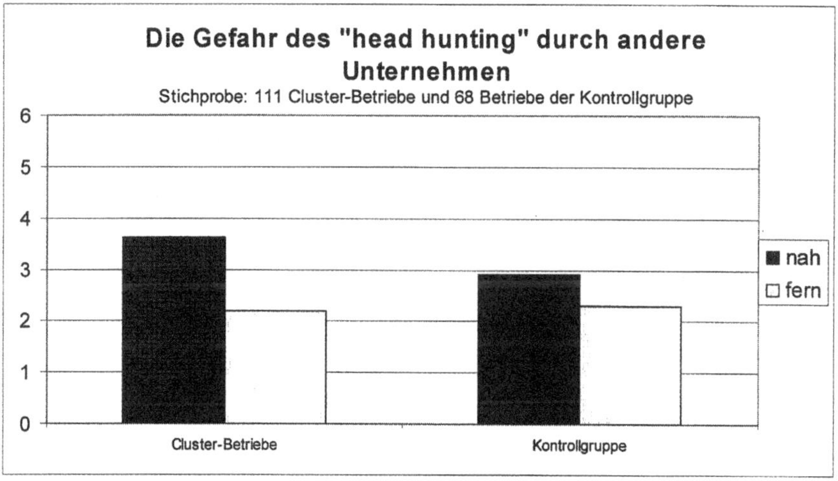

Abbildung 65: Die Gefahr des „head hunting" durch andere Unternehmen

2.7. Vertrauen

Man kann vermuten, dass Kooperationen zwischen räumlich nahen Betrieben und Einrichtungen eher zustande kommen als zwischen solchen, die geographisch weit voneinander entfernt sind. Ein Vertrauensverhältnis, welches eine Voraussetzung für Kooperationen darstellt, dürfte zwischen räumlich und kulturell nahen Individuen leichter entstehen. Zwar können Kooperationen zumindest teilweise vertraglich fixiert werden, jedoch kann dies mit erheblichen Installations- und Kontrollkosten verbunden sein. Schmitz (1999, S. 142) stellt hierzu fest: „For a deep division of labour and cooperation between firms to be effective at reasonable cost, trust is essential". Solche Vertrauensverhältnisse können sich jedoch nur dann aufbauen, wenn die Reputation der Kooperationspartner durch regelmäßige Treffen und/oder ein regionales Kommunikationsnetzwerk evaluiert werden kann. Ein Indiz für bestehendes Vertrauen ist die Tatsache, dass die Partner keinen Missbrauch von Information und Wissen fürchten müssen.

Wir haben deshalb die Cluster-Betriebe danach gefragt, wie sehr sie ihren Geschäfts- und Kooperationspartnern vertrauen. Dabei haben wir dieses Vertrauen differenziert nach verschiedenen Geschäfts- und Kooperationsbeziehungen abgefragt, und wir haben dabei auch wieder zwischen räumlicher Nähe und Ferne unterschieden.

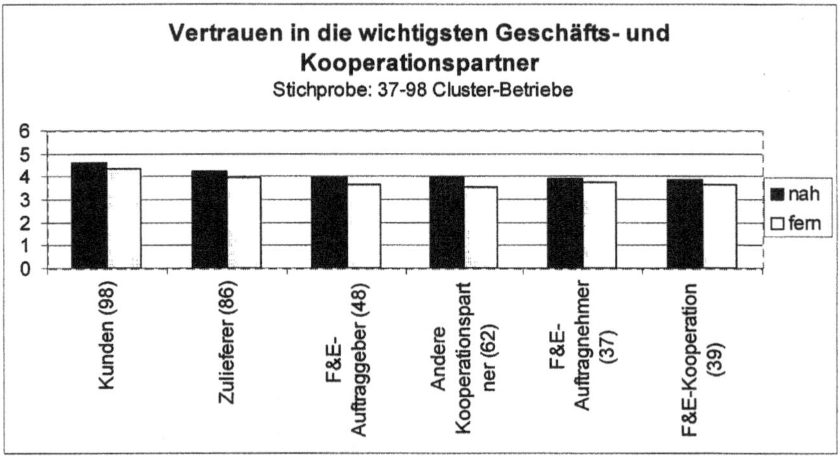

Abbildung 66: Vertrauen in die wichtigsten Geschäfts- und Kooperationspartner (Cluster-Betriebe)

Nicht alle der befragten Unternehmen nutzen alle Geschäfts- und Kooperationsmöglichkeiten und sie nutzen sie teilweise ausschließlich mit räumlich nahen oder mit räumlich fernen Betrieben und Einrichtungen. Ein sinnvoller Vergleich zwischen dem Vertrauen, dass räumlich nahen und räumlich fernen Partnern entgegengebracht wird, ist natürlich nur dann möglich, wenn ein Betrieb sowohl über räumlich nahe als auch räumlich ferne Geschäfts- und Kooperationspartner verfügt. Wir haben deshalb nur solche Betriebe in die Auswertung einbezogen, für die dies zutrifft. Hieraus ergeben sich für die verschiedenen Geschäfts- und Kooperationspartner deutliche Unterschiede in der Größe der Stichprobe.

In Abbildung 66 sind die Ergebnisse für die Cluster-Betriebe veranschaulicht. Zunächst einmal kann festgestellt werden, dass sich das Vertrauen in die verschiedenen Partner im Durchschnitt nicht stark unterscheidet. Die Werte liegen zwischen drei und vier und gehen damit eher in die Richtung Vertrauen. Dabei genießen die Kunden und Zulieferer anscheinend ein etwas größeres Vertrauen. Es ist u.E. überraschend, dass F&E-Kooperationen keinen höheren Wert aufweisen. Gerade bei diesen könnte man vermuten, dass aufgrund des Austauschs von relevantem Wissen ein hohes Maß an gegenseitigem Vertrauen notwendig ist.

Im Hinblick auf den Effekt räumlicher Distanz kann festgestellt werden, dass in allen Fällen die Werte für räumlich nahe Geschäfts- und Kooperationspartner über denen räumlich ferner liegen. Das gilt nicht für die Kontrollgruppe (siehe Abbildung 138 im Anhang 2). Allerdings sind die Differenzen nur für andere Kooperationspartner, F&E-Auftraggeber und Kunden statistisch signifikant. Dies lässt auf einen Effekt räumlicher Distanz schließen, wobei allerdings zu beachten ist, dass die absoluten Werte der Differenzen nicht sehr groß sind.

2.8. Transportkosten

Es ist hinlänglich bekannt, dass Transportkostenvorteile in räumlicher Nähe für die Standortentscheidung von Unternehmen eine wesentliche Rolle spielen können.[35] Dabei können Unternehmen sowohl von kurzen Distanzen zu ihren Kunden als auch von kurzen Distanzen zu ihren Zulieferern profitieren. Ersteres wird z.B. dann der Fall sein, wenn Zulieferer an just-in-time Verträge gebunden sind, in welchen das finanzielle Risiko verspäteter Lieferung bei dem Zulieferer liegt. Im Luftfahrzeugbau müssen die Hersteller von Innenausstattungen in der Lage sein, ihre Produkte schnell zu liefern und sie müssen flexibel auf die Wünsche der Kunden (Fluggesellschaften) reagieren.

Wir haben daher die Betriebe gefragt, welche Bedeutung sie der räumlichen Nähe von Kunden und Zulieferern unter Transportkosten-Gesichtspunkten zumessen. Die befragten Betriebe konnten hier wiederum Antworten auf einer Skala von eins (irrelevant) bis sechs (sehr wichtig) wählen. Die Ergebnisse sind in Tabelle 10 wiedergegeben.

Unter dem Gesichtspunkt der Transportkosten halten 38% der Cluster-Betriebe und lediglich 16% der Betriebe der Kontrollgruppe die räumliche Nähe zu Kunden für eher wichtig. Ein ähnliches Bild ergibt sich für die Relevanz der räumlichen Nähe zu Zulieferern. Hier halten 34% der Cluster-Betriebe und 22% der Be-

[35] Siehe Weber (1920).

triebe der Kontrollgruppe räumliche Nähe für eher wichtig. Hieraus ergeben sich zwei Botschaften: Erstens hält die Mehrzahl der Betriebe in beiden Gruppen räumliche Nähe für eher unwichtig. Dies zeigt, dass Transportkostenvorteile hier keine gewichtige Rolle spielen. Zweitens ist ein deutlicher Unterschied zwischen Cluster-Betrieben und den Betrieben der Kontrollgruppe feststellbar. Bei den Cluster-Betrieben ist der Anteil der Unternehmen, für die Transportkostenvorteile wichtig sind deutlich höher. Dies deutet darauf hin, dass zumindest für einen Teil der Betriebe Transportkosten bei der Standortentscheidung eine wichtige Rolle spielen.

	Räumlich nahe Kunden		**Räumlich nahe Zulieferer**	
Cluster-Betriebe group	eher wichtig (4-6)	unwichtig (1-3)	eher wichtig (4-6)	unwichtig (1-3)
Zahl der Betriebe	42	69	38	73
%-Anteil der Betriebe	38%	62%	34%	66%
Kontrollgruppe				
Zahl der Betriebe	11	57	15	53
%-Anteil der Betriebe	16%	84%	22%	78%

Tabelle 20: Die Relevanz räumlicher Nähe von Kunden/Zulieferern unter Transportkosten-Gesichtspunkten (6-Punkte Skala)

3. Agglomerationsvorteile und Innovation – ökonometrische Analyse

Die deskriptive Analyse der cluster-spezifischen Agglomerationsvorteile lässt keine Aussagen darüber zu, ob sich die Zugehörigkeit zum Cluster auch positiv auf Zielgrößen, wie z.B. Produktivität und Innovativität, auswirkt. Die Ergebnisse lassen somit keine gesicherten Rückschlüsse darüber zu, ob sich aus der geographischen Nähe (Clustering) auch tatsächlich nennenswerte Wettbewerbsvorteile gegenüber Nicht-Cluster-Betrieben ergeben. Hierfür sind weitere Untersuchungen mit ökonometrischen Verfahren notwendig.

Wir haben deshalb eine gesonderte Untersuchung nach der Wirkung potenzieller Agglomerationskräfte auf betriebliche Leistungsindikatoren angestellt. Agglomerations-vorteile können sich theoretisch auf drei relevante betriebliche Zielgrößen auswirken, nämlich die Produktivität, die Profitabilität und Innovationsleistung. Da unsere Datengrundlage nicht ausreicht, um Einflüsse auf die beiden erstgenannten Leistungsindikatoren zu untersuchen, haben wir uns auf die Innovationsleistung als Zielgröße beschränkt. Aus theoretischer Perspektive können drei der acht genannten Agglomerationskräfte einen direkten Einfluss auf die Innovationsleistung von Unternehmen haben. Diese wurden bezeichnet als *Wissensspillover*, *lokale Rivalität* und *Anspruchsvolle Kunden*. Mit Hilfe einer Regressionsanalyse wurde analysiert, ob sich auf Basis unseres Datensatzes Beziehungen herstellen lassen zwischen den Bewertungen der Quellen dieser drei möglichen Agglomerationskräfte (Skala von 1=niedrig bis 6=hoch) und der Anzahl der Produkt- und Prozessinnovationen der befragten Betriebe. Dabei ermöglichen die verwendeten ökonometrischen Verfahren, dass die Zusammenhänge der bewerteten Quellen potenzieller Agglomerationskräfte mit der Zielgröße (Anzahl von Innovationen) jeweils einzeln und isoliert von anderen möglichen Einflussfaktoren analysiert werden können. Die verwendete Methode lässt also Aussagen darüber zu, welche der drei möglichen Agglomerationskräfte insofern wirksam ist, als ein statistisch signifikanter Zusammenhang zwischen den Bewertungen ihrer Quellen mit der Innovationsleistung der befragten Betriebe nachweisbar ist. Um noch detailliertere Erkenntnisse zu erzielen, wurden darüber hinaus im Fall von *Wissensspillovern* nach unterschiedlichen Wissensquellen unterschieden (Kunden/Zulieferer, Wettbewerber/andere Betriebe, akademische Institutionen, andere Institutionen).

Die wichtigsten Ergebnisse der ökonometrischen Analyse lassen sich wie folgt zusammenfassen:

1. Nur *Wissensspillover* zwischen *Wettbewerbern* und *'anderen Betrieben'* weisen den vermuteten statistisch signifikanten Zusammenhang mit der Anzahl von Produktinnovationen der Betriebe auf. Es gibt dagegen keine Wissensspillover von anderen Quellen, insbesondere von Hochschulbildungs- und Forschungseinrichtungen.
2. Produktinnovationen werden weder von der *lokalen Rivalität* noch von *anspruchsvollen Kunden* getrieben.
3. Weder *lokale Rivalität*, noch *anspruchsvolle Kunden*, noch *Wissensspillover* haben noch unserer Schätzung einen Einfluss auf die Prozessinnovationen der Betriebe.

Insgesamt konnte demnach nur ein schwaches Indiz für das Wirken von Agglomerationskräften im vermuteten Cluster ausgemacht werden. Allerdings konnten wir aufgrund mangelnder Datenlage keine ähnlichen Untersuchungen auf andere Zielgrößen, wie Produktivität und Profitabilität, unternehmen, die Hinweise auf das Wirken von anderen Agglomerationskräften hätten geben können. Eine detaillierte Ausführung dieser Analyse ist in Bönte und Lublinski (2002) enthalten.

4. Zusammenfassung

Die wichtigsten (Einzel-) Ergebnisse der *deskriptiven Analyse* in Bezug auf die einzelnen Agglomerationskräfte lassen sich wie folgt zusammenfassen:

1. *Vielfältige und spezialisierte Zulieferer*: Cluster-Betriebe und Kontrollgruppe sehen die Produktpalette ihrer Zulieferer als eher spezialisiert an. Dabei wird

– entgegen unserer ersten Vermutung – in beiden Gruppen der Spezialisierungsgrad räumlich ferner Betriebe als höher eingeschätzt. Aus den Ergebnissen ergeben sich somit keine Anzeichen für cluster-spezifische Effekte der „thickness of markets".

2. *Anspruchsvolle Kunden:* Sowohl die Cluster-Betriebe als auch die Betriebe der Kontrollgruppe halten die Aussagen für eher zutreffend, dass sie von den Ansprüchen ihrer Kunden stark gefordert werden und dass ihnen dieser „Druck" geholfen hat Neukunden zu gewinnen. Cluster-Betriebe und Kontrollgruppe unterscheiden sich aber insofern als der „Kundendruck" der Cluster-Betriebe stärker von räumlich nahen Kunden ausgeht und zu Gewinnung räumlich naher Neukunden führt während dies für Betriebe der Kontrollgruppe eher auf räumlich ferne Kunden und Neukunden zutrifft. Da Betriebe aus beiden Gruppen „Kundendruck" verspüren und dieser in beiden Gruppen zur Gewinnung von Neukunden führt – nur in unterschiedlichen Regionen – ist hierin kein cluster-spezifischer Vorteil zu sehen.

3. *Rivalität:* Im Durchschnitt messen die befragten Cluster-Betriebe und die Kontrollgruppe der Rivalität mit anderen Unternehmen als Stimulus für die Motivation der eigenen Mitarbeiter keine sehr große Bedeutung zu. Allerdings ist aus Sicht der Cluster-Betriebe die Rivalität mit räumlich nahen Betrieben (signifikant) wichtiger als die mit räumlich fernen Betrieben. Dieser Unterschied lässt sich für die Kontrollgruppe nicht feststellen. Die Ergebnisse deuten also darauf hin, dass die Rivalität zwar cluster-spezifische Effekte aufweist, diese jedoch nicht sehr ausgeprägt sind.

4. *Anbieter von Komplementärgütern*: Die Ergebnisse zeigen, dass bei den Cluster-Betrieben der Anteil der Betriebe mit räumlich nahen Anbietern von Komplementärgütern etwas höher ist als der Anteil der Betriebe mit räumlich fernen Anbietern. Allerdings zeigt eine genauere Analyse des Kooperationsverhaltens der Cluster-Betriebe mit den Anbietern von Komplementärgütern, dass die Anteile der Cluster-Betriebe mit räumlich nahen und fernen Kooperationspartnern recht ähnlich sind. Dieses Ergebnis deutet darauf hin, dass cluster-spezifische Effekte auf Kooperationen mit Anbietern von Komplementärgütern keinen Einfluss haben.

5. *Wissensspillover:* Im Hinblick auf die Nutzung externen Wissens deuten die Ergebnisse unserer Befragung darauf hin, dass sowohl Cluster-Betriebe als auch die Betriebe der Kontrollgruppe die meisten externen Wissensquellen als eher unbedeutend für ihre Innovationsaktivitäten betrachten. Allerdings unterscheiden sich Cluster-Betriebe und Kontrollgruppe deutlich im Hinblick auf den geographischen Aspekt des Wissenstransfers. Bei den Cluster-Betrieben verläuft dieser eher *intraregional* und bei der Kontrollgruppe eher *interregional.* Dies zeigt sich auch bei der Einschätzung der Gefahr des unkontrollierten Abflusses von Wissen. Cluster-Betriebe schätzen die Gefahr höher ein, dass

das eigene Wissen von räumlich nahen Betrieben genutzt wird, während die Betriebe der Kontrollgruppe eher befürchten, dass es von räumlich fernen Betrieben genutzt wird. Eine Sonderauswertung für die F&E-intensiven Betriebe liefert das Ergebnis, dass die Bewertungen insbesondere der Cluster-Betriebe etwas ansteigen, qualitativ ändert sich – abgesehen von der relativen Bedeutung einzelner Wissensquellen – recht wenig. Die Ergebnisse lassen sich dahingehend interpretieren, dass die Zugehörigkeit zum Cluster zwar keinen stärkeren Wissenstransfer bewirkt, jedoch sorgt sie dafür, dass dieser eher intraregional verläuft.

6. *Lokaler Arbeitsmarkt:* Die Ergebnisse lassen darauf schließen, dass insbesondere Berufs- und Fachhochschulen in räumlicher Nähe für die Einstellung neuer Mitarbeiter relevant sind. Dagegen ist die Bedeutung anderer Betriebe, insbesondere von Kunden und Zulieferern, deutlich geringer. Cluster-Betriebe schätzen die Bedeutung räumlich naher Einrichtungen und Betriebe durchweg (signifikant) höher ein als die räumlich ferner Einrichtungen und Betriebe. Die Ergebnisse deuten zudem darauf hin, dass regionales „labor market pooling" eine wichtige Rolle spielt. Allerdings scheint es nicht cluster-spezifisch zu sein, sondern dieses kommt in beiden Untersuchungsgruppen vor. Ein aus Sicht der Unternehmen negativer Effekt der räumlichen Nähe ist die Gefahr des „head hunting" qualifizierter Mitarbeiter durch andere, räumlich nahe Betriebe. Insbesondere die Cluster-Betriebe messen dieser Gefahr größere Bedeutung bei, was auf die geographische Konzentration von Wettbewerbern zurückzuführen sein könnte.

7. *Vertrauen:* Unsere Ergebnisse lassen darauf schließen, dass sowohl Cluster-Betriebe wie auch die Kontrollgruppe ihren Geschäfts- und Kooperationspartnern vertrauen. Auch hier scheint die geographische Distanz – zumindest für die Cluster-Betriebe – einen Effekt zu haben, denn diese schenken einigen ihrer räumlich nahen Kooperationspartner mehr Vertrauen als räumlich fernen.

8. *Transportkostenvorteile:* Unter dem Gesichtspunkt von Transportkosten spielt für die meisten befragten Betriebe die räumliche Nähe zu Kunden und Zulieferern keine wesentliche Rolle. Damit liegen für diese Betriebe auch keine wesentlichen Transportkostenvorteile vor. Allerdings liegt der Anteil der Betriebe, die die räumliche Nähe für eher wichtig halten und damit von solchen Vorteilen profitieren können, bei den Cluster-Betrieben deutlich höher. Zumindest für diese Betriebe (über 30%) dürften Transportkostenvorteile bei der Standortentscheidung eine nicht unwesentliche Rolle spielen.

   Das wichtigste Ergebnis der *ökonometrischen Analyse* ist

9. *Innovationsleistung*: Nur Wissensspillover zwischen Wettbewerbern und ‚anderen Betrieben' weisen den vermuteten statistisch signifikanten Zusammenhang mit der Anzahl von Produktinnovationen der Betriebe auf. Es gibt dage-

gen keinen Wissensspillover von anderen Quellen, insbesondere von Hochschulbildungs- und Forschungseinrichtungen.

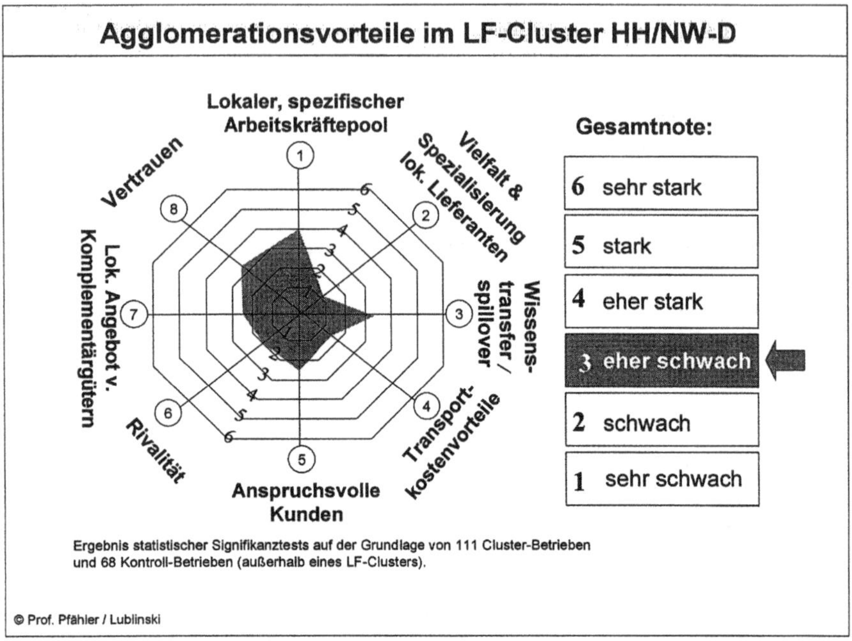

Abbildung 67: Agglomerationsvorteile im LF-Cluster HH/NW-D

Die Einzelergebnisse sind in einem Radarchart in Abbildung 67 zusammengefasst. Insgesamt deuten die Ergebnisse darauf hin, dass zwar von einigen Agglomerationskräften (leicht) positive Effekte von Betrieben und Einrichtungen in räumlicher Nähe ausgehen können. Aber ein Vergleich der Ergebnisse der Cluster-Betriebe mit den Ergebnissen für die Betriebe der Kontrollgruppe zeigt, dass die Ergebnisse in vielen Fällen *nicht cluster-spezifisch* sind. Deshalb müssen die Agglomerationskräfte im LF-Cluster insgesamt als „eher schwach ausgeprägt" charakterisiert werden. Im Urteil der Primes des LF-Clusters HH/NW-D fällt die Bewertung der Agglomerationskräfte eher noch schwächer (siehe Abbildung 68 und Burger (2002)).

Außerdem kann auf der Grundlage der vorliegenden Ergebnisse nicht gesagt werden, ob sich die Zugehörigkeit zum Cluster auch positiv auf Zielgrößen, wie z.B. Produktivität und Innovativität, auswirkt. Nur in Bezug auf die Innovationsleistung konnte nachgewiesen werden, dass sie wegen Wissensspillover zu ‚anderen

Unternehmen' in geographischer Nähe (Clustering) signifikant und nennenswerten besser ausfällt als bei Nicht-Cluster-Betrieben. Weitere Untersuchungen mit ökonometrischen Verfahren sind notwendig.

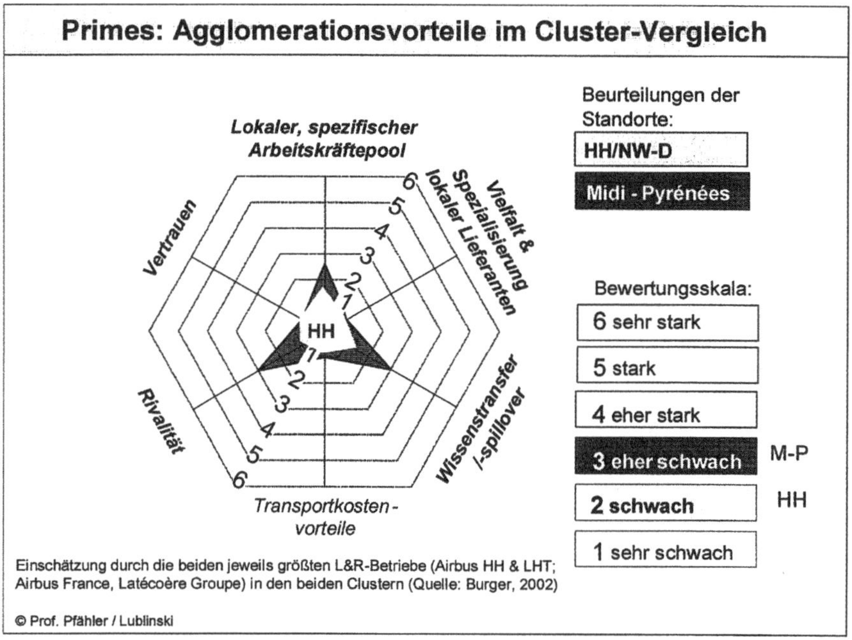

Abbildung 68: Primes - Agglomerationskräfte im Vergleich

Im Rahmen dieser Untersuchung wurde von Burger (2002) nach einheitlichen, hier entwickelten Kriterien überdies ein Vergleich der Einschätzung der Agglomerationsvorteile durch Vertreter der beiden jeweils größten L&R-Betriebe im LF-Cluster HH/NW-D und Toulouse/Midi-Pyrénées vorgenommen. In diesem Vergleich schneidet das LF-Cluster HH/NW-D schlechter ab als Toulouse/Midi-Pyrénées, wobei beide als „eher schwach" bzw „schwach" eingestuft wurden. Toulouse/Midi-Pyrénées schneidet deutlich besser ab beim lokalen Arbeitskräftepool, den Wissensspillovers und der stimulierenden Kraft der Rivalität.

D. Zusammenfassung und Gesamtfazit der Bestandsaufnahme

Zu A: Identifikation des LF-Clusters HH/NW-D

1. *L&R-Industrie in Norddeutschland*: In Nordwestdeutschland (Hamburg, Bremen, Niedersachsen) arbeiten rund ein Drittel der fast 70.000 L&R-Beschäftigten (in 2000) in der Bundesrepublik Deutschland. Dabei liegt der Schwerpunkt bei der zivilen Luft- und Raumfahrt. Innerhalb Norddeutschlands ist Hamburg der mit Abstand wichtigste L&R-Standort. Infolgedessen ist HH/Nordwestdeutschland – neben Bayern mit gleichfalls rund einem Drittel aller L&R-Beschäftigten - ein geographischer Raum, in dem ein ziviler LF-Cluster vermutet werden kann.

2. *Cluster-Kernunternehmen und –Kernindustrie*: Die beiden größten norddeutschen Unternehmen im Wirtschaftszweig Luft- und Raumfahrzeugbau Norddeutschland sind die Airbus Deutschland GmbH (mit 5 Betrieben in Norddeutschland) und die Lufthansa Technik AG. Die 6 Betriebe dieser beiden Unternehmen identifizieren wir als die wichtigsten Cluster-Kernbetriebe in Norddeutschland. Sie haben zusammen 20.828 Beschäftigte und einen Umsatz von zusammen 12.128 Mio. DM (in 2000). Neben den beiden Kernunternehmen mit 6 Betrieben gehören weitere 21 Betriebe zur Cluster-Kernindustrie in HH/NW-D. Insgesamt sind in den 27 Betrieben der Cluster-Kernindustrie 25.323 Personen beschäftigt (in 2000).

3. *Cluster-Peripheriebetriebe bzw. –industrien*: Im Prinzip gehören alle mit den norddeutschen L&R-Betrieben direkt und indirekt – via Beschaffungs-, Absatz-, Kooperations- und Informationsnetzwerke - verflochtenen Betriebe bzw. Industrien (funktionale Dimension) im norddeutschen Raum (geographische Dimension) zu den Cluster-Peripherieindustrien bzw. – betrieben. Unsere Analyse ergibt, dass insgesamt 1.892 Betriebe und Institutionen der Cluster-Peripherie zugerechnet werden können. Allerdings enthält diese Datenbank vermutlich einige hundert Betriebe, die einen recht unbedeutenden Beitrag zur gesamten Wertschöpfung der Cluster-Betriebe leisten.

4. *Gesamter LF-Cluster HH/NW-D:* Ingesamt umfasst der LF-Cluster HH/NW-D nach unserer Analyse somit

   - 1.919 Betriebe und Institutionen;
   - darunter finden sich allerdings nur *12 Großbetriebe* (oder nur 8 Unternehmen)
     mit jeweils mehr als 500 *Beschäftigten* und insgesamt 28.310 Beschäftigten (in 2000)

- bzw. nur *12 Großbetriebe* (oder nur 8 Unternehmen) mit jeweils mehr als 500 L&R-Beschäftigten und insgesamt 23.780 L&R-Beschäftigten
- und nur *vier relativ kleine Systemlieferanten* mit jeweils zwischen 170-270 L&R-Beschäftigten und insgesamt nur 798 L&R-Beschäftigten, wovon einer (KID Systeme GmbH) noch eine 100%-ige Tochter eines Großunternehmens (Airbus Deutschland GmbH) ist.
- Die *wichtigsten 18 Kern- und Peripheriebetriebe* des Clusters mit 150 und mehr Beschäftigten sind in Tabelle 2 zusammengestellt.

5. *Geographische Verteilung der LF-Cluster-Betriebe*: Die Cluster-Betriebe sind nicht gleichmäßig auf Norddeutschland verteilt (siehe Abbildung 5). Vielmehr gibt es innerhalb von Norddeutschland ein starkes lokales Haupt-Cluster in der Metropolregion Hamburg. Dieses Hauptcluster hat eine ausgesprochene Kern-Ring-Struktur mit Sitz der beider Kern- und anderer Großunternehmen des Clusters. Darüber hinaus gibt es ein mit dem Haupt-Cluster verbundenes lokales Neben-Cluster in Bremen und Umgebung mit Sitz wichtiger Betriebsstätten des größten Kernunternehmens (Airbus) und anderen Großunternehmen der Kernindustrie. Eine dritte, kleinere Agglomeration liegt im Raum Hannover/Braunschweig mit nur einem größeren Unternehmen in Hannover-Langenhagen (MTU) und einer starken räumlichen Ballung von F&E-Ressourcen im Raum Braunschweig.
6. *"Wirtschaftliches Gewicht" der Cluster-Betriebe*: Da wir lediglich eine Stichprobe gezogen haben, können wir nur eine Untergrenze des "wirtschaftlichen Gewichts" angeben. Der Umsatz, der von uns erfassten Betriebe beträgt ca. 22 Mrd. DM. Die Zahl der Beschäftigten beläuft sich auf ca. 47.000. Davon entfallen ca. 6,6 Mrd. DM auf den Umsatz mit Kunden aus dem Luft- und Raumfahrzeugbau und schätzungsweise 28.600 MitarbeiterInnen erwirtschaften diesen Umsatz mit L&R-Kunden (L&R abhängig Beschäftigte) (siehe Abbildung 7). Vergleicht man diese Zahlen mit anderen Wirtschaftszweigen, wie beispielsweise dem Großhandel allein in Hamburg (82.000 Beschäftigte), dann zeigt sich, dass das "wirtschaftliche Gewicht" des Clusters gegenwärtig eher gering ist. Das vollständige Cluster könnte in Umsatz und Beschäftigung ein um 15-20% höheres „wirtschaftliches Gewicht“ haben.
7. *Vergleich mit dem LF-Cluster Toulouse/Midi-Pyrénées*: Die Region Nordwestdeutschland ist – entgegen landläufiger Meinung – ein größerer L&R-Standort als die Region Midi-Pyrénées, denn Nordwestdeutschland hat absolut betrachtet deutlich mehr L&R-Beschäftigte als Midi-Pyrénées und auch einen deutlich höheren Anteil an der nationalen L&R-Industrie (siehe Tabelle 4). Aber die Region Midi-Pyrénées ist räumlich stärker auf die L&R-Industrie spezialisiert als die Region Nordwestdeutschland, denn dort ist der Anteil der L&R-Industrie an der gesamten Industrie deutlich höher als in Nordwest-

deutschland. Außerdem hat die Region Midi-Pyrénées mehr Großbetriebe als Systemlieferanten als die Region Nordwestdeutschland. (vgl. Tabelle 2 und Tabelle 5).

Zu B: Beschreibung (einer Stichprobe) des LF-Clusters HH/NW-D

8. *Stichprobe:* Zur detaillierten Beschreibung des LF-Clusters HH/NW-D wird eine zwar nicht repräsentative, aber relevante Stichprobe von insgesamt 257 herangezogen, die rund 90% des Bestellvolumens der Kernbetriebe Airbus und LHT abdeckt. Sie wurde einer detaillierten schriftlichen und/oder mündlichen Befragung unterzogen. Die relativ geringe Beteiligung an den Umfragen ist selbst ein Indiz für ein gering entwickeltes „Clusterbewusstsein".

9. *Industriestruktur nach Betriebsgrößen*: Ein großer Teil des Umsatzes und der Beschäftigung – dies gilt insbesondere für L&R-Umsätze und Beschäftigte – konzentriert sich auf die wenigen größeren Betriebe der Kern-Industrie, und hier wiederum auf die Kern-Großbetriebe. Infolgedessen liegt das "wirtschaftliche Gewicht" im Wesentlichen bei den Kerngroßbetrieben. Der weit überwiegende Teil der übrigen Betriebe setzt sich aus Klein- und Kleinstbetrieben (bis 20 Beschäftigte) zusammen. 50% der Cluster-Stichproben-Betriebe haben weniger als 20 Beschäftigte, auf sie entfallen nur 2% aller Cluster-Beschäftigten (sogar nur 1,2% der L&R-Beschäftigten im Cluster) und nur 2,5% der Cluster-Umsätze (siehe Tabelle 6). Auffallend ist insbesondere die Lücke bei den mittelgroßen (L&R-) Betrieben zwischen 250-500 Beschäftigten. Betriebe dieser Größenordnung sind in vergleichbaren Wirtschaftszweigen typischerweise (Sub-) Systemlieferanten oder Lieferanten größerer Komponenten und stellen einen wesentlichen Teil des Vorumsatzes ihrer Endkunden.

10. *Industriestruktur nach Wirtschaftszweigen*: Die sektorale Struktur zeigt die Dominanz des WZ „Luft- und Raumfahrzeugbau" im Cluster (Stichprobe) und spiegelt u.E. die im Vergleich zu anderen Industrien, bspw. Automobilbau, hohe Wertschöpfungstiefe bzw. einen relativ geringen Grad an Spezialisierung/ Fokussierung innerhalb der Kernbetriebe wider (siehe Abbildung 13). Es ist damit festzustellen, dass der Luftfahrt-Cluster HH/NW-D sowohl in der Betriebsgrößen als auch in der sektoralen Struktur noch unausgewogen ist.

11. *Vertikale Verflechtungen der Kern- und Peripherie-Betriebe aus regionaler Sicht*: Aus regionaler Sicht beziehen die Kern-Betriebe lediglich rd. 20% ihrer Vorleistungen aus der norddeutschen Region! Dabei konzentriert sich der Wert der Vorleistungen auf wenige Zulieferer (siehe Abbildung 14 und 15). Auch die norddeutschen 1st-tier Lieferanten beziehen selbst wieder nur einen geringen Teil ihrer Vorleistungen von 2nd-tier Lieferanten aus Norddeutschland (siehe Abbildung 16)). Insofern gibt es noch eine große "regionale An-

gebotslücke" unter den 1st- und 2nd-tier Lieferanten. Auf der Absatzseite zeigt sich, dass die überwiegende Mehrzahl der weiteren Kunden der Cluster-Betriebe (neben Airbus und LHT) in Norddeutschland ansässig sind (rund 60%) (siehe Abbildung 19). Auf dem Weltmarkt konnten sich die Cluster-Betriebe (ohne Airbus und LHT) kaum durchsetzen; weniger als 6% ihrer Kunden haben ihren Sitz im Ausland. Betrachtet man aber den Umsatzwert, dominieren der norddeutsche und der Auslandsmarkt.

12. *Vertikale Verflechtungen der Kern- und Peripherie-Betriebe aus sektoraler Sicht*: Aus sektoraler Sicht zeigt sich auf Upstream- bzw. Lieferantenseite der Cluster-Betriebe, dass (mit Ausnahme eines Betriebes) die 2nd-tier Lieferantenseite weder auf den WZ L&R noch auf andere WZ mit nennenswerten Bestellwerten ausgerichtet ist. Insofern besteht auch noch eine „sektorale Nachfragelücke". Darüber hinaus zeigt sich, dass die Bestell- und Absatzwerte der gegenwärtigen Cluster-Betriebe mit Betrieben anderer Branchen aus dem Cluster-Raum relativ unbedeutend sind (siehe Abbildung 18). Auf der Downstream- oder Absatzseite ist aus sektoraler Sicht festzustellen, dass die Umsätze der Cluster-Betriebe mit anderen Wirtschaftszweigen als dem WZ L&R vergleichsweise unbedeutend sind (siehe Abbildung 21).

13. *Produkte, Dienste und Kompetenzen*: Schließt man die Kernunternehmen, insbesondere die Werke von Airbus in die Betrachtung ein, dann nimmt innerhalb der technischen Systembereiche der Bereich *Struktursysteme* eine *dominante Stellung* ein. Der zweitwichtigste technische Systembereich ist nach diesen Kriterien der Bereich *Ausstattungssysteme*, gefolgt von dem Bereich Elektrische und elektronische Systeme (siehe Abbildung 23 und Abbildung 24). Dieses Ergebnis ist wenig überraschend, denn es spiegelt lediglich die europaweite Arbeitsteilung innerhalb der Airbus SAS wider, die für die norddeutschen Standorte vornehmlich die Entwicklung und den Bau des Rumpfes, der Seitenleitwerke und der Kabinen sowie die Endmontage und die kunden-spezifische Ausstattung vorsieht (siehe im Detail Kapitel III.B.3.2). Interessanter ist das Ergebnis, dass unter den Nicht-Kernbetrieben der Bereich *Elektrische und elektronische Ausrüstungssysteme*, gemessen an der Zahl der schwerpunktmäßig Beschäftigten, mit 7.973 Beschäftigten die dominante Stellung einnimmt. Es folgt der Bereich *mechanische und hydraulische Ausrüstungssysteme* mit 6.260 Beschäftigten (siehe Abbildung 27).

14. *Positionen in der Zulieferkette:* Die befragten Cluster-Betriebe sehen sich heute weit überwiegend, nämlich ca. 100 der 139 antwortenden Cluster-Betriebe, in der "untersten Position" der Zulieferkette als "Material-, Komponenten- und Dienstelieferanten" angesiedelt und glauben, diese Position auch in Zukunft zu halten. Vergleichsweise wenige Betriebe sehen sich gegenwärtig und zukünftig in der Positionen von (Sub-) Systemlieferant und Geräteherstellern

(siehe Abbildung 34). In Kapitel 0 werden die Zukunftserwartungen bezüglich der Position in der Zulieferkette näher beleuchtet.

15. *Art der Geschäftsbeziehungen und Kooperationen*: Längerfristige Rahmenverträge, sei es mit hierarchischer Einbindung oder mit Selbständigkeit, spielen weder auf der Lieferanten- noch auf der Kundenseite die von uns erwartete wichtige Rolle. Nur jeweils rund ein Viertel der Betriebe, die die Frage beantwortet haben, wickeln mehr als 60% ihres Bestell- oder Absatzwertes mittels längerfristiger Rahmenverträge ab. Die größte Bedeutung haben kurzfristigen (Spot-Markt-) Vertragsbeziehungen. Außerdem ist derzeit ist bei den Betrieben aus der Cluster-Stichprobe eine große Kooperationsaktivität im Wesentlichen nur bei wenigen mittelgroßen (100-249 Beschäftigte) und sehr großen Betrieben (>500 Beschäftigte) mit durchschnittlich 10 Kooperationen feststellbar. Die Mehrzahl der kleinen Cluster-Betriebe (<99 Beschäftigte) haben erwartungsgemäß im Durchschnitt nur wenige Kooperationen (siehe Abbildung 40).

16. *Wettbewerbssituation*: Die weit überwiegende Mehrzahl der kleinen Betriebe hat nur wenige Wettbewerber in räumlicher Nähe, aber viele in räumlicher Ferne (siehe Abbildung 44). Das bedeutet jedoch nicht, dass Sie in Zukunft nicht einem hohen Wettbewerbsdruck ausgesetzt sein werden (siehe im Detail Kapitel 0 und 0).

17. *Innovationsfähigkeit*: Die befragten Betriebe sind überwiegend (58%) dem Bereich „geringwertiger Technik" zuzuordnen, die Betriebe der "Spitzentechnik" (32%) sind überwiegend kleine (Ingenieur-) Betriebe. Es fehlt fast gänzlich das wichtige Segment "höherwertige Technik" (nur 10%) und es fehlen – außerhalb der Kernbetriebe – "kritische Massen" an F&E-Personal (siehe Abbildung 46). Dies kann als Hinweis auf ein überregionales und internationales Sourcing von mittelgroßen Betrieben der "höherwertigen Technik" aus diesem Bereich gesehen werden. (Zu Innovationsbarrieren und –hemmnissen siehe Kapitel III.B.5.3).

18. *Wissensinfrastruktur*: Insgesamt ist das Angebot an Cluster-spezifischer Hochschulbildung und Forschung im Cluster-Raum HH/NW-D – insbesondere auch im Vergleich zum LF-Cluster Toulouse/Midi-Pyrénées (siehe Abbildung 57) - unfokussiert, unkoordiniert und unterfinanziert. Die Personalressourcen haben nur die Größenordnung einer größeren Fakultät (rund 30 Professuren) und konzentrieren sich stark auf den Bereich Systemtechnik. Die Bedeutung der Wissensinfrastruktur und ihr tatsächliches Angebot in Norddeutschland werden von den Kernbetrieben und den Peripherie-Betrieben sehr unterschiedlich beurteilt. Während die Kernunternehmen die Bedeutung beispielsweise von luftfahrtspezifischer Ausbildung und Forschung hoch einschätzen und ihr tatsächliches Angebot schlecht bewerten, ist dies bei den anderen Cluster-Betrieben nicht der Fall (siehe Abbildung 53 und Abbildung

54). Beide Gruppen schätzen allerdings die Verfügbarkeit von qualifizierten MitarbeiterInnen - gemessen an deren Bedeutung - schlechter ein.

Zu C: Agglomerationskräfte im LF-Cluster HH/NW-D

19. *Agglomerationskräfte*: Unter Agglomerationskräfte versteht man jene Kräfte, die Unternehmen augrund eines ökonomischen Vorteils einen Anreiz geben, sich räumlich zu konzentrieren. Im wesentlichen handelt es sich um die Vorteile räumlich naher (1) spezialisierter Lieferanten, (2) anspruchsvoller Kunden, (3) Wettbewerber, (4) Anbieter komplementärer Dienstleistungen sowie um die Vorteile von (5) externen Wissensspillovern, (6) eines differenzierten und breit gefächerten Arbeitsmarkts, (7) des Aufbaus von Vertrauen in den Geschäftsbeziehungen durch „face to face"-Kontake und (8) geringerer Transportkosten. Diese Agglomerationsvorteile sind im Prinzip Quellen cluster-spezifische Wettbewerbsvorteile bei der Produktivität, Innovativität und Gründungsaktivität im Cluster. Ob und in welchem Maße im LF-Cluster HH/NW-D Agglomerationskräfte wirken und cluster-bezogene Wettbewerbsvorteile hervorbringen, ist Gegenstand der empirischen Untersuchung.

20. *Empirische Befunde*: Insgesamt müssen die Agglomerationskräfte im LF-Cluster HH/NW-D gegenwärtig noch als „eher schwach ausgeprägt" eingestuft werden, im Urteil der Primes sogar als nur „schwach". Zwar deuten die Ergebnisse darauf hin, dass von einigen Agglomerationskräften positive Effekte von Betrieben und Einrichtungen in räumlicher Nähe ausgehen können. Aber ein Vergleich der Ergebnisse der Cluster-Betriebe mit den Ergebnissen für die Betriebe der Kontrollgruppe zeigt, dass die Ergebnisse in vielen Fällen nicht *cluster-spezifisch* sind. Außerdem konnte auf der Grundlage der vorliegenden Ergebnisse nur in Bezug auf die Innovationsleistung nachgewiesen werden, dass sie wegen Wissensspillover zu ‚anderen Unternehmen' in geographischer Nähe (Clustering) signifikant und nennenswerten besser ausfällt als bei Nicht-Cluster-Betrieben. Weitere Untersuchungen mit ökonometrischen Verfahren sind notwendig.

21. *Cluster-Vergleich:* Im Urteil der Vertreter der beiden größten L&R Betriebe in den LF-Clustern HH/NW-D und Toulouse/Midi-Pyrénées schneidet Toulouse/Pyrénées insgesamt besser ab als HH/NWD, obwohl in beiden Cluster-Räumen keine starken Agglomerationskräfte zu wirken scheinen. Aber auch dies bedarf einer noch tieferen Untersuchung.

Zu D: Gesamtfazit der Bestandsaufnahme

22. Sehr positiv fällt ins Gewicht, dass (1.) es sich beim Luftverkehr und beim Bau sowie der Reparatur von Luftfahrzeugen um eine innovative Wachstumsbranche handelt (siehe im Detail nächstes Kapitel), (2.)die beiden Kernunter-

nehmen Airbus und LHT globale und marktmächtige Unternehmen in weltweiter Spitzenposition darstellen und in einem lokalen Cluster (Metropolregion Hamburg) stark konzentriert sind, (3.) von diesen Kernunternehmen zukunftsweisende Produkte und Technologien auf der Grundlage herausragender Kompetenzen, insbesondere in den Bereichen Strukturbau, Ausrüstung, Ausstattung und Overhaul, angeboten werden und schließlich (4.) zur Kernindustrie noch eine, wenn auch noch zu geringe Zahl von bedeutenden Systemlieferanten gehören.

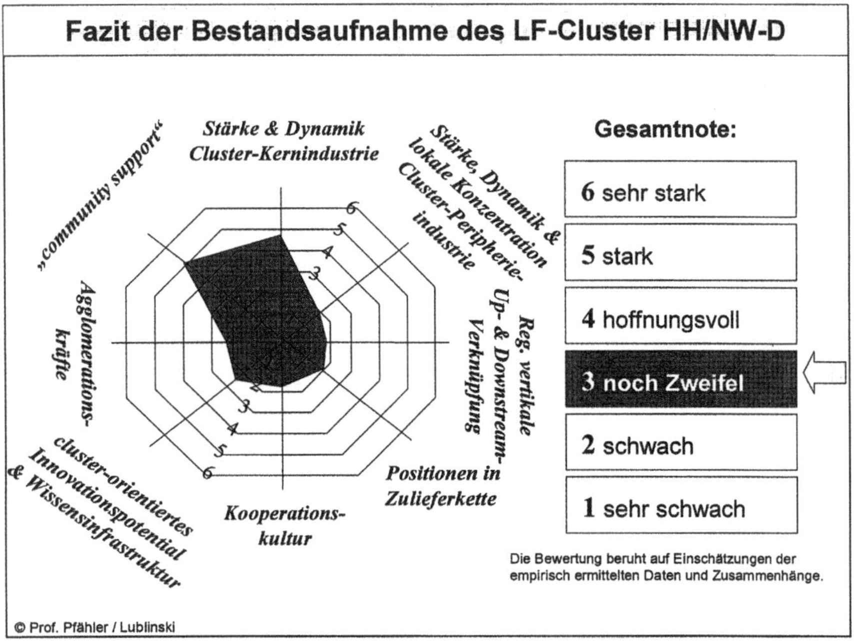

Abbildung 69: Fazit der Bestandsaufnahme

23. Gleichfalls sehr positiv fällt der „local community support“ ins Gewicht. Er findet seinen Ausdruck insbesondere in dem finanziell sehr bedeutsamen staatlichen Investitionsprojekt „Mühlberger Loch“ zur Erweiterung und Bereitstellung von Gewerbefläche für den Luftfahrzeugbau, in der Initiative „Luftfahrtstandort Hamburg“, in der sich Unternehmen der Hamburger Luftfahrtindustrie sowie Verbände, Institutionen und Behörden im Juni 2001 zur Bündelung und Förderung ihrer Luftfahrtaktivitäten zusammengefunden haben, und in der behörden- und verbändeübergreifenden Qualifizierungsoffensive für den Bau und die Wartung von Luftfahrzeugen.

24. Aber der Kernindustrie fehlt es (noch) an „großen Systemshäusern“(mit mehr als 500 Beschäftigten) und die Peripherieindustrie ist weder dynamisch, noch stark entwickelt. Weit überwiegend handelt es sich um Kleinst- und Kleinunternehmen, die in der „untersten Position“ der Lieferkette anbieten, keine „Clusteridentität“ haben und - gemessen an ihrer F&E-Intensität - „low-tech“-Unternehmen darstellen. Entsprechend ist die vertikale und horizontale Verflechtung der Kernunternehmen mit Zulieferern und verwandten Branchen innerhalb des Cluster-Raums (noch) recht gering ausgeprägt. Es gibt große regionale Angebots- und Nachfragelücken im Cluster. Die Primes und ihre wenigen lokalen 1st-tier Lieferanten beziehen ihre Produkte und Dienstleistungen (noch) weit überwiegend nicht aus dem norddeutschen Cluster-Raum und die 1st-tier Lieferanten haben neben den Primes wenige sonstige Absatzmöglichkeiten im Cluster. Der Cluster-Raum weist auch keine besonderen Grad der regionalen Spezialisierung in den von den Primes benötigten (Sub-) Systeme, Komponenten, Geräten und Teilen auf. Außerdem ist die Kooperationskultur im Rahmen langfristiger Rahmenverträge zwischen den Primes, den 1st- und 2nd-tier Lieferanten noch gering entwickelt, insbesondere im Vergleich etwa zur Automobilindustrie.

25. Die Innovationsfähigkeit der Primes und ihrer Lieferanten im Cluster wird nicht durch eine starke, cluster-bezogene Wissensinfrastruktur unterstützt. Die Wissensinfrastruktur ist gegenwärtig nicht fokussiert, unkoordiniert und unterfinanziert. Folgerichtig wird die Wissensinfrastruktur von den Kernunternehmen auch als unzureichend bezeichnet. Insbesondere auch im Vergleich zur konkurrierenden LF-Cluster-Region Toulouse/Midi-Pyrénées fällt der Ressourceneinsatz für cluster-bezogene Forschung, Aus- und Weiterbildung sehr gering aus, obwohl der LF-Cluster HH/NW-D, gemessen an den Beschäftigten, größer ist als der LF-Standort Toulouse/Midi-Pyrénées.

26. Die Agglomerationskräfte im Cluster sind nach Einschätzung der Cluster-Unternehmen (im Vergleich zu einer Kontrollgruppe von Unternehmen außerhalb des Clusters) noch gering ausgeprägt und nicht cluster-spezifisch. Sie bieten den Cluster-Unternehmen am Standort bislang keinen hinreichenden ökonomischen Grund, am Standort zu verharren und Unternehmen außerhalb des Cluster werden nicht von starken Agglomerationskräften in den Cluster-Raum gelockt. Überdies erhöhen die Agglomerationskräfte nur in geringem Maße die Innovationsfähigkeit im Cluster und haben fast keinen Einfluss auf die Produktivität der Unternehmen im Cluster, so dass gegenwärtig noch nicht von der Existenz cluster-bezogener Wettbewerbsvorteile gesprochen werden kann.

27. Der LF-Cluster HH/NW-D ist gegenwärtig kein „Selbstläufer“ und kann sich aus eigenen „Marktkräften“ vermutlich auch in naher Zukunft nicht dazu entwickeln. Vielmehr bedarf der LF-Cluster HH/NW-D weiter der wirtschaftspo-

litischen Unterstützung und der unternehmenspolitischen Entwicklung. Aber bevor diese konkretisiert und zu einer Vision verdichtet werden können, sind die Perspektiven des Clusters zu analysieren.

III. Perspektiven im Luftfahrt-Cluster HH / NW-D

A. Übersicht, Fragestellungen und Methode

Im gegenwärtigen Entwicklungsstand hat der LF-Cluster HH/NW-D, wie die Bestandsaufnahme in Kapitel II ergeben hat, noch nicht die „kritische Masse“, die alleine ausreichen würde, einen sich selbst verstärkenden Entwicklungsprozess zu tragen. Infolgedessen stellt sich die Frage, wie sich die Perspektiven im Umfeld des LF-Clusters entwickeln, insbesondere die Frage, ob diese Entwicklungen im Umfeld eher bessere Chancen als neue Risiken im LF-Cluster bieten und somit das Wachstum und die Profitabilität im LF-Cluster eher stärken oder schwächen.

Unser Interesse gilt hierbei den Umfeldtrends aus der Sicht der *LF-Zulieferindustrie* und damit den Chancen und Risiken dieser Industrie. Aus Gründen, die später deutlich werden, richten wir hierbei das Augenmerk vor allem der *Cabin Systems Industry* (bzw. *Cabin Interior Industry*). Wir setzen voraus, dass die strategischen bzw. Konzernentwicklungsableitungen der Primes über ausreichend viele und detaillierte Informationen über die Entwicklung im Umfeld dieser Unternehmen verfügen. Bei der Zulieferindustrie ist damit nicht zu rechnen; diesen fehlen in aller Regel Ressourcen und ökonomischer Sachverstand für eigenständige strategische Umfeldanalysen.

Konkret werden die folgenden Fragen in diesem Kapitel untersucht (Abbildung 70):

1. *Nachfragetrends*: Wie entwickelt sich die die Nachfrage nach Flugverkehrsdienstleistungen, insbesondere nach Passagier- & Frachtverkehrsdienstleistungen und die daraus abgeleitete Nachfrage nach Fluggerät, Wartung & Refurbishing sowie nach Produkten/Diensten der LF-Zulieferindustrie? Wovon hängt dies ab? Konkret handelt es sich hierbei immer um eine aus der Endnachfrage nach Transportdienstleistungen abgeleitete Nachfrage nach Verkehrsträgern (z.B. Flugzeugen) und deren Teilen. Diese Struktur der abgeleiteten Nachfrage soll hier aufgezeigt, und die verschiedenen Segmente der abgeleiteten Nachfrage sollen identifiziert werden. Unser besonderes Augenmerk gilt der Unterscheidung in der Niveau- und der Strukturentwicklung der Nachfrage. Wie zu zeigen sein wird, eröffnen insbesondere die strukturellen Nachfrageverschiebungen im Flugverkehr besondere Entwicklungschancen für den LF-Cluster HH/NW-D.

2. *Technologie- und Innovationstrends*: Welche Herausforderungen und Chancen bieten die Technologie- und Innovationstrends für die LF-Zulieferindustrie, insbesondere in Bezug auf neue Design- und Engineering-Methoden, neue Materialien, neue Beschaffungslogistik, neue Fertigungsmethoden, neue Module, (Sub-) Systeme, neue Fluggeräte und neue Wartungs-,

Steuerungs-, Regelungs- und Kontrollsysteme. Liegen die Kompetenzen im Cluster vor, diesen Trends zu folgen oder sie gar zu bestimmen?

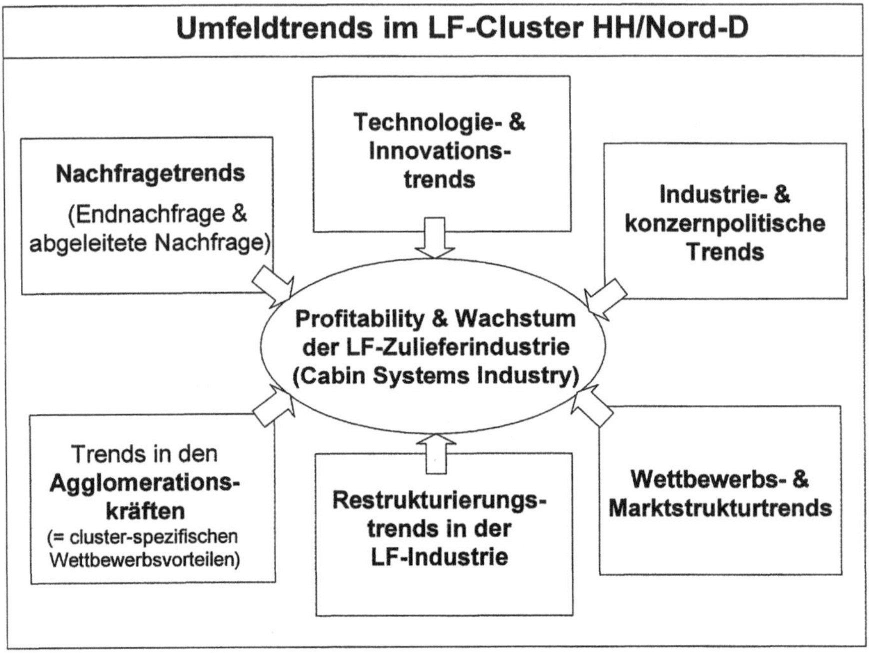

Abbildung 70: Umfeldtrends im LF-Cluster HH/NW-D

3. *Trends in den industrie- und konzernpolitischen Rahmenbedingungen*, wobei die industriepolitischen Rahmenbedingungen insbesondere die staatlichen Hilfen im Bereich von Forschung & Entwicklung und staatliche Export(finanzierungs)hilfen auf EU- und Bundesebene betreffen, während die konzernpolitischen Rahmenbedingungen sich vor allem auf die internationale bzw. europäische Arbeitsteilung der *work shares* zwischen den Standorten der Global Players beziehen. Begünstigen politische Entwicklungen und Entscheidungen im Umfeld der L&R-Industrie die Entwicklung im LF-Cluster HH/NW-D? Gibt es konzernpolitische Rahmenbedingungen in den Primes (Airbus, LHT), die dem Standort und damit der LF-Zulieferindustrie Chancen oder Risiken eröffnen?

4. *Marktstruktur- und Wettbewerbstrends*, insbesondere in Bezug auf die Nachfragemacht der Abnehmer von LF-Produkten, die Intensität des Wettbewerbs durch aktuelle Konkurrenten im Markt, die Bedrohung durch potentielle Kon-

kurrenten, die Marktmacht der Zulieferer und die Bedrohung durch Ersatzprodukte und –technologien: Wie entwickelt sich die Nachfragemacht auf Seiten der Kunden der LF-Zulieferindustrie? Wird mit einem Margen- und Innovationsdruck zu rechnen sein? Wie intensiv ist der Wettbewerb zwischen den Anbietern im Markt? Stehen Konkurrenten vor der Tür, die Marktanteile streitig machen könnten? Gibt es Ersatzprodukte oder Technologien, die die gegenwärtige Produktpalette der LF-Zulieferindustrie veralten lassen?

5. *Restrukturierungstrends*, insbesondere die Konzentration der Endabnehmer, die Veränderung der vertikalen und horizontalen Integration dieser Endabnehmer und die damit einhergehende Änderung der Beschaffungspolitik: Wie entwickelt sich die L&R-Industrie selbst? Welche Änderungen im vertikalen und horizontalen Integrationsgrad und bei der Beschaffungspolitik sind zu erwarten? Bieten diese Entwicklungen Chancen, in höhere Positionen der Lieferkette mit umfangreichem Produkt- und Dienstleistungsangebot zu rücken, oder verändert die Restrukturierung der L&R-Industrie die bisherigen „Spielregeln des Wettbewerbs und der Zusammenarbeit" in einer für die Zulieferindustrie gefährlichen Weise?

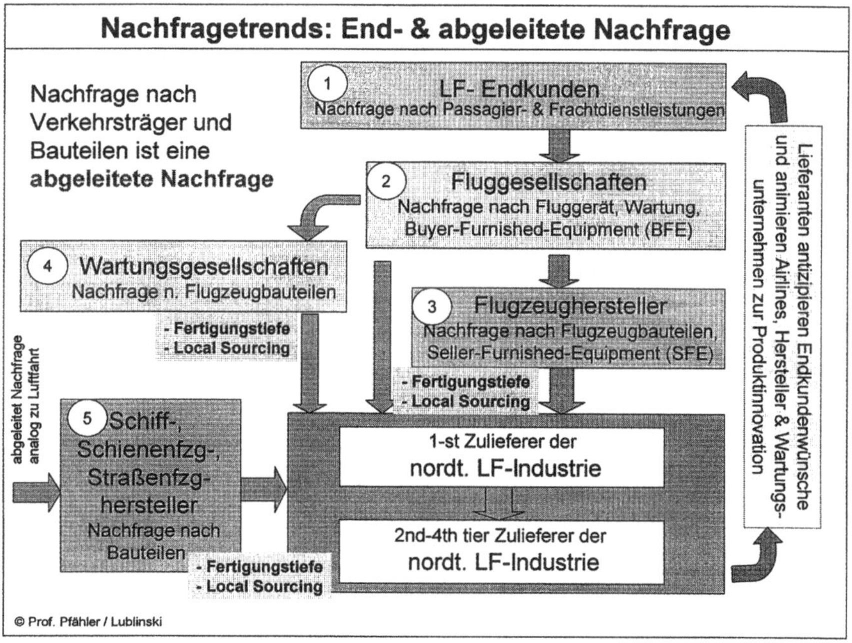

Abbildung 71: Nachfragetrends: Endnachfrage und abgeleitete Nachfrage

Alle genannten Trends und Fragen werden auf der Grundlage einer ökonomischen Analyse und den Einsichten und Einschätzungen von Experten, die im Rahmen von Experteninterviews mündlich und schriftlich sehr ausführlich befragt wurden (siehe Danksagung im Anhang), analysiert und beantwortet. Am Ende fassen wir die Ergebnisse zusammen und stellen die Frage, ob die Analyse der Perspektiven, Chancen und Risiken bestimmte Schlussfolgerungen für eine veränderte strategische Ausrichtung oder Gewichtung der Zulieferindustrie im LF-Cluster nahelegen?

B. Umfeldtrends in der LF-(Zuliefer-)Industrie

1. Nachfragetrends: End- und abgeleitete Nachfrage

Die Nachfrage nach Produkten/Diensten der Cluster-Unternehmen, insbesondere der Zulieferfirmen, ist eine abgeleitete Nachfrage (siehe Abbildung 71). Sie ist abgeleitet aus der

- Endnachfrage nach Transportdienstleistungen für Passagiere und Fracht
- und der korrespondierenden Nachfrage von Airlines & anderen Unternehmen/Kunden nach Fluggeräten, Wartungs- & Reparaturleistungen.

Konkret bedient die Cluster-Zulieferindustrie die abgeleitete Nachfrage von vier Kundensegmenten:

- die Nachfrage der Flugzeughersteller nach Produkten und Diensten zur Herstellung von Flugzeugen und zur Ausrüstung und Ausstattung im Rahmen des Buyer-Furnished-Equipment (BFE) (siehe Abbildung 72),
- die Nachfrage der Airlines und anderer Unternehmen nach Produkten und Diensten im Rahmen des Seller-Furnished-Equipment (SFE) (siehe Abbildung 72),
- die Nachfrage der Wartungs- & Reparaturfirmen für Flugzeuge nach Produkten und Dienstleistungen,
- und die Nachfrage der Herstell-, Wartungs- und Reparaturfirmen anderer Verkehrsträger (Schiffe, Bahnen, Fahrzeuge).

In welchem Maß die LF-Clusterindustrie in HH/NW-D von der End- und abgeleiteten Nachfrage in den vier Kundensegmenten profitiert, hängt zusätzlich ganz wesentlich ab

- von der *Wahl der Fertigungstiefe* ab, d.h. davon, ob und in welchem Ausmaß die Hersteller, Airlines, Wartungs- und Reparaturfirmen Aufträge an Fremdfirmen vergeben,

- und vom *Grad des Local Sourcing*, d.h. davon, ob diese Fremd-Aufträge an Firmen im oder außerhalb des räumlichen Cluster HH/NW-D vergeben werden.

Zusätzlich hängt die Nachfrage der Zulieferer

- von den eigenen Innovations- und Marketinganstrengungen ab
- und davon, inwieweit es ihnen - auf der Grundlage einer sorgfältigen Analyse von Endkundenwünschen - gelingt, die Hersteller, Airlines und Wartungsfirmen zu Produktinnovationen (bei Materialeinsatz, Fertigungsverfahren, Modulen, Systemen oder anderen Problemlösungen) zu bewegen.

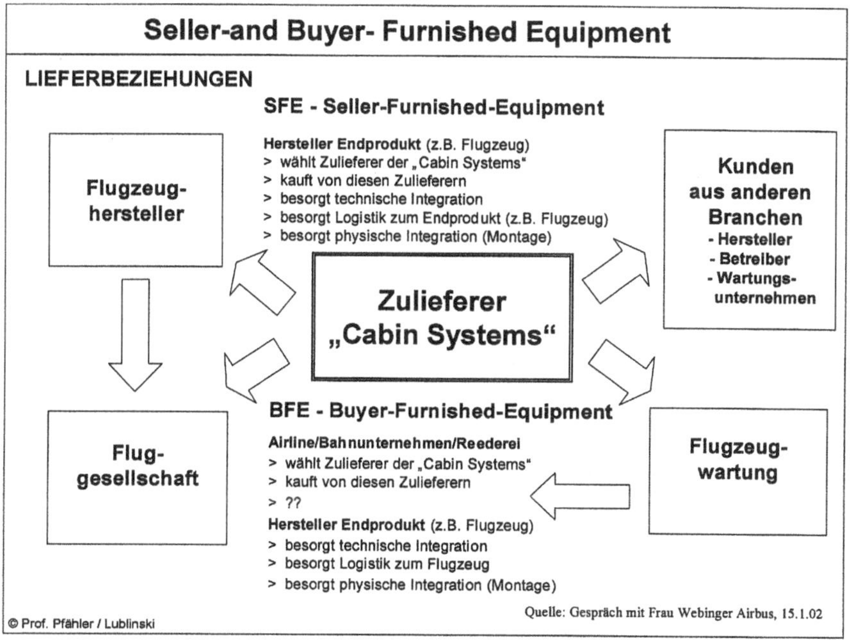

Abbildung 72: Seller- und Buyer-Furnished Equipment

Für die Zwecke der Nachfrageanalyse macht es Sinn, zwischen dem *Niveau* des Nachfragewachstums und Veränderungen in der *Struktur* der Nachfrage zu unterscheiden.

1.1. Nachfrageniveau

Endnachfrage nach Flugverkehrsdienstleistungen

Eine Auswertung der von den Luftfahrtverbänden und den Flugzeugherstellern[36] erstellten mittel- bis langfristigen Marktprognosen führt zu folgenden wesentlichen Ergebnissen:

- Es wird in den nächsten 10-20 Jahren - gemäß der ICAO-, FAA- und IATA-Prognosen - weiterhin ein langfristiges Wachstum im gesamten Flugverkehr von 4-6% p.a. erwartet (siehe Tabelle 21).
- Das Wachstum des Passagierverkehrs (3-6 % p.a.) fällt dabei – gemäß der Airbus- und Boeing-Prognosen - vermutlich geringer aus als das des Frachtverkehrs (4-8 % p.a.) (siehe Tabelle 21).
- Die Nachfrage nach Direktverbindungen (im Regionalverkehr) und nach Corporate Business Air Traffic steigt (wieder).

Die Prognosewerte stammen zwar aus der Zeit vor dem Anschlag auf das World Trade Center in New York (11.9.01). Nach aller Voraussicht wird sich aber die Luftfahrt von diesem vorübergehenden Einbruch wieder erholen und langfristig im Trend leicht über dem Wachstumstrend des Bruttosozialprodukts der hoch entwickelten (OECD-) Länder liegen.

Abgeleitete Nachfrage nach Flugzeugen, Wartung und Overhaul

Aufgrund des prognostizierten Wachstums des Flugverkehrs[37]

- verdoppelt sich die Passagierflugzeugflotte (Groß- und Regionalflugzeuge) in den nächsten 20 Jahren,
- während sich die Frachtflugzeugflotte in den nächsten 20 Jahren sogar verdreifachen wird.
- Dies geht mit einer entsprechend wachsenden Nachfrage nach Wartung und Overhaul einher (siehe weiter unten).

---

[36] Siehe http://www.airbus.com/pdf/media/gmf2001.pdf, http://api.hq.faa.gov/foreca01/Tabofcont.htm, http://www.boeing.com/commercial/cargo/cargo04.html

[37] Siehe http://www.airbus.com/pdf/media/gmf2001.pdf, http://api.hq.faa.gov/foreca01/Tabofcont.htm, http://www.boeing.com/commercial/cargo/cargo04.html

Luftverkehrsprognosen Prognose der durchschnittl. Jahres-Wachstumsraten (vor 11.9.01)			
ICAO-Prognose [1]	*1999-2010*		
Passagierverkehr:	4,5% (High: 6%,	Low 3%)	
Luftfracht	6 % (High: 8%,	Low 4%)	
Airbus-Prognose [2]	*1999-2008*	*2009-2019*	*1999-2019*
Passagierverkehr:	5,2%	4,6%	4,8%
Luftfracht:	6,1%	5,3%	5,7 %
Boeing-Prognose [3]	1999-2019		
Luftfracht:	6,4% (High: 7%,	Low 5,8%)	
FAA-Prognose [4]	2000 - 2012		
Passagierverkehr:	5,3%		
Luftfracht:	5,0%		
IATA-Prognose5			
gesamter Luftverkehr: 5 - 6 %			

Quellen:

[1] ICAO (2001): Outlook for Air Transport to the Year 2010, Montreal

[2] Airbus (July 2000): Global Market Forecast 2000-2019

[3] Boeing (2000) World Air Cargo Forecast 2000/2001

[4] FAA (2000): FAA Aerospace Forecasts Fiscal Years 2001– 2012

[5]IATA (2000)

Tabelle 21: Luftverkehrsprognosen

Nachfrage nach VIP & Executive Jet Services

Ein besonderes Nachfragesegment stellen die VIP & Executive Jet Services dar, die von der LHT AG im weltweiten Quasi-Monopol angeboten werden. Hierbei handelt es sich um den kundenspezifischen Innenausbau von „leeren" Groß-, Regional- und Business-Flugzeugen im Luxussegment. Die Nachfrage nach diesen VIP & Executive Jet Services steigt deutlich überproportional zur Einkommensentwicklung. Öffentlich zugängliche Daten stehen für dieses Nachfragesegment allerdings nicht zur Verfügung.

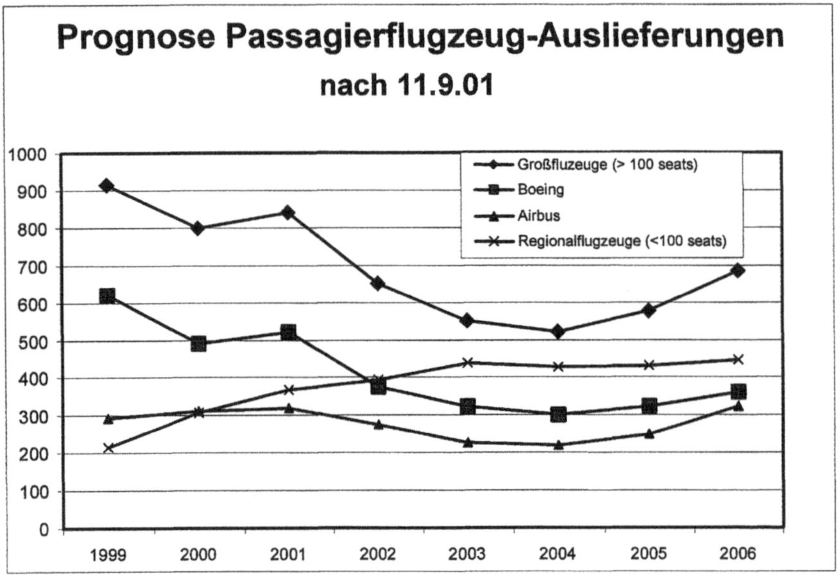

(Quelle: J.P. Morgan Equity Research)

Abbildung 73: Nachfrage nach Passagierflugzeugen (Morgan-Prognose)

1.2. Nachfragstruktur

Flugverkehrs- und Flugzeugnachfrage

Stärker als das Nachfrageniveau wird sich in Zukunft die Nachfragestruktur entwickeln. Das ist im Wesentlichen auf die folgenden *Strukturtrends der Nachfrage* zurückzuführen:

- Stärkere Produktdifferenzierung zwischen den Fluggesellschaften im Rahmen einer verstärkten Marken- bzw. Corporate Identity-Policy.
- *Stärkere Qualitätsdifferenzierung* durch Upgrading, Komplettierung und Kundensegmentierung im Komfort und Service, insbesondere in Bezug auf
  - *Sitze und Bewegungsräume*: Sitzkomfort, Schlafliegen, Bar-, Fitnessräume etc.
  - *In-Flight-Entertainment*: Video-on Demand, Games, e-shopping, e-learning,
  - *Passenger Communication*: Elektronische Medien für Pax & Crew (Breitband Communication Boden-Flugzeug), schließt ein: Internet, Datentransfer, Telephony
  - *Catering*: Menuwahl - Variabilität, Servicefrequenz, Self-Service
  - *Sanitärbereich*: Duschen, getrennte Urinale und Waschräume
  - *Emotionale Erfahrung*: durch Design, Material, Oberfläche, Farbe, Licht („mood lightening"), Sound, etc.
- *Passagiergruppenspezifische Service-Angebote* für Senioren, Frauen [im Orient], Kinder, Vereine, Manager, Behinderte etc.
- Höhere Gesamtwirtschaftlichkeit
  - generell: Sitzmeilenkosten pro A/-Generation um 20-30% niedriger, bei steigendem Funktionsumfang
  - speziell: rationelle und Kosten sparende Kabinenmodule, Service erleichternde Gestaltung und neue Oberflächen (Putzzeiten)
  - Maintenance Tools (Electronic Cabin Logbook).
- Höhere Crash-Sicherheit bei Cabin Interior
- Bessere Umweltverträglichkeit („Green Airplane") durch
  - Reduzierung von Energieverbrauch (z.B. durch Gewicht sparende „Leichtbauweise", Strom sparende LED-Technologie, etc) auch im Rahmen des EU-Projekts TANGO"
  - recyclingfähige Ausstattungen
  - verbesserte Abfallentsorgung (Waste Management)
  - verbesserte Wasser- & Abwasseraufbereitung (Mehrfachnutzung)
  - Reduzierung von Emission (auch im Rahmen des EU-Projekts TANGO).

Diese *Nachfragestrukturtrends* beziehen sich allesamt auf die Innenausstattung von Flugzeugen. Diese wird im Folgenden unter „Cabin Systems“ bzw. „Cabin Interior“ zusammengefasst und beinhaltet die in Abbildung 74 identifizierten Systeme. Die *Nachfragestrukturtrends* haben zur Folge, dass der Umsatzanteil, der während der Lebensdauer von Flugzeugen auf die Cabin (Interior) Systems von Flugzeugen entfällt, im Zeitablauf stark zunehmen wird. Über den gesamten Lebenszyklus des Flugzeugs (von rund 30 Jahren) wird die *cost of ownership* rund das 1,6-1,8-fache des Herstellpreises ausmachen, d.h. die über die Lebensdauer kumulierten Ausgaben für die Erst- und die Zusatzausstattungen machen rund 60-80 Prozent des Herstellpreises aus (siehe Abbildung 75).

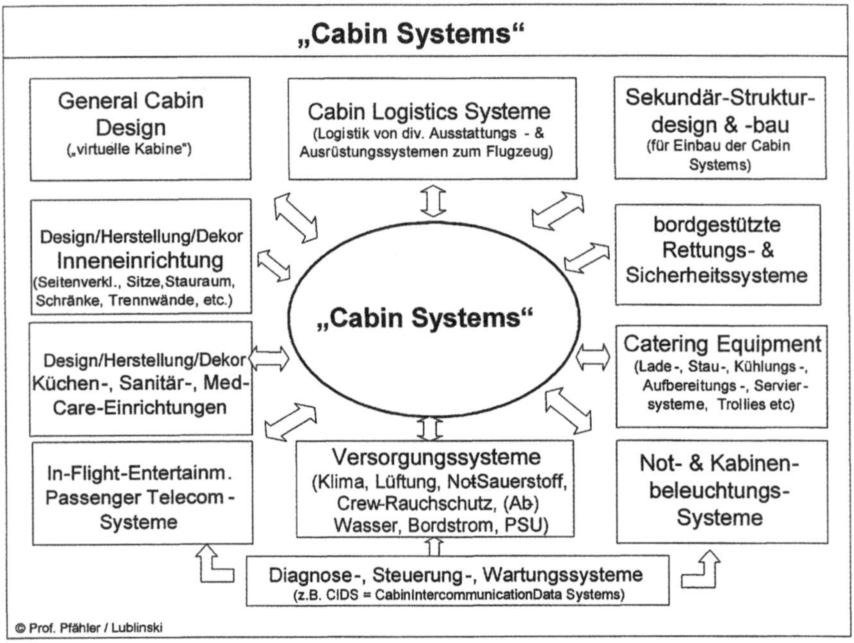

Abbildung 74: "Cabin Systems"

Nachfrage nach Overhaul (Cabin Modification)

Auch die laufende Nachfrage im Bereich *Overhaul* (Modification) wird von der sich wandelnden Nachfragestruktur im Bereich „Cabin Systems“ erfasst. Es wird – parallel zur qualitativen Aufrüstung und differenzierender Ausstattung im „Neuflugzeuggeschäft“ – auch im Bereich von „Gebrauchtflugzeugen“ eine

- steigende Nachfrage nach „qualitativer Aufrüstung im Komfort und Service" über Flottengenerationen von Groß- und Regionalflugzeugen,
- insbesondere eine steigende Nachfrage nach besserem In-Flight-Entertainment und der Passenger Communication
- und eine steigende Nachfrage nach höherem Luxus in Design, Materialien und Finishing

zu beobachten sein (siehe Abbildung 76).

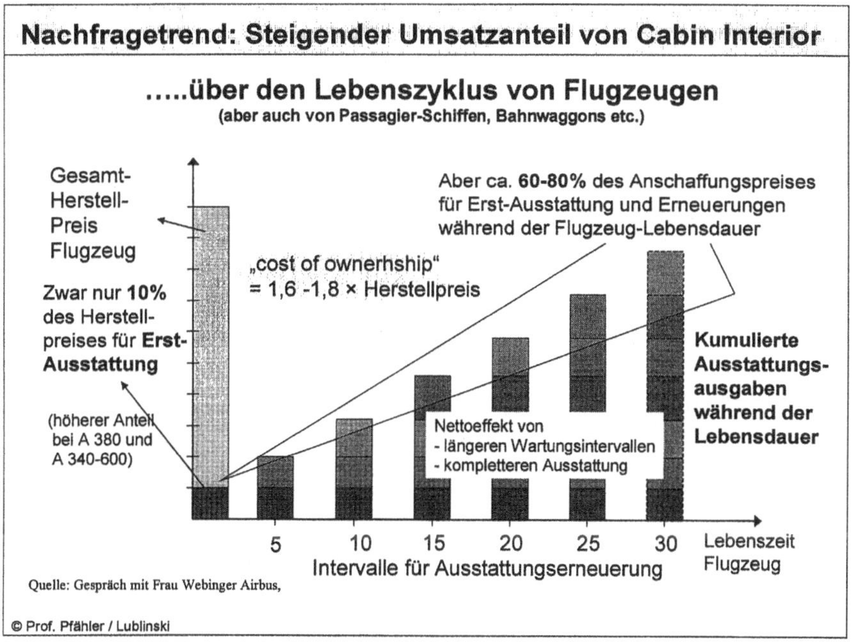

Abbildung 75: Umsatzanteil Cabin Interior

Abgeleitete Nachfrage nach LF-ähnlichen Produkten/Diensten der Zulieferindustrie für andere Branchen

Betrachtet man den Innenausbau von Schiffen, Bahnwaggons, Reisebussen etc., entdeckt man zahlreiche Ähnlichkeiten in - und natürlich auch gravierende Unterschiede zu - den technischen Problemstellungen, dem Engineering und den Modulen der dort eingesetzten „Cabin Systems" mit jenen vom Luftfahrzeugbau. Das hat bereits in der Vergangenheit dazu geführt, dass eine Reihe von Zulieferfirmen des LF-Clusters HH/NW-D auch F&E- sowie Lieferbeziehungen mit den Herstellern anderer Verkehrsträger aufgenommen hat. Gegenwärtig ist insgesamt nur ein geringes Ausmaß an branchenübergreifender Aktivität zu beobachten. Die Ursachen dafür und die Probleme einer Überwindung von Branchengrenzen werden im Detail später (siehe Kap. IV.A.4) untersucht. Hier ist festzustellen, dass die abgeleitete Nachfrage nach LF-ähnlichen Produkten/Diensten der Zulieferindustrie für andere Branchen abhängt von

- dem Niveau und Struktur der Nachfrage nach anderen Verkehrsdienstleistungen und Verkehrsträgern (Schiffen, Bahnwaggons etc.),
- insbesondere der Nachfrage nach Design, Konstruktion, Fertigung & Assembly der „Leichtbauweise" in anderen Verkehrsträgern, wie
  - Schienen- und Straßenfahrzeuge zur Verbesserung der Beschleunigung,
  - militärischer und Kreuzfahrt-Schiffbau zur Erhöhung der Stabilität oder Verringerung des Tiefgangs bei schweren und hohen Aufbauten,

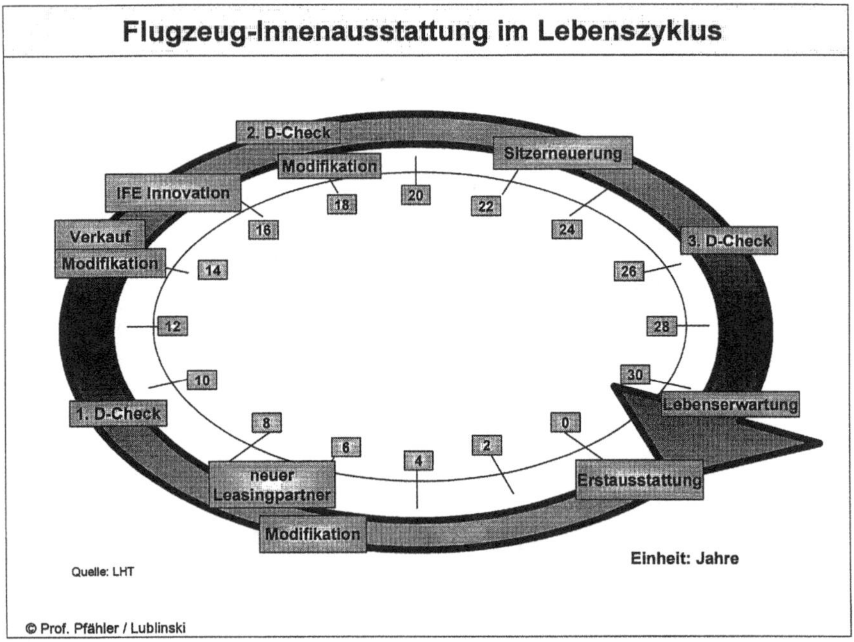

Abbildung 76: Flugzeug-Innenausstattung im Lebenszyklus

- und der Nachfrage nach Produkten/Diensten im Bereich Ausstattung (Cabin Systems),
- sowie von der Fertigungstiefe (Make or Buy) und dem Grad von Local Sourcing der Schienen-, Straßenfahrzeughersteller und Werften.

Eine detaillierte Analyse der Nachfragepotentiale in diesen Bereichen wird hier nicht angestellt.

1.3. Zwischenfazit

1. Die Nachfrage nach Passagier- und Frachtdienstleistungen wird in den kommenden 10-20 Jahren in hoch entwickelten Ländern stärker wachsen als die Gesamtnachfrage (Bruttosozialprodukt).
2. Dies geht mit einer Verdopplung der Nachfrage nach Passagierflugzeugen und einer Verdreifachung der Nachfrage nach Frachtflugzeugen einher. Entsprechend entwickelt sich die Nachfrage nach Wartung und Overhaul.
3. Im Spezialsegment der VIP & Executive Jet Services ist weiterhin mit einer im Verhältnis zur Einkommensentwicklung überproportionalen Nachfrageentwicklung zu rechnen.
4. Noch bedeutsamer als die Niveau- sind die Strukturveränderungen der Nachfrage. Diese wirken sich vor allem positiv auf die Nachfrage nach Cabin Systems aus. Stärkere Produktdifferenzierung und Kundensegmentierung, höhere Qualitätsdifferenzierung, höhere Kabinenwirtschaftlichkeit, Crash-Sicherheit und Umweltverträglichkeit bedingen steigende Umsatzanteile von Cabin Systems am Gesamtsystempreis von Flugzeugen.
5. Systemlösungen, Leichtbauweise und Module von Cabin Systems finden – in modifizierter Form – auch verbesserte Einsatzmöglichkeiten bei anderen Verkehrsträgern, insbesondere beim Kreuzfahrtschiffbau, Militärschiffbau und (beschleunigungsrelevanten) Bahnwaggonbau.
6. Schließlich gibt es, wie in Kapital II.B.2 der Studie dargelegt, noch große regionale Angebotslücken für Lieferungen von 1st- und 2nd-tier Lieferanten bei der Herstellung und Wartung von Flugzeugen.
7. Die genannten Angebotslücken und die weitere Nachfrageentwicklung (in Bezug auf Niveau und Struktur) eröffnen der Kern- und Peripherieindustrie des LF-Clusters im Prinzip außerordentlich gute Wachstumschancen.

2. Technologie- und Innovationstrends

2.1. Trends entlang der Wertkette

Technologie- und Innovationstrends werden einerseits von den Nachfragetrends selbst induziert (*demand-pull innovation*), andererseits resultieren sie aus dem Bemühen der Anbieter, ihre Kunden von überlegenen Problemlösungen bzw. Produkte oder Dienstleistungen zu überzeugen (*technology-push innovation).* Diese doppelte Ursache von Technologie- und Innovationstrends findet sich auch in der L&R- und der ihr zugehörigen Peripherindustrie.

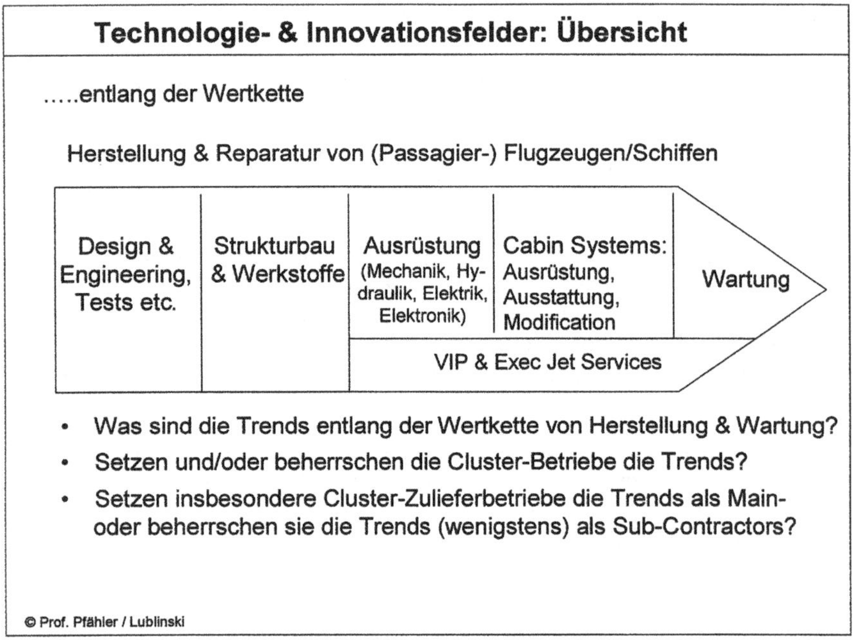

Abbildung 77: Technologie- und Innovationsfelder

Die folgenden Ergebnisse zu den Technologie- und Innovationstrends im LF-Cluster HH/NW-D beruhen im Wesentlichen auf Experteninterviews. Grundlage und Ausgangspunkt der Befragungen war die Wertkette für die Herstellung & Reparatur von Flugzeugen (und anderen Verkehrsträgern) (siehe Abbildung 77).

Design & Engineering (Flugzeug- & Kreuzfahrtschiffbau)

Im Bereich von *Design & Engineering* sind aus Expertensicht die folgenden Technologie- und Innovationstrends von besonderer Bedeutung:

- die Entwicklung großer internationaler „Industrial Design Systemhäuser“,
- die Einführung und Weiterentwicklung von 3D-CAD-Methoden (CATIA) in Strukturbau, Ausrüstung und Ausstattung zum Zwecke der Systemintegration und Collusion Control (bei Airbus erstmals für A 380),
- die Roboterfertigung (CIM) auf der Grundlage von 3D-CAD-Methoden,
- das effiziente Prototyping und die Mock-up Fertigung auf der Grundlage von 3D-CAD-Methoden,
- die Möglichkeit einer wirtschaftlichen Kleinserienfertigung mit Hilfe von 3D-CAD-Methoden,
- die Entwicklung einheitlicher Plattformen (Modularität),
- schnellere Entwicklungszyklen und verkürzte Time-to-Market,
- die virtuelle 3D-Realität in Design (F&E-Beispiel: „Virtuelle Kabine“),
- die Entwicklung und Beherrschung von Unfallszenarien (Forschung, Herstellung, Test/Prüfung).

Strukturbau & Werkstoffe (im Flugzeug- & Kreuzfahrtschiffbau)

Im Bereich von *Strukturbau & Werkstoffe* sind aus Expertensicht die folgenden Technologie- und Innovationstrends von besonderer Bedeutung:

- die Homogenisierung der Methoden, Werkstoffe etc. im Strukturbau bei allen Herstellern,
- der vermehrte Einsatz der Laser-Schweißrobotertechnik (auf der Grundlage neuer Aluminiumverbindungen),
- das Friction Stir Welling,
- die Standardisierung (Lean Production) und bewegliche Endmontagelinien (Flexibilisierung) – ähnlich zum Automobilbau,
- beschleunigte Entwicklung und vermehrter Einsatz von weiteren Kohlefaser- und Metall-Glasfaser-Verbundwerkstoffen (neben CFK und Glare), die den Anforderungen (1) Leichtigkeit, (2) Wechselbelastungsfähigkeit, (3) FST (Fi-

re, Smoke, Toxity)-Resistenz, (4) Crash-Tauglichkeit und (5) Wirtschaftlichkeit genügen[38].

Ausrüstung (mechanisch, hydraulisch, elektrisch, elektronisch)

Im Bereich von *mechanischer, hydraulischer, elektrischer und elektronischer Ausrüstung* sind aus Expertensicht die folgenden Technologie- und Innovationstrends von besonderer Bedeutung:

- die höhere Integration der Systeme,
- abgesicherte Funktionen, einfachere Bedienung, neue Funktionen (Risiko: Softwareentwicklungskosten, fehlerfreie Software),
- Cockpit-Automatisierung und Outfitting (sekundäre Funktionen intern steuern, sicherheitsrelevante Maßnahmen, regenerative Betreuung des Cockpit- und Kabinenpersonals, FMS, INS, WXRadar, (E)GPWS, TCAS, GPS, MMR ...,
- bessere Unterstützung aller Servicefunktionen (z.B. automatische Kabinenreinigung, Self-Service),
- stärkere Beachtung/Integration der „maintenability",
- „Sicherheitspaket" (Zugangsidentifikation, Personenbetreuung, Übernachtung an Bord, etc.).

Ausrüstung, Ausstattung, Modifikation von Cabin Systems

Im Bereich der *Ausrüstung, Ausstattung, Modifikation der Cabin Interiors* sind aus Expertensicht die folgenden Technologie- und Innovationstrends von besonderer Bedeutung:

- Online Aircraft Maintenance zur integrierten Steuerung, Regelung & Wartung der Kabinenversorgungssysteme (Klima, Licht, Wasser, Strom etc.),
- modernes In-Flight-Entertainment (IFE) und Passenger Communication (z.B. mehrsprachige Benutzeroberflächen, Breitandkommunikation zum Flugzeug, Onboard Multipurpose Information Systems, progressive scan gas plasma displays (up to 42"), Laptop Power im Sitz, Video control centers (VCC) mit

---

[38] Beim Bau des A 380 ist der Einsatz von leichtgewichtigen Werkstoffen bereits in folgenden Teilen vorgesehen: Seitenleitwerk, Seitenruder, hinteres Druckschott, hintere Rumpfsektion, Höhenleitwer, Höhenruder, Flügelverkleidung, zentraler Flügelkasten, mittlere und äußere Vorflügel, Rippen des äußeren Tragflügels, Verstrebungen des Oberdecks und obere Rumpfverkleidung.

Video-on-demand, e-Shopping, e-learning, AVOD, Modular Rack System, Passenger Telephone Systems),

- 3D-CAD (CATIA) und CIM zum Zwecke der Systemintegration & Collusion Control
- Leichtbauweise mit neuen Werkstoffen (Honeycomb, Glare, etc.),
- höchste optische & haptische Oberflächenqualität,
- hohe ergonomische Gebrauchsqualität (z.B. bei Sitzen, Liegen, Toiletten, Küchen, etc),
- kreative Lichtgestaltung (mood-lightening), LED-Technologien,
- höhere Crash-Sicherheit: Unfallszenarien, Fertigungsmethoden & Werkstoffe,
- höhere Umweltverträglichkeit,
- Optimierungen der Mensch/Maschinen-Schnittstellen (für Piloten, Bordpersonal, Passagiere).

Wartung

Im Bereich der *Wartung* sind aus Expertensicht die folgenden Technologie- und Innovationstrends von besonderer Bedeutung:

- vermehrt Online Aircraft Maintenance oder health monitoring (mit Hilfe von Telemetrie) anstatt „scheduled maintenance" (vergleichbar zu telemetrischer ICE-Wartung),
- kürzere Overhaul-Dauer durch bessere Beherrschung komplexer Systemabläufe.

2.2. Kompetenzen im LF-Cluster HH/NW-D

Unser Interesse galt zusätzlich der Frage, ob Unternehmen im LF-Cluster diese Technologie- und Innovationstrends selbst als Main-Contractors in Gang setzen bzw. beherrschen, oder, falls diese Frage verneint wurde, ob sie zumindest als Sub-Contractor und Anwender mit diesen Trends kompatible Problemlösungen bzw. Produkte oder Dienstleistungen anbieten können. Die Experteninterviews lassen die folgenden Feststellungen zu:

- Die Primes (Airbus, LHT) betreiben F&E, setzen Technologie- und Innovationstrends zu neuen Materialien, technischen Systemen und Fertigungsmethoden und beherrschen diese im Assembly. Das gilt aber nur in ausgewählten Bereichen.
- In der Cluster-Zulieferindustrie gibt es kaum F&E und kaum Fähigkeiten zur Systemintegration (als Main-Contractor). Eine Reihe von Design & Eng. Bü-

ros beherrschen moderne 3D-CAD Techniken und haben gute Chancen als Sub-Contractor. Einige KMUs des LF-Clusters sind Markt- und Technologieführer im Assembly (nicht in F&E, Design) von Cabin Systems und haben hohe Fähigkeiten und Chancen als Sub-Contractor.

2.3. Zwischenfazit

1. Es gibt im Prinzip gute bis sehr gute Chancen bei der Entwicklung und Anwendung neuer Technologien, Materialen, Werkstoffe, Verfahren, Design- und Systemlösungen im Luftfahrzeugbau.
2. Besonders gut sind die Chancen in den Bereichen Design, Strukturbau und Ausrüstung, Ausstattung und Modifikation von Cabin Interiors. In diesem Bereich gibt es bereits Technologie- und Marktführer im Cluster als Sub-Contractors.
3. Aber für die Entwicklung und Erprobung dieser neuer Technologien fehlen außerhalb der Primes der LF-Industrie und weniger F&E-intensiver Spezialbetriebe überwiegend die F&E-Kompetenzen und F&E-Ressourcen eines Main-Contractors.

3. Trends in den industrie- & konzernpolitischen Rahmen bedingungen

3.1. Industrie- bzw. forschungspolitische Rahmenbedingungen

Die Multi-Nationalisierung der Endproduktprogramme im zivilen und insbesondere wehrtechnischen Bereich hat sich in den letzten Jahren sehr deutlich verstärkt. Es gibt gegenwärtig keine im eigentumsrechtlichen Sinne „deutschen Groß- und/oder Regionalflugzeugbauer“ mehr, nur deutsche Standorte ausländischer Unternehmen oder deutsche Beteiligungen an internationalen Unternehmen. Der „Schutz der heimischen L&R-Industrie“ verliert damit an industriepolitischer Bedeutung. Infolgedessen ist auch die industriepolitische Unterstützung für die L&R-Industrie in Deutschland in den vergangenen Jahren immer weiter zurückgegangen (siehe im Detail den Bericht der „High-Level-Group“[39]). Auch der Einfluss der deutschen Politik auf die europäische L&R-Industrie geht tendenziell zurück.

Im Folgenden werden in aller Kürze die industriepolitischen Ziele für die Luftfahrtbranche auf EU und Bundesebene aufgelistet:

---

[39] Bericht der High-Level Group (2000), Deutsche Luft- und Raumfahrt: Zukunftsbranche des 21. Jahrhunderts im europäischen und globalen Wettbewerb, Berlin.

Langfristige Ziele der EU-Kommission für die LF-Branche bis zum Jahr 2020:[40]

1. *Concerning air transport system*: Schaffung eines flächendeckenden europäischen Luftfahrtmanagementsystems als zentrales Element eines einheitlichen europäischen Luftraums.
2. *Concerning quality and affordability & concerning safety:* marktgerechte, wettbewerbsfähige Verbesserung der Flugzeuge und Triebwerke.
3. *Concerning environment*: weitere Reduzierung des Lärms und der Schadstoffemissionen.
4. *Securing global leadership*: Erhöhung der Wettbewerbsfähigkeit der europäischen Industrie, um weltweit die Nr. 1 zu werden.

Langfristige Ziele der Bundesregierung:[41]

1. Aufbau von integrierten und selbständig wettbewerbsfähigen Unternehmensstrukturen
2. technologische Führerschaft in der Luft- und Raumfahrt
3. Koordinierung der nationalen und europäischen Forschungsförderung

Inzwischen steht die Forschungsförderung im Zentrum der europäischen, nationalen und auch regionalen L&R-Industriepolitik. Eine Übersicht über die forschungspolitischen Programme seit 1995 auf diesen drei Politikebenen findet sich in Tabelle 22. In den Mittelpunkt der EU-Förderung rückt im 6. Rahmenprogramm die Verbesserung des sozio-ökonomischen Nutzens, mit Schwerpunkten im Bereich Umweltverträglichkeit, Nachhaltigkeit und Lärmschutz. In der nationalen Förderung stehen Kredite zur Finanzierung der A 380-Entwicklungskosten das regionale Engagement des Stadtstaats Hamburgs in der Gewerbeflächenpolitik und der Ausbildungspolitik für den Airbus-Standort Hamburg-Finkenwerder im Mittelpunkt der Förderung.

---

[40] Quelle: Bericht der High-Level Group (2000), Deutsche Luft- und Raumfahrt: Zukunftsbranche des 21. Jahrhunderts im europäischen und globalen Wettbewerb, Berlin, S. 13. Im Detail siehe: "European Aeronautics: a Vision for 2020" prepared by a group of senior personalities in: Air & Space Europe, vol. 3, No. ¾, 2001, S. 11-18

[41] Quelle: Air&Space-Europe, No. 3/4, vol. 3 2001

Forschungsförderungsprogramme durch EU, Bund und Länder					
	Projekt-träger	**Ausrichtung**	**Laufzeit**	**Dotierung**	**Förderungs-quote**
EU-Programme					
4. Rahmen-programm	General Direktion Re-search (GD-R)	Förderung der Entwicklung spezifischer Technologien z. Erhöhung d. Wettbewerbs-fähigkeit	1995-98	-	s. 6. Rahmen-programm
5. Rahmen-programm	GD-R	Förderung der Entw. spezif. Technologien z. Erhöhung d. Wettbewerbs-fähigkeit	1999-02	700 Mio. EUR	s. 6. Rahmen-programm
6. Rahmen-programm	GD-R	Forschungs-förderung zur Erhöhung des „sozio-ökon." Nutzens. Krite-rien hierfür sind Umwelt-verträglichkeit, Nachhaltigkeit, Lärmschutz, etc.	2003-06	1.075 Mio. EUR	25% angewand-te F. 35% De-monstra-tionsprojekte bis 50% Grund-lagen-F. 100% F.-Einrich-tungen (d.h. Unis, DLR, Großfor-schungsein-richtungen) Bonus KMUs 5% Bonus struktur-schwache Län-der 5% Auflage: Konsor-tien müssen sich aus Firmen aus

					mind. drei europ. Ländern zusammensetzen..
		NationaleProgramme			
LUFO 1	BMFT	Förderung der Entwicklung spezifischer Technolo-gien	1995-98	600 Mio. DM	50% Industrie 100% F.-Einrichtungen
LUFO 2	BMWi	Förderung der Entwicklung spezifischer Technolo-gien	1999-02	240 Mio. DM	40% Industrie 0% F.-Einrichtungen
LUFO 3	BMWi	Forschungsförderung zur Erhöhung des „sozio-ökon." Nutzens	2003-06	200 Mio. EUR angemeldet, vorraussichtlich nur 122 Mio. EUR	40% Industrie + „Boni", d.h. teils bis zu 50% 100% F.-Einrichtungen
A380 Entwicklungskredite aus ERP-Mitteln	BMWi Referat IVA4	für Systemintegratoren & Ausrüster	ab 2002	900 Mio. EUR	-
F-Programme mit anderer Zweckorientierung	BMBF	z.B.: Telematik Gesundheit Material-F. etc.	-	-	-
		Länder-Programme			
Forschungsprogramm Hamburg	Projektträger "Luftfahrt" beim DLR	28 Mio. DM	2001-2003/04		s. 6. Rahmenprogramm
Forschungs-	Projekt-	15 Mio. DM	-2003		s. 6. Rahmenpro-

programm Bayern	träger "Luftfahrt" beim DLR				gramm
Sonderförderung im Rahmen der regionalen Strukturförderung Bsp.: Mühlenberger Loch	Wirtschaftsministerien der Länder				

Quelle: BDLI, Bonn und Bundestagsdrucksache „Forschungsförderung" Nr. 14-8949 vom 29.04.02

Tabelle 22: Forschungspolitische L&R—Förderprogramme

3.2. Konzernpolitische Rahmenbedingungen

Die beiden Global Players im LF-Cluster HH/NW-D, die Airbus Deutschland GmbH und die LHT AG, sind jeweils Tochterfirmen eines größeren Konzernverbunds. Mithin hängen die Entwicklungsrichtung und –dynamik der im Cluster ansässigen Firmen ganz wesentlich von der jeweiligen Konzernpolitik in der Toulouser bzw. Frankfurter Zentrale ab. Im Folgenden werden die wichtigsten konzernpolitischen Rahmenbedingungen für die Cluster-Entwicklung in aller Kürze charakterisiert:

Airbus SAS

- Innerhalb des „französischen Unternehmens" Airbus SAS, das zu 80% EADS und zu 20% BAE Systems gehört (siehe Abbildung 78), gewinnt der französische Anteileigner weiter Gewicht und Einfluss gegenüber der Airbus Deutschland GmbH.
- Die Daimler-Chrysler AG ist über ihre Beteiligung (von 30,2% plus 3% „excess shares") an der EADS beteiligt, die 80% der Airbus SAS besitzt, der selbst wiederum die Airbus Deutschland GmbH zu 100% gehört (siehe Abbildung 78). Diese Daimler-Chrysler Beteiligung rührt aus einer Zeit, als Daimler dem „Leitbild eines integrierten Technologieanbieters" folgte. Inzwischen dominiert (wieder) das „Leitbild eines globalen Automobilanbieters". Davon könnte (muss aber nicht) über kurz oder lang auch die indirekte Airbus-Beteiligung von Daimler-Chrysler betroffen sein. Stünde diese zum Verkauf, wären die Käufer vermutlich französische (staatliche?) Unternehmen.
- In Zukunft ist auch bei Airbus – wie bei anderen (Hochtechnologie-) Produkten – seitens der (staatlichen) Kunden mit der Einführung oder Erhöhung von Local Content Requirements, d.h. mit erhöhten *work-shares* an Fertigungstät-

ten im Abnehmerland der Flugzeuge der Kunden zu rechnen. Das gilt insbesondere für den A 380 und die potentielle asiatische Kundschaft. Dort werden *work-shares* vor allem die Gebiete Ausrüstung und Ausstattung betreffen.

Diese drei Entwicklungen schwächen im Prinzip die strategische Position des LF-Standorts HH/NW-D.

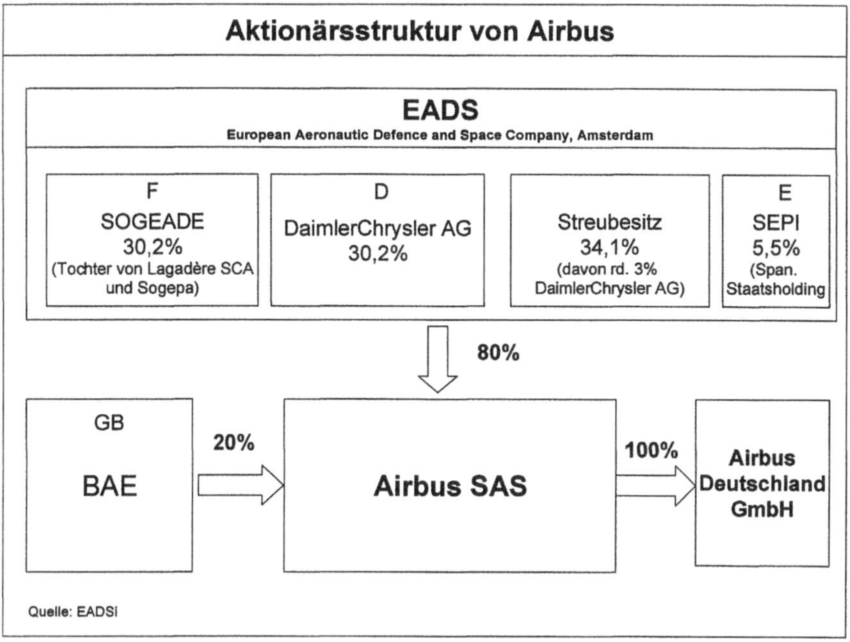

Abbildung 78: Aktionärsstruktur von Airbus

- Im Rahmen der derzeitigen Arbeitsteilung innerhalb der Airbus SAS ist Airbus Deutschland in HH/NW-D (siehe Abbildung 79)
  - alleiniges konzeptionelles und Management- *Center of Competence Cabin Systems*;
  - hat allein die operative (Innen-) Ausstattungsaufgabe bei allen *single-aisle* und *wide-body* Modellen, während die *long-range* Modelle (A330, A340) nach Hamburger Vorgaben in Toulouse (innen) ausgestattet werden;
  - teilt sich mit dem Standort Toulouse die operative Ausstattungsaufgabe beim A380 (Hamburg: Lackierung, Innenausstattung, Auslieferung an ei-

nige Kundengruppen; Toulouse: Mock-up, Endmontage, Erstflug, Auslieferung an alle übrigen Kundengruppen);

- übernimmt *work-shares* in den Bereichen Rumpfteile und Ausrüstung bei allen Flugzeugmodellen;
- und hat Endlinienkompetenz bei *single-aisle* Flugzeugen A318, A319, A321, während in Toulouse die A320 sowie alle *wide-bodies* (A300 und A310) und *long-range* Programme (A330 und A340) endmontiert und ausgeliefert werden.

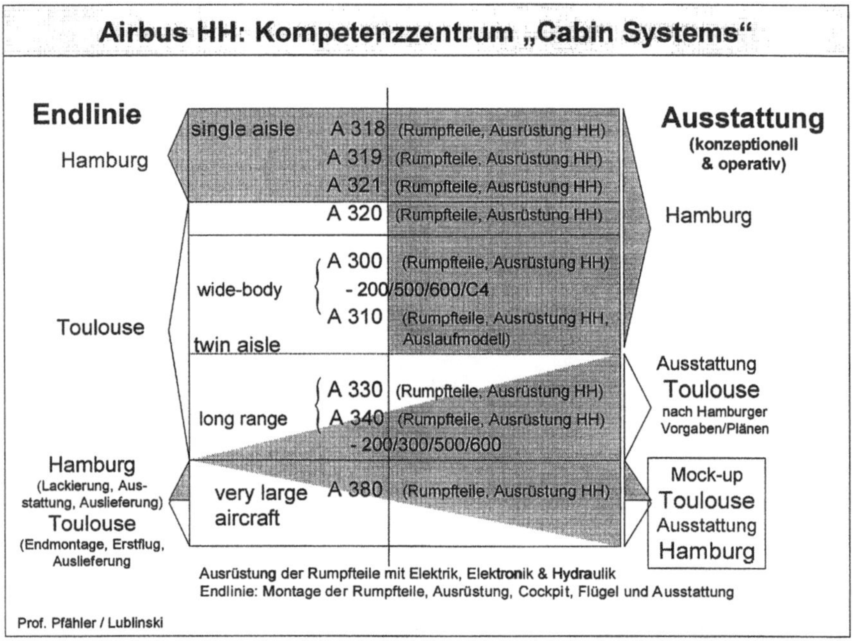

Abbildung 79: Airbus Kompetenzzentrum Cabin Systems

Demnach liegt im LF-Cluster HH/NW-D der eindeutige Schwerpunkt im Bereich Innenausstattung (*Cabin Interior System*). Diese Kompetenzzuweisung ist im Lichte der oben geschilderten Nachfragetrends für den LF-Cluster HH/NW-D strategisch außerordentlich günstig. Langfristig besteht allerdings die „Gefahr“, dass überproportional steigende Umsatz- und Wertschöpfungsanteile am Standort HH/NW-D im Ausstattungsbereich „neue Begehrlichkeiten“ am Standort Toulouse wecken. Infolgedessen ist es dringend notwendig, die Ausstattungskompetenzen am Standort langfristig zu verbessern und durch geeignete Maßnahmen zu „immobilisieren“ (d.h. vor Standortverlagerungen zu schützen).

LHT - HH: Kompetenzzentrum „Cabin Mod., VIP&Exec Jet Serv.“

Geschäftsbereiche			
WF:	Wartung (A-C Check):	FRA, MUC	
WD	Business Units		
	Overhaul	u.a. in	
	- D-IL Check (Struktur & Cabin Systems):	Beijing, Shannon Manila (im Aufbau)	Hamburg
	- Cabin Modification		Hamburg
	VIP & Exec Jets Services		Hamburg
	Airframe Related Components (Faserverbundstoffe)	....	Hamburg
	Aircraft Paint Shop	....	Hamburg
WT:	Triebwerke	....	Hamburg
WG:	Geräteversorgung (Hydraulik, Mechanik)	....	Hamburg

Quelle: LHT

© Prof. Pfähler / Lublinski

Abbildung 80: LHT-HH Kompetenzzentrum Cabin Systems

Lufthansa Technik AG

Die Lufthansa Technik AG, eine 100%-Tochter des Lufthansa Konzerns, betreibt das Geschäftsfeld Technik. Innerhalb dieses Geschäftsfelds gibt es vier Geschäftsbereiche (siehe Abbildung 80). Auf Hamburg konzentriert ist der Geschäftsbereich *Overhaul (insbes. Cabin Modification) und VIP & Ecexcutive Jet Services*, während andere Geschäftsbereiche – den Kunden folgend - auch an anderen Standorten zu finden sind und in Zukunft noch ausgebaut werden. Der Geschäftsbereich *Overhaul* umfasst den „D-IL-Check“, bei dem im 9 bis 10-Jahres Turnus ein Flugzeug samt der Kabine bis auf alle Einzelteile auseinander genommen und wieder zusammen gesetzt wird, und den Bereich *Cabin Modification*, bei dem je nach Kundenwunsch mehrfach während der Lebensdauer eines Flugzeugs die Kabineninstallationen verändert werden (siehe Abbildung 76). Der Geschäftsbereich *VIP & Executive Jets Services* beinhaltet den Innenausbau von Groß- und Kleinflugzeugen nach speziellen Kundenwünschen im Luxussegment.

Für den LF-Cluster HH/NW-D ist diese Schwerpunktbildung im Lichte der steigenden Umsatz- und Wertschöpfungsanteile bei Cabin Systems außerordentlich günstig. Sie stellt eine ideale Ergänzung zur Schwerpunktbildung Cabin Systems bei Airbus dar.

3.3. Zwischenfazit

1. Die industriepolitischen Rahmenbedingungen haben sich verschlechtert. Aber es gibt im Prinzip Chancen des LF-Clusters HH/NW-D bei den Forschungsprogrammen zur Verbesserung des sozio-ökonomischen Nutzens, mit Schwerpunkten im Bereich Umweltverträglichkeit, Nachhaltigkeit und Lärmschutz. Denn ein nicht unwesentlicher Teil der Innovation im Bereich von Cabin Systems berührt Fragen der Umweltverträglichkeit, Nachhaltigkeit und des Lärmschutzes. Fraglich ist allerdings, ob die vorhandene Betriebsstruktur und Innovationskultur im LF-Cluster HH/NW-D es gestatten, an diesen Chancen zu partizipieren.

2. Wenig förderlich sind die industrie- und forschungspolitischen Rahmenbedingungen insbesondere für die KMU des LF-Clusters, obwohl mit dem Hamburger LF-Innovationsprogramm ein Zeichen gesetzt wurde.

3. Sehr günstig für den LF-Cluster HH/NW-D sind dagegen gegenwärtig die konzernpolitischen Rahmenbedingungen, insbesondere für den Bereich des Flugzeugbaus, der sich mit der Ausrüstung, Ausstattung und Modification von Cabin Interiors und den VIP & Executive Jet Services befasst. Denn beide Primes haben ihren Kompetenzschwerpunkt für Cabin Systems/Cabin Modification in Hamburg. Für die übrigen Cluster-Betriebe stellt sich hier die Aufgabe, Systemfähigkeit, F&E-Fähigkeit und damit nachhaltige Wettbewerbsvorteile in diesem Bereich auf- und auszubauen. Eine Reihe von mittelgroßen Betrieben sind bereits Technologie- und Weltmarktführer in einzelnen Komponenten bzw. (Sub-) Systemen.

4. Allerdings steckt in den konzernpolitischen Rahmenbedingungen auch ein Risikopotential in Gestalt einer möglichen weiteren Machtverschiebung bei Airbus nach Toulouse, eines Verkaufs der EADS-Beteiligung durch DaimlerChrysler und sich erhöhender Local Content Requirements wie beim A380 auch für andere Modelle.

4. Marktstruktur- und Wettbewerbstrends

Umsatzwachstum und Profitabilität in der norddt. LF-Zulieferindustrie werden - bei gegebener Nachfrage- und Technologieentwicklung und gegebenen industrie- sowie konzernpolitischen Rahmenbedingungen - durch die in Abbildung 81 aufgelisteten Wettbewerbskräfte in der Branche bestimmt. Diese werden im Folgenden kurz aus der Sicht der LF-Zulieferindustrie analysiert.

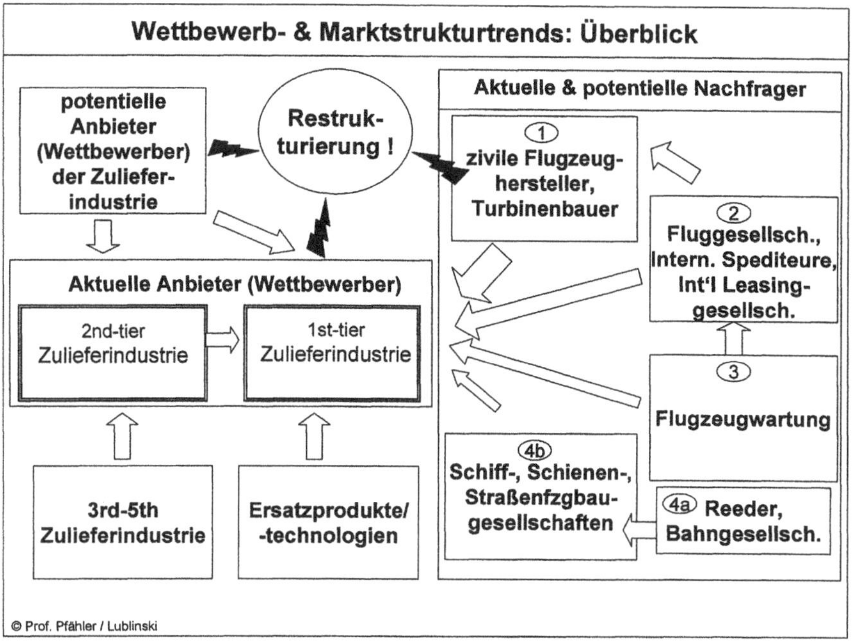

Abbildung 81: Wettbewerb- & Marktstrukturtrends

4.1. Nachfragemacht aktueller & potentieller Nachfrager

Die Marktmacht der aktuellen und potentiellen Nachfrager und damit der Margendruck auf die Zulieferer sind umso größer,

- je konzentrierter die Nachfrageseite nach Anzahl und Markanteil der Unternehmen ist,
- je höher der Einkaufswert einzelner Nachfrager im Vergleich zum Verkaufswert der Zulieferer ausfällt,
- je homogener die Produkte der Zulieferer sind,
- je einfacher eine Rückwärtsintegration in den Zuliefermarkt seitens der Nachfrager wäre (Eigenfertigung anstelle von Fremdbezug),
- je geringer die Wechselkosten
- und je höher die Markttransparenz ausfallen.

In allen vier Nachfragesegmenten (siehe Abbildung 81) treffen diese Bedingungen in ähnlicher Weise zu, so dass die norddeutsche LF-Zulieferindustrie einem hohen Margendruck seitens der aktuellen, aber auch der potentieller Nachfrager ausgesetzt ist.

Flugzeug- und Triebwerkhersteller

Das Kundensegment der Flugzeug- und Triebwerkhersteller ist im Bereich Groß- und Regionalflugzeuge extrem stark auf sehr wenige Primes (Systemhersteller und -integratoren) konzentriert, die gegenwärtig vertikal auch noch relativ hoch integriert sind. Sie genießen eine sehr hohe Marktmacht gegenüber der Zulieferindustrie (siehe Abbildung 82). Im Vergleich dazu gibt es zahlreiche Hersteller von Kleinflugzeugen (Business Jets) mit relativ geringer vertikaler Integrationstiefe. Ihre Nachfragemacht ist deutlich geringer.

Nachfragemacht von Flugzeug- & Triebwerkherstellern

Zivil-Flugzeughersteller 2001

	Umsatz In Mrd. $	Stück-zahl	Markt-anteil in %
Großflugzeuge (> 100 Sitze)			
Boeing	58	522	43 (62)
Airbus	20,5	320	26 (38)
Gesamt > 100 Sitze	78,5	842	70
Regionalflugzeuge (20-100 Sitze)			
EMBRAER	10,7	160	
Bombardier	2,6		
Fairschild-Dornier	?	35	
BAe-Systems	4,303 *	15	
Gesamt < 100 Sitze		369	30
Gesamt		1.211	100

* incl. Airbus Activities Quelle: J.P.Morgan

Triebwerkhersteller 2001

	Umsatz In Mrd. $		Markt-anteil in %
GE	11,39		40,8
Rolls-Royce	6,95		24,9
Pratt&Whitney	7,36		26,4
MTU Aero Engines	2,22		8,0
Gesamt	27,92		100,0

Quelle: eigene Recherchen

Abbildung 82: Nachfragemacht von Flugzeug- & Triebwerkherstellern

Flug- & Leasinggesellschaften

Im Kundensegment der Fluggesellschaften ist die Nachfragemacht gegenwärtig (noch) geringer als im Segment der Flugzeug- und Turbinenhersteller. Es gibt (noch) eine Vielzahl von Fluggesellschaften, die als BFE-Kunden an die Zulieferer direkt herantreten. Im Bereich Cabin Systems (Erstausstattung & Refurbishing) bilden sie damit „counterveiling power“ zur Marktmacht der Hersteller (siehe Abbildung 83). Aber die Konzentration der Nachfrage auf wenige große Flug- und Leasinggesellschaften sowie Allianzen hat in den letzten Jahren deutlich zugenommen. Falls diese Allianzen ihre Kooperation auch auf ihre Beschaffungspolitik ausdehnen, wird ihre Marktmacht gegenüber der Zulieferindustrie erheblich zunehmen.

Nachfragemacht der Fluggesellschaften & Allianzen

Die wichtigsten Airlines (Total schedules passenger-kilometers in bn flown)	2000
American Airlines (incl. TWA)	231,3
United Airlines	204,2
Delta Air Lines	173,4
Northwest Airlines	127,3
British Airways	118,9
Continental	96,9
Lufthansa	94,2
Air France	91,8
Japan Airlines	89,0
US Airways	75,4

Quelle: IATA

Allianzen (RPKs* of alliances, year to June 2000, % of total)	2000
Star Alliance	21,3
oneworld	16.4
Skyteam	9,5
Wings	6,4
Qualiflyer	3,6
other	42,9

* Revenue passenger kilometers
Quelle: Airline Business

© Prof. Pfähler / Lublinski

Abbildung 83: Nachfragemacht der Fluggesellschaften & Allianzen

Flugzeugwartung, Overhaul & Modification

Im Kundensegment Flugzeugwartung, insbesondere Overhaul & Modification gibt es für den Bereich der *Groß- und Regionalflugzeuge* weltweit nur drei wichtige, von Flugzeugherstellern unabhängige Wettbewerber:

- LHT, Hamburg
- Jet Aviation, Basel

- AAC, Dallas

Entsprechend groß ist aufgrund dieser Konzentration die Nachfragemacht gegenüber der Zulieferindustrie.

Übrige Kundensegmente, insbesondere Kreuzfahrtschiffbau

In den übrigen, gegenwärtig vor allem noch potentiellen und nicht aktuellen Kundensegmenten ist die Marktmacht der Nachfrager sehr unterschiedlich.

Betrachtet man das für die norddeutsche LF-Zulieferindustrie potentiell bedeutende Segment des (Luxus-) Kreuzfahrtschiffbaus, verhält sich die Marktsituation nicht merklich anders als im Segment des Flugzeug- und Turbinenbaus: Es gibt eine sehr hohe Konzentration auf Seiten sowohl der Reeder (im BFE-Segment) als auch auf Seiten der Werften (im SFE-Segment):

Reeder

Die drei wichtigsten Gesellschaften, die nahezu alle Luxuskreuzfahrtschiffe bestellen und betreiben, sind

- Carnival (USA),
- RCCI-Royal Caribean Cruise Line (USA),
- P&O (UK),

wobei gegenwärtig noch der Verkauf von P&O an eine der beiden anderen Gesellschaften zu erwarten ist. (siehe SPIEGEL 7/02, S. 97)

Werften

Die Werftseite ist gleichfalls sehr hoch konzentriert. Die in der Reihenfolge ihrer Umsätze bedeutendsten Werften im Segment Kreuzfahrtschiffe zwischen 80-100 Tsd BRT sind

- Kvaerner (Finnland): Großkonglomerat, & Systemintegrator, im Ölgeschäft, Maschinenbau, Bohrinselbau, Schiffbau
- Chantiers de l'Atlantique (F): Großkonglomerat & Systemintegrator, baut Schiffe, Atom-U-Botte, Gasturbinen, etc.
- Fincantieri (I): Großkonglomerat & Systemintegrator, hauptsächlich Militärwerft
- Meyer Werft (D)
- [Mitsubishi (J) - im Aufbau?]

andere Verkehrsträgerbranchen

Eine ähnliche Konzentration der Nachfragemacht findet man auch in der Bahnbrache und Automobilbranche, die potentielle Abnehmer von Cabin Systems sind.

4.2. Aktuelle Wettbewerber der norddeutschen LF-Clusterindustrie

Der Wettbewerb unter den sich gegenwärtig bereits im Markt befindlichen Wettbewerbern (= aktuelle Wettbewerber) ist umso intensiver, die Profitabilität entsprechend umso geringer,

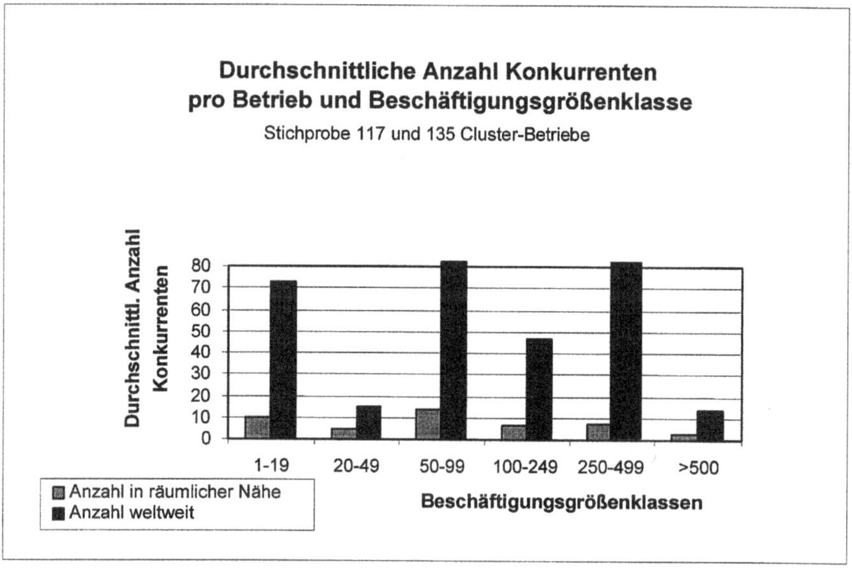

Abbildung 84: Aktuelle Wettbewerber in der norddt. LF-Zulieferindustrie

- je preiselastischer die Preis-Absatzfunktion der einzelnen Unternehmen ist,
- je homogener die Produkte sind,
- je geringer die Wechselkosten zu einem anderen Lieferanten ausfallen,
- je geringer die horizontale Markttransparenz (zwischen den Unternehmen) und je höher die vertikale Markttransparenz (zwischen den Unternehmen und ihren Kunden) ausfällt,
- je unterschiedlicher die Kostenpositionen sind,
- je mehr Wettbewerber sich im Markt befinden bzw. je gleichmäßiger die Marktanteile (unter einer gegebenen Zahl von Wettbewerbern) verteilt sind,

- und je unterschiedlicher die strategischen Interessen der Unternehmen sind.

Auf die norddt. LF-Zulieferindustrie treffen (mit wenigen Ausnahmen unter den Kernbetrieben) die meisten dieser Bedingungen für eine hohe Wettbewerbsintensität zu. Das liegt im Wesentlichen darin begründet, dass die weit überwiegende Mehrzahl dieser Unternehmen sich in den unteren Positionen der Zulieferkette als Material- und Komponentenlieferant befindet (siehe Abbildung 35). Für diese relativ homogenen und relativ einfachen Produkte gibt es eine Vielzahl von Anbietern auf relativ transparenten Märkten.

Die norddeutschen LF-Zulieferfirmen sind sich des hohen Wettbewerbsdrucks seitens einer großen Anzahl von Wettbewerbern, insbesondere an Standorten außerhalb des räumlichen LF-Clusters HH/NW-D, sehr wohl bewusst. Das gilt für Zuliefer-Firmen (fast) aller Größenklassen, wie die Ergebnisse einer Befragung von LF-Clusterbetrieben in Norddeutschland nach der durchschnittlichen Anzahl von Konkurrenten pro Betrieb und Beschäftigungsgrößenklasse zeigen (siehe Abbildung 84 und Abbildung 101). Im besonders interessanten Geschäftsfeld der „Cabin Systems" sind die wichtigsten internationalen und regionalen aktuellen und potentiellen Anbieter in Tabelle 23 zusammengestellt.

Internationale & Regionale Key Players in „Cabin Systems"
(Daten 2000/1)

Nr.	Firma/Standort	„Cabin Systems"	Umsatz in Mio €
1	Matsushita (J)	In-Flight Entertainment & Telecomms	66.000 Aerospace Div. vermutl. < 5%
2	Honeywell (USA)	Versorgungssysteme: Not-Sauerstoff	28.211 Aerospace Div. 11.299
3	TRW (USA)	Catering Equipment	19.492 Aerospace Div. 1.244
	C&D aerospace	Küchen, Sanitäreinrichten, Sitze, Seitenverkleidung, Stauräume, PSU,	
4	Thales (USA)	In-Flight Entertainment & Telecomms Versorgungssysteme: Energie	8.580
5	Goodrich (USA)	Bordgestützte Rettungs- & Sicherheitssysteme Not- & Kabinenbeleuchtungssyste-	4.982 Aerospace Div. 4.156

		me (Tochter: Goodrich Hella, D)	
6	Liebherr (D)	Versorgungssysteme: Klima- & Lüftung (außerdem Landeklappen u.ä.)	4.227
7	Hamilton Sundstrand (USA)	Versorgungssysteme: Klima- & Lüftung	3.394
8	Rockwell Collins (USA)	In-Flight Entertainment & Telecomms	1.982
9	Zodiac (F, USA)	Bordgestüzte Rettungs- & Sicherheitssysteme Sitze (Töchter: Sicma und Weber) Versorgungssysteme: Wasser (Tochter: Monogram)	1.572
10	Diehl (D)	Not- & Kabinenbeleuchtungssysteme	1.500
11	Koito (J)	Not- & Kabinenbeleuchtungssysteme	1.300
12	BE Aerospace (USA)	Inneneinrichtung: Sitze u.a. (Töchter: PTC Aerospace, Aircraft Furnishing Ltd., Flight Equipment and Engineering Ltd., Burns Aerospace, M&M Aerospace Hardware, Inc.) Küchen-, Sanitäreinrichtungen (Töchter: Nordskog Industries, Royal Inventum, Aircraft Products Company, Acurex Corporation, C. F. Taylor Interiors Ltd.) In-Flight Entertainment & Telecomms (Tochter: Phillips Airvision) Versorgungssysteme: Sauerstoff-Systeme (Tochter: Puritan-Bennett Aero Systems)	755
13	Intertechnique / Zodiac (F)	Versorgungssysteme: Not-Sauerstoff-Systeme	421
14	Sogerma / EADS (F)	Inneneinrichtungen: Sitze	320
15	Jamco (J)	Küchen- & Sanitäreinrichtungen	290
16	Driessen (NL)	Küchen- & Sanitäreinrichtungen	204

		Catering Equipment Inneneinrichtung	
17	Aircabin / EADS (D)	Inneneinrichtung	150
18	ESW-Wedel (D)	Catering Equipment	103
19	Fischer (A)	Inneneinrichtung	95
20	EVAC (USA)	Versorgungssysteme: Wasser	88
21	MAN Technologie (D)	Versorgungssysteme: Wasser	74
22	KID-Systeme (D)	Versorgunssysteme: Energie Not- & Kabinenbeleuchtungssys-teme	< 100
23	Dasell / Britax Sel / EADS (D)	Küchen- & Sanitäreinrichtungen	< 100
24	Dräger Aerospace (D)	Versorgungssysteme: Not-Sauerstoff, Crew-Atemgeräte (Marktanteil Boeing 100%, Airbus 60-70%)	< 100
25	Mühlenberg (D)	Küchen- & Sanitäreinrichtungen Inneneinrichtung	< 100
26	Innovint (D)	Inneneinrichtung	< 100
27	Airsigna (D)	Not- & Kabinenbeleuchtungssys-teme	< 100
28	C&D Aerospace (USA)	Küchen- & Sanitäreinrichtungen Inneneinrichtung: Sitze, Seitenver-kleidung etc. General Cabin Design Not- & Kabinenbeleuchtungssyste-me	?
29	LGG-Gauting (D)	Versorgungssysteme: Wasser	?
30	Recaro Aircraft Seating (D)	Inneneinrichtung: Sitze	?

Tabelle 23 : Internationale und regionale Key Players in "Cabin Systems"

4.3. Potentielle Wettbewerber der norddeutschen LF-Clusterindustrie

Der potentielle Wettbewerb ist umso intensiver, die Profitabilität entsprechend umso geringer,

- je geringer die *administrativen / gesetzlichen Markteingangsbarrieren*, hier insbesondere die Zulassungen für Herstellung und Wartung von Luftfahrzeugen des LBA, der FAA und der JAA,
- je geringer die *strukturellen Markteintrittsbarrieren* in Gestalt von statischen oder dynamischen Betriebsgrößenvorteilen, vertikaler Integrations- oder horizontaler Verbundvorteilen und in Gestalt eines bereits breit gefächerten Leistungsangebots (ausreichend hohe Produktdifferenzierung),
- je geringer die *strategischen Markteintrittsbarrieren* in Gestalt pro-aktiver Unternehmenspolitiken der eingesessenen Unternehmen zum Zwecke der Schließung von Markt-, Technologie-, Kompetenz- oder kritischer Ressourcenlücken,
- je geringer der absolute (F&E-) Kapitalbedarf
- und je offener die Vertriebskanäle bzw. je geringer die Kundenloyalität ist.

Für potentielle Konkurrenten, die bereits in der LF-Branche als Lieferanten tätig sind und über die entsprechenden Zulassungen verfügen, gibt es im Prinzip keine Markteintrittsbarrieren in das LF-Cluster HH/NW-D – außer dem Vertriebskanal zu den im Cluster ansässigen Kernunternehmen (insbesondere Airbus und LHT). Diese Unternehmen stellen somit die größte Bedrohung der derzeitigen LF-Clusterbetriebe dar, falls die Kernunternehmen ihre Bereitschaft zum Lieferantenwechsel signalisieren. Konkret handelt es sich hierbei um die großen internationalen Systemhäuser der LF-Ausstattungsindustrie. Sie sind in Tabelle 23 enthalten.

Schwieriger gestaltet sich dagegen der Markteintritt für Neueinsteiger in die LF-Branche. Die wichtigsten Eintrittsbarrieren sind hier die Zulassungen der einschlägigen Luftfahrtbehörden, die besondere Geschäftskultur in der Luftfahrtbranche und eventuell auch dynamische Betriebsgrößenvorteile (Lernkurveneffekte). Kämen diese potentiellen Wettbewerber jedoch aus der nationalen und internationalen Zulieferindustrie der Werft-, Bahn- & Fahrzeugindustrie und handelte es sich um Global Players dieser Zulieferindustrie, dann dürfte ihnen ein Markteintritt in das Segment Luftfahrzeugbau nicht besonders schwer fallen.

4.4. Lieferantenmacht und Ersatzprodukte/Technologien

Die Lieferanten der allermeisten LF-Zulieferbetriebe haben keine nennenswerte Lieferantenmacht, die die Profitabilität der LF-Zulieferbranche merklich beeinträchtigen könnte. Das hängt im Wesentlichen damit zusammen, dass – im Vergleich zu anderen Wirtschaftszweigen - in den Kern- und Peripherie-

Zulieferbetrieben der Luftfahrtindustrie insgesamt noch ein geringer Grad an Spezialisierung (bzw. eine hohe vertikale Integrationstiefe) zu beobachten ist. Es gibt deshalb nur relativ wenige hoch spezialisierte Zulieferer in der 3rd-5th-tier Position der Lieferkette.

4.5. Ersatzprodukte, -technologien

Ob und in welchem Maße Ersatzprodukte bzw. –technologien die Profitabilität und das Wachstum der LF-Zulieferindustrie bedrohen, hängt ganz wesentlich von der Entwicklung und dem Einsatz neuer Materialien und Werkstoffe ab, die mit konventionellen Fertigkeiten und Maschinen nicht mehr zu bearbeiten sind.

Abbildung 85: Zwischenfazit zu Marktstruktur & Wettbewerbskräfte

4.6. Zwischenfazit

1. Die Wettbewerbs- & Marktstrukturtrends bergen hohe bis sehr hohe Risiken für die Profitabilität, das Wachstum bzw. die Überlebensfähigkeit der LF-Zulieferindustrie (siehe Abbildung 85).

2. Die Nachfrager sind in allen Nachfragesegmenten (Airlines -, Flugzeug- und Turbinenhersteller-, Flugzeugwartung, Reeder, Schiffbauer, Bahngesellschaften, Waggonbauer etc.) sehr konzentriert und haben eine große Marktmacht gegenüber den Zulieferern.
3. Es gibt eine Vielzahl aktueller Wettbewerber der Zulieferfirmen und die Wettbewerbsintensität wird als hoch eingeschätzt.
4. Die wichtigsten potentiellen Wettbewerber sind sehr starke Global Players der Zulieferindustrie, die einen hohen Wettbewerbsdruck auslösen (können).
5. Die Substitutionsgefahr durch neue Produkte & Technologien (Substitutionswettbewerb) hängt ganz wesentlich von der Entwicklung und dem Einsatz neuer Materialien und Werkstoffe ab.

5. Restrukturierungstrends und strategische Herausforderungen für die norddt. LF-Zulieferindustrie

5.1. Globale Restrukturierungstrends in der L&R-Industrie

Die L&R-Industrie einschließlich ihrer Zulieferindustrie befinden sich in einem Prozess einer grundlegenden Konzentration, Restrukturierung und Globalisierung. Sie ist mit jener vergleichbar, die in der Automobilindustrie (einschließlich ihrer Zulieferindustrie) bereits vor 15 Jahren eingesetzt hat und dort inzwischen als weitgehend abgeschlossen gilt.

Für die Global Players der europäischen L&R-Industrie hat dieser Prozess bereits vor 10 Jahren eingesetzt und zu einer hohen Konzentration und grundlegenden Konsolidierung geführt. Innerhalb nur eines Jahrzehnts hat sich die Anzahl der Primes in der Industrie halbiert (siehe Abbildung 86). Dieser Prozess ging einher mit einer Kapitalverflechtung zwischen den Unternehmen und mit Unternehmen aus anderen Branchen (siehe Abbildung 87).

Parallel zu dieser Konzentration und Konsolidierung der Primes findet ein tief greifender Restrukturierungsprozess statt. Zum einen ziehen sich die Global Players des Flugzeugbaus (OEMs) allmählich aus der Herstellung von (Sub-) Systemen und Modulen zurück, d.h. sie bauen ihre Fertigungstiefe ab (Outsourcing) konzentrieren sich auf die Systemintegration mit „Systempartnern“ und „Preferred Suppliers“ (siehe Abbildung 88). Zum anderen bilden sich auf der Lieferantenseite wenige Global Players („ Große Systemhäuser“) mit hoher Kapital- und Innovationskraft (= Insourcing) und eine relativ kleine Gruppe hoch spezialisierter Anbieter („Systempartner“ & Preferred Suppliers) heraus (siehe Tabelle 23). Die Entwicklungsdynamik auf der Lieferantenseite wird besonders deutlich am Beispiel der B/E- Aerospace Inc. Dieser Zulieferer hat binnen 13 Jahren seinen Umsatz von US $ 3 Mio. auf ca. US $ 700 Mio. gesteigert (siehe Abbildung 89).

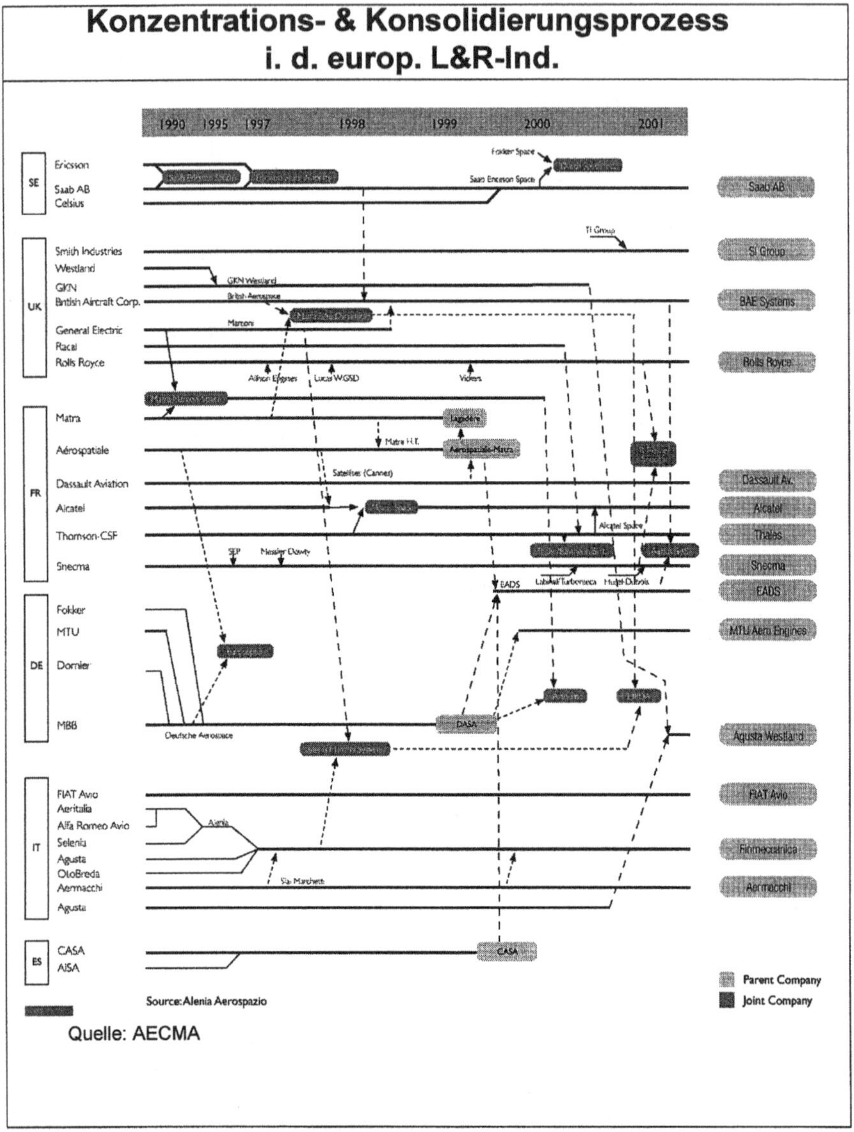

Abbildung 86: Konzentration- & Konsolidierungsprozess in der europ. L&R-Industrie

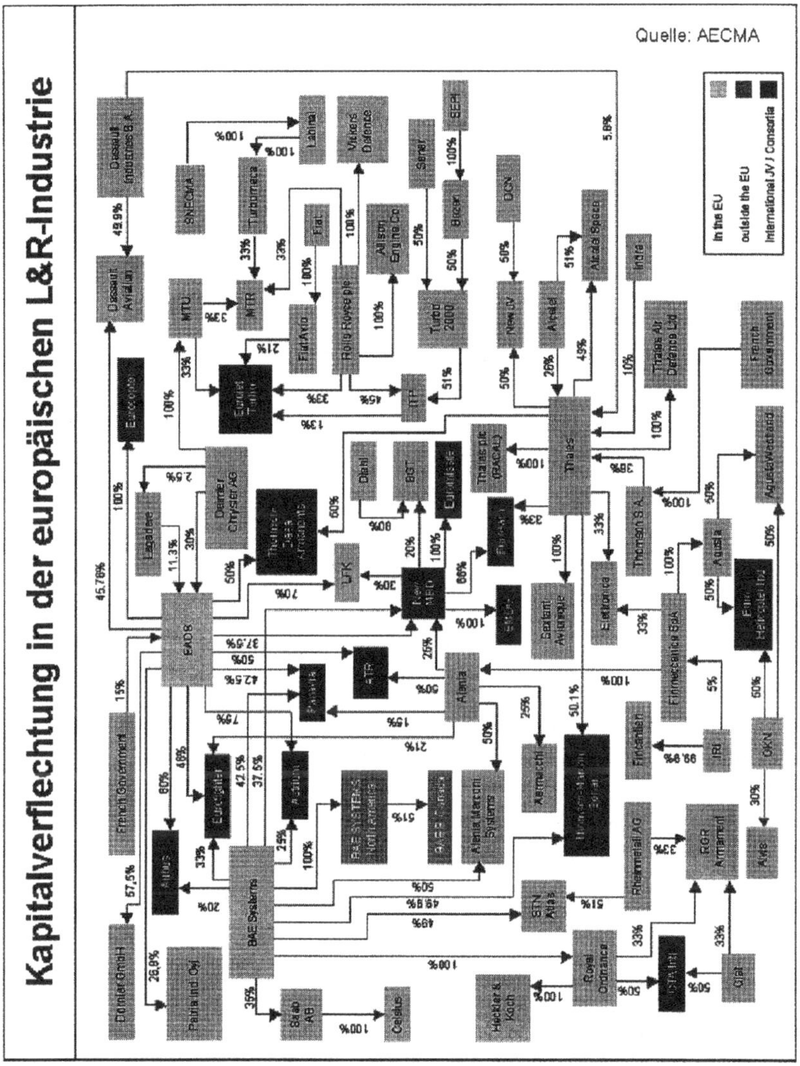

Abbildung 87: Kapitalverflechtung in der europ. L&R-Industrie

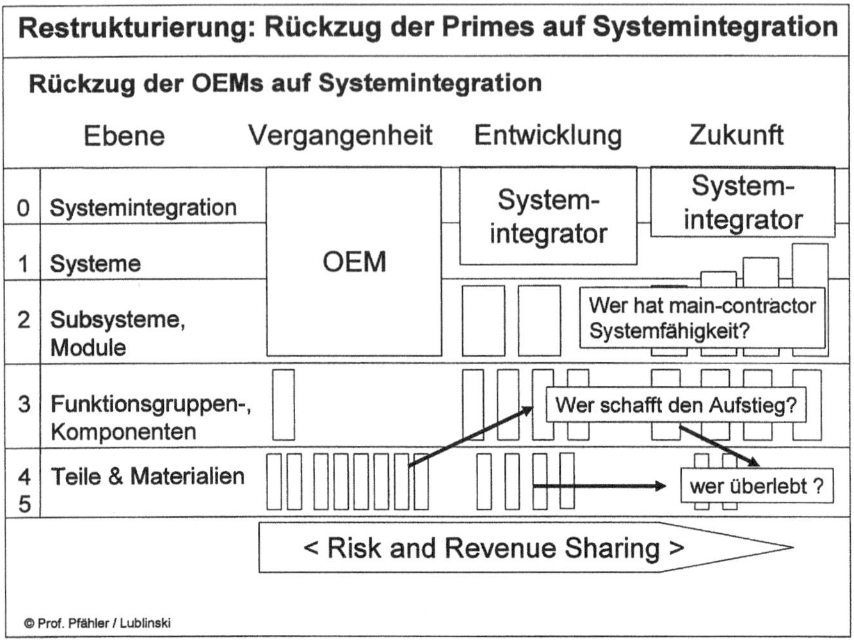

Abbildung 88: Restrukturierung: Rückzug der Primes auf Systemintegration

5.2. Restrukturierung und neue Beschaffungspolitik

Die Restrukturierung der Primes und der Zulieferer geht mit einer neuen Beschaffungspolitik einher. Sie ist teils Auslöser und teils Folge des Restrukturierungsprozesses. Im Zentrum dieser neuen Beschaffungspolitik stehen:

- *Single/Dual Sourcing* pro (Sub-) System, d.h. einer Ein/Zweilieferantenpolitik und damit einer drastischen Reduktion der Zahl der Direktlieferanten.
- *Modular Sourcing*, d.h. die Reduktion der Fertigungstiefe durch die Primes und der Einkauf kompletter (Sub-) Systeme und Module und damit steigenden Anforderungen an die Systemfähigkeit von Zulieferern.
- *Global Sourcing*, d.h. die weltweite Beschaffung von (Sub-) Systemen, Komponenten und Teilen durch die Primes und damit eine erhöhte weltweite Wettbewerbsintensität für die Zulieferer; dieser Global Sourcing Prozess wird in Zukunft ganz wesentlich unterstützt durch e-commerce Plattformen – vergleichbar etwa zur e-commerce Plattform COVISINT in der Automobilindustrie oder World-Wide-Retail-Exchange (WWRE) im Einzelhandel.

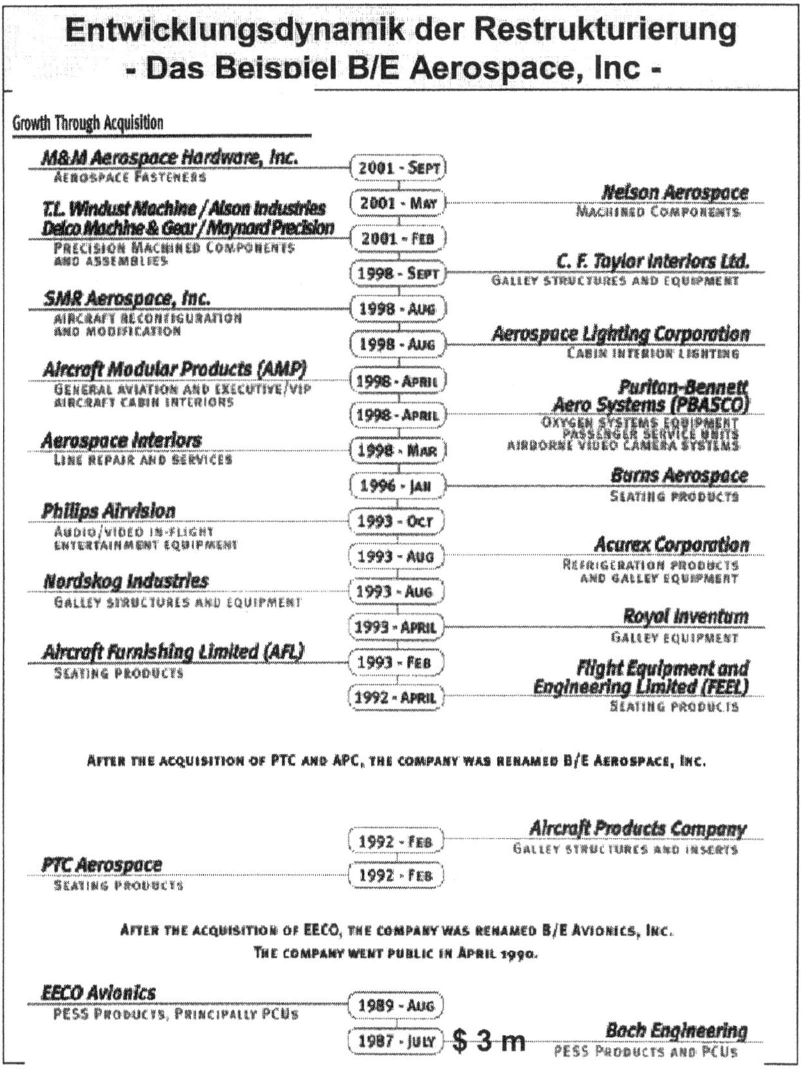

Abbildung 89: Entwicklungsdynamik der Restrukturierung - Das Beispiel B/E

- *Forward-Sourcing*, d.h. der Übertragung von F&E-Leistungen und anderen zusätzlichen Aufgaben (Zulassung, Logistik & Integration, Wartung etc.) an Lieferanten und damit steigenden Anforderungen an die Kapitalkraft und die Managementfähigkeit von Lieferanten.

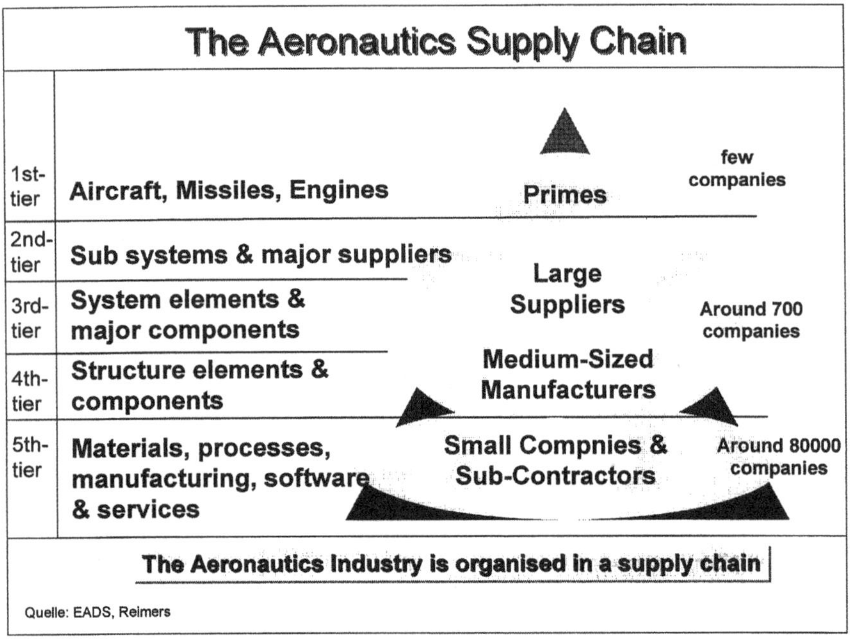

Abbildung 90: Gegenwärtige Struktur der Zulieferkette in der L&R-Industrie

Nicht nur die Primes selbst, auch die neuen Systemlieferanten (1st-tier Zulieferer) und deren wichtigste Zulieferer werden ihren Beschaffungsprozess nach diesem Muster restrukturieren, so dass alle direkten und indirekten Zulieferer in Zukunft betroffen sein werden.

Die gegenwärtige Struktur der Zulieferkette der L&R-Industrie ist in Abbildung 90 wiedergegeben. Die von der AECMA vermutete zukünftige Struktur der Lieferkette findet sich in Abbildung 91 Bereits ein oberflächlicher Vergleich zeigt, vor welchem grundlegendem Wandel die Zulieferindustrie steht: Die Zahl der direkten Lieferanten wird sehr deutlich abnehmen, die Herstellung von Systemen und Subsystemen (Level 2, 3) wird sich auf relativ wenige, international agierende Unternehmen konzentrieren und die Lieferanten von Materialien, Komponenten etc. (Level 4) werden einem intensiven internationalen Preiswettbewerb ausgesetzt sein und sich in ihrer Zahl drastisch reduzieren.

Blickt man speziell auf Airbus Deutschland, findet man gegenwärtig (Stand 1999) den in Abbildung 92 wiedergegebenen Zustand. Er zeigt, dass mit nur 3% der Zulieferer rund 80% des Bestellwerts abgewickelt werden, während gleichzeitig auf knapp 90% der Zulieferer nur 5% des Bestellwerts entfallen.

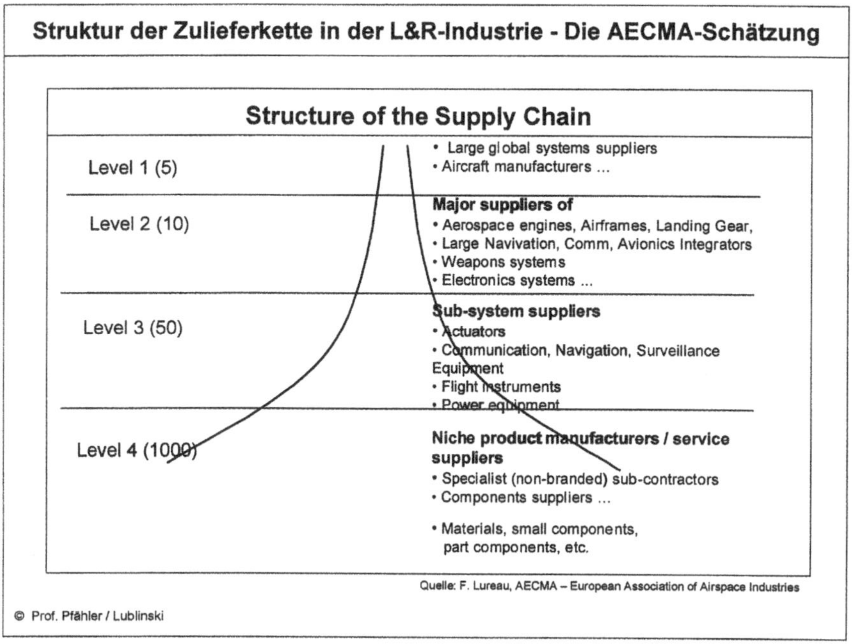

Abbildung 91: AECMA-Prognose der zukünftigen Struktur der Zulieferkette in der L&R-Industrie

Die neue Beschaffungspolitik stellt an die meisten derzeitigen Zulieferer der LF-Industrie neue Ziele, Aufgaben und Anforderungen. Sie sind im Einzelnen in Abbildung 93 aufgelistet. Vor allem aber ist die neue Beschaffungspolitik mit einer grundlegenden Neuverteilung von Kosten und Risiken verbunden. Die Einzelheiten sind der Abbildung 94 und 95 zu entnehmen. Diese Neuverteilung von Kosten und Risiken kann nur von finanzstarken und F&E-starken Lieferanten mitgetragen werden.

Die Restrukturierung der Lieferkette und die Neuverteilung der Aufgaben, Kosten und Risiken seitens der Primes stellt viele heutige Zulieferer des LF-Clusters HH/NW-D vor die strategische Frage, wie sie sich selbst in Zukunft positionieren wollen (bzw. können), um im Wettbewerb reüssieren zu können.

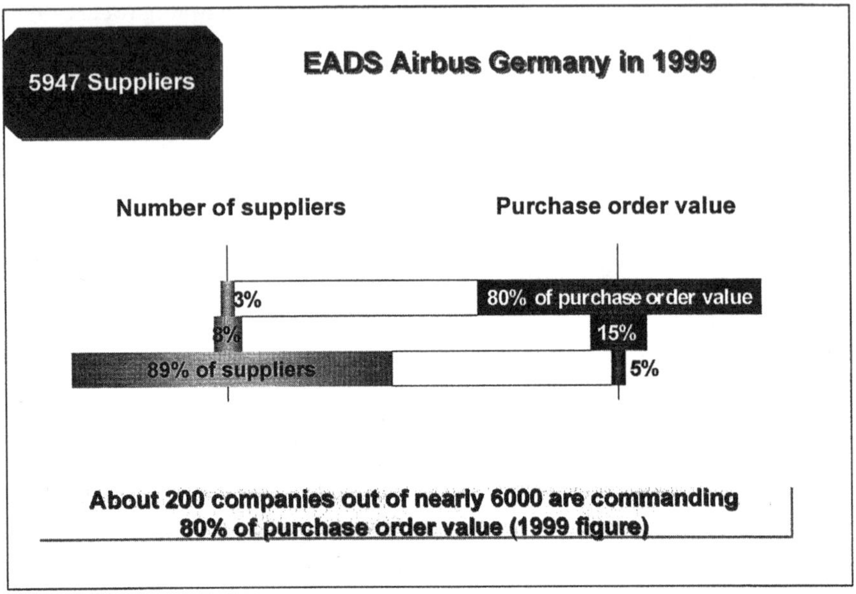

Abbildung 92: Gegenwärtige Struktur der Zulieferkette bei Airbus Deutschland (1999)

Konkret betrifft das zunächst die strategische Frage nach der *Positionierung in der neuen Zulieferkette*, die Frage also, ob man sich als 1st-tier, 2nd-tier oder 3rd-tier Lieferant positionieren soll bzw. kann. Dabei ist zu bedenken, das von zukünftigen 1st-tier Lieferanten (*Single, Modular or Forward-Supplier bzw. main-contractors*)

- hohe Innovations- und/oder Integrationsstärke,
- hohe Finanzkraft für F&E-Projekte mit langfristiger Vorlaufzeit,
- hohe Flexibilität („breathing with the cycle"),
- hohe technische System- und Managementfähigkeiten
- und Präsenz „vor Ort" der Primes abverlangt wird.
- Dabei können die 1st-tier Lieferanten Risiko & Verantwortung nicht (oder nur begrenzt) vertikal auf 2nd- und 3rd-tier Lieferanten abwälzen, weil diese oft nicht luftfahrt-spezifisch und damit weder in Marktanteilen noch in Gewinnen von der Luftfahrt abhängig sind.

Nur wenige der bisherigen Direktlieferanten der Primes werden nach unserer Einschätzung diese Voraussetzungen als 1st-tier Lieferanten erfüllen können. Zu diesen wenigen gehören insbesondere Anbieter im Produktnischen- und im technischen Dienstleistungsbereich.

Restrukturierung: Neue Ziele & Aufgaben der Lieferanten

Lieferanten-klassifikation	Ziele der Zusammenarbeit	Merkmale / Aufgaben des Lieferanten
System-lieferant	• Red. der Entw. u. Fertigungstiefe • Erschließung v. Lieferanten-Know-how • Verbesserung d. Anlaufreife	• spez. Entwicklung und Direktlieferung eines funktional abgegrenzten Systems
Sub-System-, Modullieferant	• Red. Anzahl an 1st-tier Lieferanten (Koordinationsaufwand) • Optimierung d. Fertigungstiefe • Verbesserung d. Anlaufreife	• Montage von Funktionsgruppen und Teilen • Lieferung einbaufertiger Module • Unterstützung der Entwicklung des Systemlieferanten
Komponenten-, Funkt.gruppen-lieferant	• Nutzung d. Entwicklungs- und Fertigungs- Know-how • Nutzung von Skalenerträgen	• Zusammenbau und Lieferung zusammengesetzter Teile • Entwicklungsleistung nicht herstellerspezifisch
Teile-, Material-lieferant	• Nutzung d. Technologie-Know-how • Nutzung der Kompetenz zur Fertigungseffizienz	• Kompetenz in Werkstofftechnol. • Kompetenz in rationeller Fertigung von Einzelteilen • Entwicklungsleistung nicht herstellerspezifisch

Abbildung 93: Restrukturierung: Neue Ziele & Aufgaben der Lieferanten

Zum zweiten ist bei einer Re-Positionierung in der Zulieferkette die strategische Frage zu entscheiden, wo man sich im Integrations-/Innovationsportfolio positionieren soll, ob man also eher auf Integrations- oder Innovationsfähigkeiten setzen soll bzw. kann (siehe Abbildung 96). Auf Integration zu setzen bedeutet, die Zukunft im Angebot eines kompletteren Leistungspakets (d.h. zum Beispiel im Aufstieg vom Komponentenhersteller zum Modullieferant) zu sehen mit relativ geringer Innovationstiefe im Produkt. Vermutlich wird diese Option von vielen Zulieferern erwogen werden. Denn auf Innovation im Modul und/oder System können nur Zulieferer mit starker F&E- sowie Finanzkraft und hohen Innovationsfähigkeiten setzen. Das verlangt, dass man die typischen Innovationshemmnisse und –barrieren zu überwinden in der Lage ist (siehe Abschn. 5.3. unten).

Nach unserer Einschätzung werden nur wenige Firmen im LF-Cluster HH/NW-D die Finanz-, F&E- und Managementkraft für eine Innovationsstrategie aufbringen können. Die meisten werden ihre Zukunft in der Integration von Teilleistungen zu größeren Gesamtpaketen suchen müssen. Aber bei diesem Bemühen werden sie einem sehr starken internationalen aktuellen und potentiellen Wettbewerb durch Global Players der Zulieferindustrie ausgesetzt sein (siehe Abschn. 4.2 und 4.3 oben).

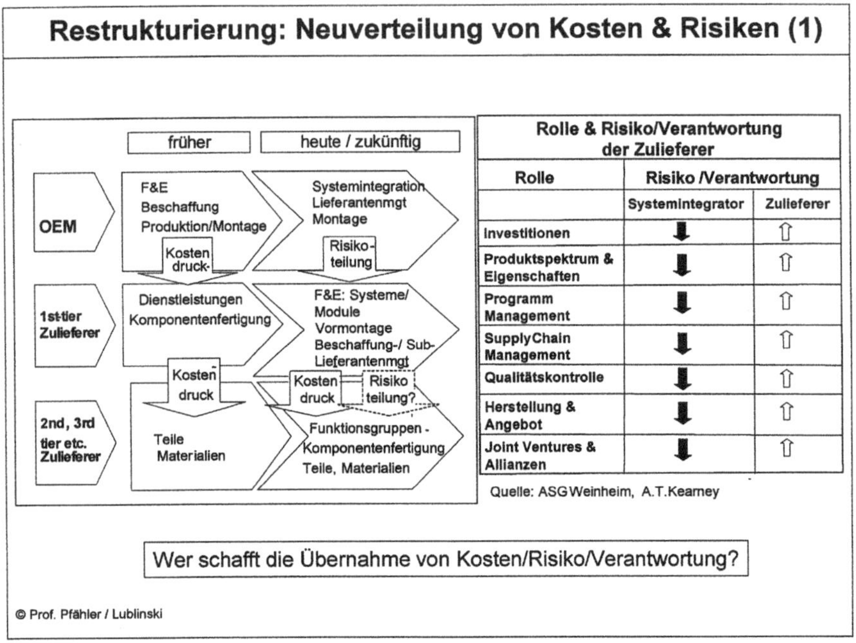

Abbildung 94: Restrukturierung - Neuverteilung von Kosten und Risiken (1)

Zum dritten ist die strategische Frage zu stellen, ob man seine Zukunft in der Zulieferkette aus eigenen Kräften meistern will oder kann (Unabhängigkeit bzw. stand-alone), oder ab man Kooperationen bzw. Allianzen mit anderen Zulieferern anstreben soll und kann (Kooperation/ Allianz), oder ob man sogar mit anderen Zulieferern eine wirtschaftliche und rechtliche Integration bzw. Fusion anstreben soll (Integration/Fusion) (siehe Abbildung 97).

Die überwiegend mittelständisch strukturierte Zulieferindustrie im LF-Cluster wird vermutlich ähnlich reagieren wie die in anderen Wirtschaftssektoren, in denen vergleichbare Restrukturierungsprozesse stattgefunden haben, d.h. sie wird der Unabhängigkeit weiter die höchste Priorität einräumen, dann aber – auch auf massiven Druck der Primes - schnell feststellen müssen, dass sie den neuen Anforderungen nicht gewachsen sind und nach Kooperationslösungen suchen. Kooperationen setzen freilich neben der Kooperationswilligkeit auch

Kooperationsfähigkeiten voraus. Dabei gilt es eine Vielzahl von Kooperationsbarrieren zu überspringen und Kooperationsprobleme zu meistern (siehe Abschn. 5.3 unten). Am Ende wird sich für viele die Frage einer Fusions- bzw. Verkaufslösungen nicht vermeiden lassen.

Restrukturierung: Neuverteilung von Kosten & Risiken (2)

Kosten -/Risikotyp	Spezifikation
Kosten des „Markteintritts“	• Beteiligung an Gemeinkosten („allgemeine Aufgaben“) des Endproduktprogramms
Gesamte Entwicklungskosten und -risiken	• Erstentwicklungskosten • Änderungs- und Verbesserungskosten • Nachentwicklungskosten
Lieferkosten und -risiken	• Kosten verspäteter Lieferung an Endabnehmer • Kosten der Bestelländerung durch Endabnehmer • Kopplung der Lieferanten- an Endproduktpreis • Kosten der Bereitstellung v. Ersatzteilen und Reparaturdiensten • Preissenkung für Produktivitätsgewinnen während der Liefer periode
Finanzierungskosten und -risiken	• Lieferantenkredit (Bezahlung nach Abnahme des Endprodukts)
Gewährleistungs-kosten und -risiken	• Gewährleistung mit Beginn der Lieferung oder der Auslieferung des Endprodukts
Kosten des „Marktaustritts“	• Kündigungskosten vor/nach Abnahme der Erstbestellung • Kosten des Lieferantenwechsels des Endabnehmers bei mangelnder Lieferfähigkeit

Abbildung 95: Restrukturierung - Neuverteilung von Kosten und Risiken (2)

Fasst man zusammen, gibt es für die meisten Zulieferbetriebe im LF-Cluster im Rahmen der Restrukturierungsnotwendigkeiten und im Lichte der Wettbewerbskräfte nur die folgenden strategischen Optionen:

- Interner Aufbau einer Position als 1st-tier (oder 2nd-tier) Lieferant mit Schwerpunkt Integration,.
- horizontale Kooperation (strategische Allianz) mit bisherigen Wettbewerbern,
- gezielte Positionierung als 2nd-tier (oder sogar 3rd-tier) Lieferant ohne Übernahme von F&E- und Kostenrisiken,
- Marktaustritt durch Verkauf oder – in wenigen Fällen – „Fusion unter Ungleichen“ mit starken Partnern.

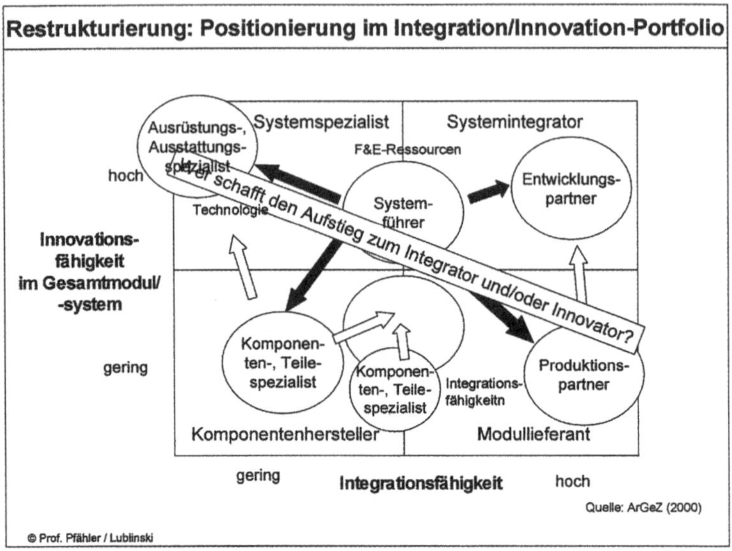

Abbildung 96: Integration / Innovation Portfolio

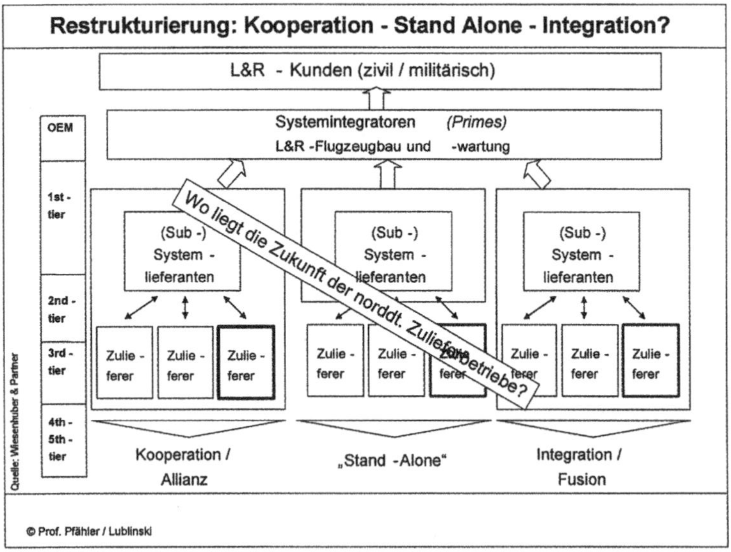

Abbildung 97: Kooperation - Integration

5.3. *Erwartungen/Einschätzungen der norddeutschen Zulieferindustrie*

Im Lichte der oben geschilderten Marktstruktur-, Wettbewerbs- und Restrukturierungstrends ist wichtig zu wissen, welche Erwartungen die norddeutschen LF-Zulieferbetriebe selbst hegen und wie sie ihre Position, Chancen und Probleme selbst einschätzen. Infolgedessen waren die Erwartungen und Einschätzungen dieser Zulieferindustrie Gegenstand einer ausführlichen schriftlichen Befragung. Konkret wurden im Rahmen dieser Studien Auskünfte und Ergebnisse zu folgenden Fragen und Sachverhalten gesucht:

1. Welche Erwartungen hegen die Betriebe in Bezug auf ihr Umsatz- und Beschäftigungswachstum?
2. Wie schätzen die Cluster-Zulieferbetriebe ihre zukünftige Position in der Zulieferkette ein?
3. Welche Entwicklung erwarten die Cluster-Zulieferbetriebe in Bezug auf ihre Wertschöpfungstiefe (vertikalen Integrationsgrad) und ihren norddeutschen Vorleistungsbezug?

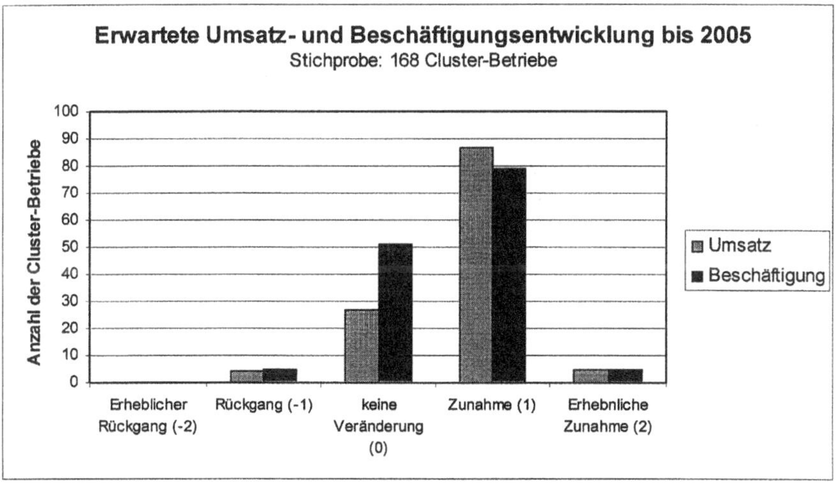

Abbildung 98: Erwartete Umsatz- und Beschäftigungsentwicklung bis 2005

4. Welche Erwartungen hegen die Cluster-Zulieferbetriebe in Bezug auf die Entwicklung der Wettbewerbsintensität durch räumlich nahe und räumlich ferne Wettbewerber?

5. Wo sehen die LF-Clusterbetriebe ihre Wettbewerbschancen im Rahmen der zu erwartenden Restrukturierung der Zulieferkette?
6. Welche Probleme und Barrieren sehen die Cluster-Zulieferbetriebe bei Kooperationen?
7. Welche Probleme und Barrieren sehen die Cluster-Zulieferbetriebe bei Innovationen?

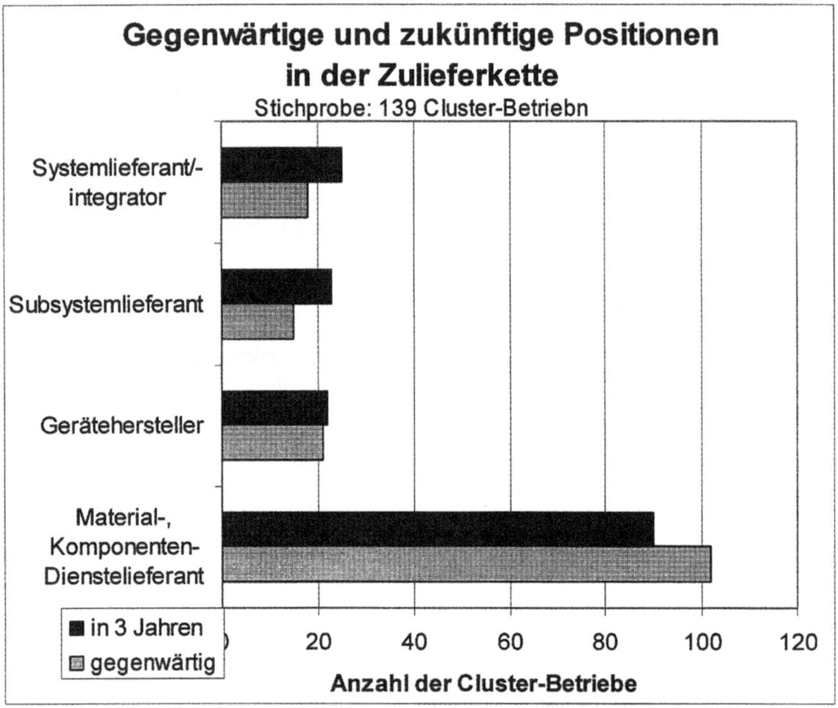

Abbildung 99: Gegenwärtige und zukünftige Positionen der norddt. Zulieferindustrie in der Zulieferkette

Umsatz- und Beschäftigungserwartungen

Für die Zukunft erwarten die Betriebe der Cluster-Stichprobe höhere Umsätze und eine höhere Beschäftigung. Befragt nach ihren *zukünftigen Umsatz- und Beschäftigungserwartungen,* zeichnen jene, die sich zu dieser Frage geäußert haben, ein verhalten optimistisches Bild (siehe Abbildung 98).

Position in der Zulieferkette

Für die Entwicklung des LF-Cluster HH/NW-D wäre es gut, wenn die Clusterbetriebe eine höhere Position in der Zulieferkette anstreben würden und dazu auch in der Lage wären. Befragt nach ihrer gegenwärtigen und zukünftig erwartenden Position in der Zulieferkette, gaben die befragten LF-Clusterbetriebe die in Abbildung 99 dokumentierten Antworten. Das Ergebnis lässt sich in folgenden Punkten zusammenfassen:

1. Insgesamt erwarten die Betriebe nur geringe Veränderungen in ihren Positionen in der Zulieferkette.
2. Eine relativ kleine Anzahl von Betrieben (auf jeder Stufe) erhofft sich einen Aufstieg in der Zulieferkette.
3. Insbesondere erhoffen sich einige Betriebe auch einen Aufstieg in die Position von Subsystem- oder sogar Systemlieferanten.

Uns erscheint die Einschätzung der Firmen in den „untersten Positionen", die gegenwärtig Material- und Kompetentenlieferanten sind, zu optimistisch. Denn mit der Restrukturierung wird auch eine Globalisierung der Beschaffung einhergehen, die diese Cluster-Betriebe einem intensiven internationalen (Preis-) Wettbewerb aussetzt. Sie kann nur dann zutreffen, wenn die Primes (insbesondere Airbus) keinen Wechsel bzw. keine Ergänzung bei ihren Systemlieferanten vorsehen bzw. wenn im Falle eines Wechsels die neuen Systemlieferanten ihre Subsysteme, Geräte und Komponenten weiterhin von den Betrieben im LF-Cluster HH/NW-D beziehen. Soweit Dienste betroffen sind, die eine räumliche Nähe verlangen, kann diese optimistische Einschätzung realistisch sein

Die Betriebe in den "oberen Positionen" der Zulieferkette hegen unseres Erachtens eine große Zuversicht. Da die Anzahl der Betriebe in diesem Segment – gemessen an der zukünftig zu erwartenden Struktur der Zulieferkette (siehe Abbildung 91) – mit 10-15 Betrieben aber bereits ziemlich groß ist, kann hier auch die Gefahr einer Fehleinschätzung vorliegen.

Wertschöpfungstiefe und norddt. Vorleistungsbezug

In der Regel ist mit einer Re-Positionierung in der Zulieferkette auch eine Veränderung der Wertschöpfungstiefe verbunden: Der Aufstieg in der Zulieferkette ist mit Insourcing und Spezialisierung verbunden; parallel dazu kann ein Outsourcing von nicht-spezialisierten Aktivitäten erfolgen (was einem Insourcing bei den Betrieben der nächst unteren Stufe der Lieferkette gleichkommt). Zudem können sich die Bezugsquellen ändern, räumlich ferne werden durch räumlich nahe Lieferanten (oder vice versa) ersetzt, falls in den höheren Stufen der Zulieferkette räumliche Agglomerationsvorteile von größerer (oder niedrigerer) Bedeutung sind. Für die Entwicklung des LF-Cluster HH/NW-D wäre es gut, wenn die Zu-

Zulieferindustrie ihre Wertschöpfungstiefe „nach oben" verbesserte und vermehrt auf räumlich nahe Bezugsquellen in Norddeutschland zurückgriffe.

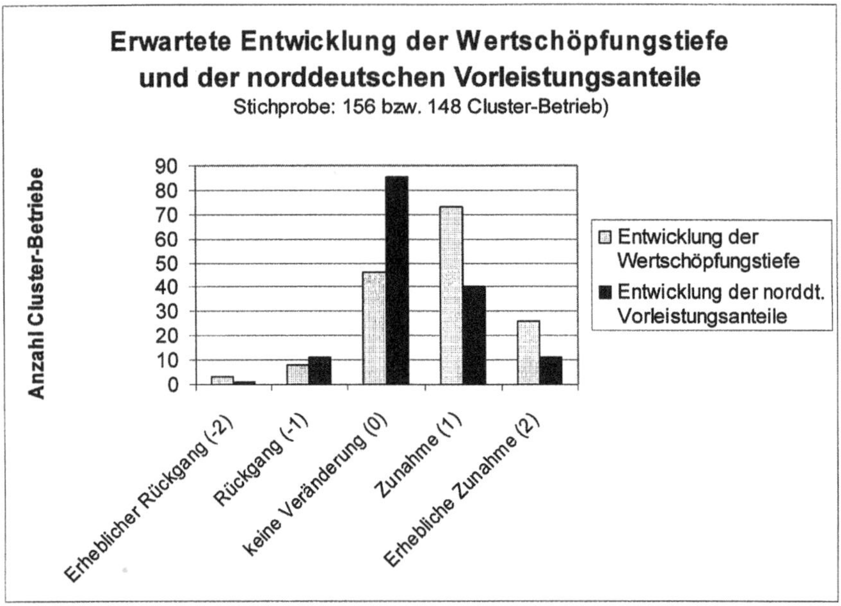

Abbildung 100: Erwartete Entwicklung der Wertschöpfungstiefe und des norddt. Vorleistungsbezugs

Die Ergebnisse der Befragung finden sich in Abbildung 100; sie lassen sich in den folgenden Punkten zusammenfassen:

1. Die Mehrzahl der Betriebe erwartet eine Zunahme der Wertschöpfungstiefe durch ein kompletteres Angebot. Eine hohe Minderzahl rechnet nicht mit Veränderungen bzw. sogar mit einem Rückgang der Wertschöpfungstiefe.

2. Die weit überwiegende Mehrzahl der Betriebe erwartet entweder keine Veränderung oder eine Zunahme des norddeutschen Vorleistungsbezugs.

Uns erscheinen diese Ergebnisse in Bezug auf die erhöhte Wertschöpfungstiefe gleichfalls zu optimistisch. Außerdem ist nicht unmittelbar einsichtig, warum der norddeutsche Vorleistungsanteil bei gleicher Wertschöpfungstiefe zunehmen, während er bei höherer Wertschöpfungstiefe abnehmen sollte. (Es könnte sein, dass viele Befragte die Frage missverstanden oder nicht konsistent beantwortet haben.)

Entwicklung der Wettbewerbsintensität

Mit der Restrukturierung der Primes (und ihrer 1st-tier Lieferanten) ist eine neue Beschaffungspolitik des Single-, Modular-, Global- und Forward Sourcing verbunden. In vielerlei Hinsicht „beginnt das Spiel von Neuem", alte Lieferbeziehungen werden abgebrochen oder verändert, neue Lieferbeziehungen werden aufgebaut. In der Regel ist in dieser Umbruchphase mit einer deutlich erhöhten Wettbewerbsintensität zwischen den aktuellen Wettbewerbern untereinander und zwischen den aktuellen und potentiellen Wettbewerbern zu rechnen.

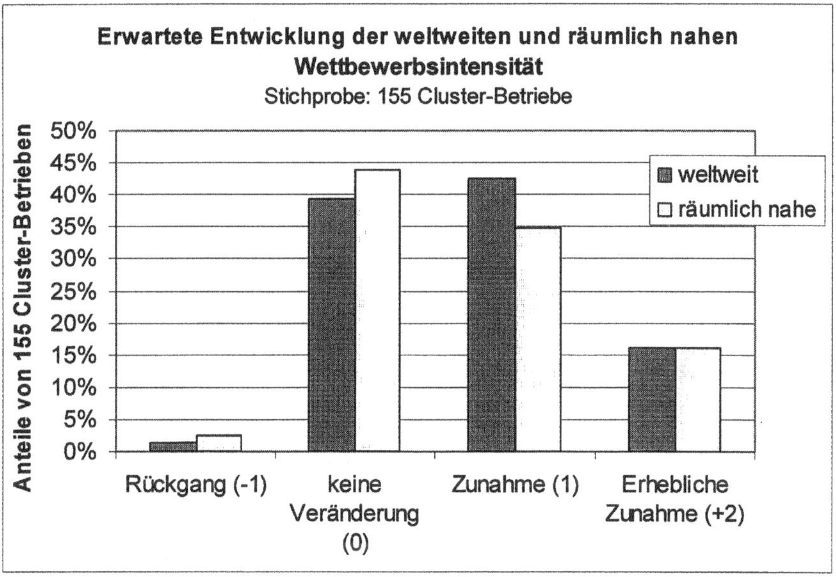

Abbildung 101: Erwartete Entwicklung der Wettbewerbsintensität

Die Befragung der LF-Clusterbetriebe zu ihrer Einschätzung der sich abzeichnenden Wettbewerbsintensität hat zu den Ergebnissen in Abbildung 101 geführt. Sie lassen sich in den folgenden Punkten zusammenfassen:

1. Fast die Hälfte aller befragten Betriebe (ca. 45%) erwartet keine (!) Veränderung der Wettbewerbsintensität, während die andere Hälfte eine Zunahme, 15% sogar eine erhebliche Zunahme erwarten.

2. Die weltweite Konkurrenz wird nicht stärker eingeschätzt als die regionale Konkurrenz.

Auch diese Ergebnisse erscheinen uns zu optimistisch. Wird die Restrukturierung durch die Primes in ähnlicher Weise wie etwa bei der Automobilindustrie betrieben, muss die Zulieferindustrie mit einer erheblichen Steigerung der Wettbewerbsintensität, insbesondere durch räumlich ferne Wettbewerber rechnen. Dies gilt nachdrücklich für jene Betriebe, die als 3rd-4th-tier Lieferanten Komponenten, Teile und Materialien, die keiner Luftfahrtzulassung durch die Lieferanten bedürfen und in Zukunft vermehrt über B2B-Marktplätze gehandelt werden.

Wettbewerbschancen durch Stand-Alone, Kooperation oder Integration/Fusion

Im Prinzip gibt es nur vier Möglichkeiten, auf den verstärkten Anforderungs- und Wettbewerbsdruck im Gefolge der Restrukturierung der Primes (und ihrer 1st-tier Lieferanten) zu reagieren, um seine Wettbewerbschancen in Zukunft zu sichern:

(a) Entweder man sucht im Rahmen einer *Stand-Alone Lösung* durch internes Wachstum den höheren Anforderungen als unabhängiger Lieferant gerecht zu werden; das wird nur ganz wenigen Lieferanten im LF-Cluster gelingen, so dass diese Option nicht weiter betrachtet wird.

(b) Oder man sucht als Unterlieferant im Rahmen einer *vertikalen Kooperation* eine (feste oder flexible) partnerschaftliche Beziehung zu einem (bisherigen oder neuen) Systemlieferanten in räumlicher Nähe oder andernorts.

(c) Oder man sucht eigene Systemfähigkeit durch einen *horizontalen Kooperationsverbund* mit anderen Lieferanten, wobei sich die Kooperation auf einzelne Segmente (wie F&E, Zulassung, Produktion, Vermarktung, Service o.a.), eine ganze Bandbreite von Wertschöpfungsaktivitäten oder auf einzelne Produkte bzw. Systeme oder einzelne (Groß-) Kunden beziehen kann; diese Kooperationspartner können räumlich nah oder auch fern sein.

(d) Oder man schließt sich wirtschaftlich und rechtlich mit anderen Lieferanten – im Rahmen eines *horizontalen oder vertikalen Zusammenschlusses* – zu einem neuen, marktmächtigeren Unternehmen zusammen.

Die Befragung ausgewählter LF-Clusterbetriebe in HH/NW-D, bei welchen der Optionen (a)-(d) sie ihre Wettbewerbschancen für die Zukunft sehen, hat zu den in Abbildung 102 dokumentierten Ergebnissen geführt. Sie lassen sich in den folgenden Punkten zusammenfassen:

1. Die meisten Betriebe sehen ihre Wettbewerbschancen im Aufbau einer Lieferbeziehung zu Systemlieferanten in Norddeutschland und im übrigen Deutschland.

2. Fast so viele erhoffen sich Chancen durch einen Kooperationsverbund zwischen Lieferanten, auch hier vorzugsweise mit Partnern aus Norddeutschland und dem übrigen Bundesgebiet.

3. Ganz gering ausgeprägt, wie unter mittelständischen Firmen zu erwarten, ist die Hoffnung bzw. der Wille, durch einen Zusammenschluss mit anderen Lieferanten seine Wettbewerbschancen zu stärken.

Nach unserer Einschätzung werden Kooperationen mit norddeutschen Partnern nicht ausreichen, um den Markteintritt der internationalen Global Players der LF-Zulieferindustrie abzuwehren. Dazu wäre unseres Erachtens ein Fast-Zusammenschluss in Gestalt von „Systemhäusern“ notwendig. Überdies setzen erfolgreiche Kooperationen Erfahrungen und Fähigkeiten voraus, die die Cluster-Betriebe derzeit vermutlich nicht vorweisen können. Um dies genauer abzuklären, wurden die Cluster-Betriebe gesondert nach ihren Kooperationserfahrungen sowie ihren Kooperationsbarrieren und –problemen befragt.

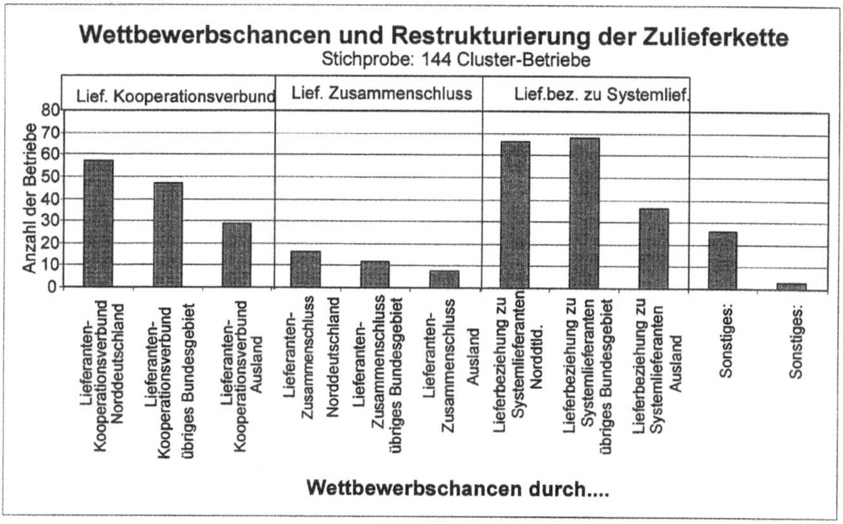

Abbildung 102: Wettbewerbschancen durch Kooperation oder Zusammenschluss

Kooperationserfahrungen, -barrieren und –probleme

Die Ergebnisse unserer schriftlichen Befragungen finden sich in Abbildung 103 und Abbildung 104. Sie lassen sich in den folgenden Punkten zusammenfassen:

1. Nennenswerte Kooperationsaktivitäten pflegen gegenwärtig nur die sehr wenigen größeren Betriebe im LF-Cluster HH/Nord. Und diese Kooperationen finden überwiegend mit räumlich fernen Partnern statt.

2. Die größeren Betriebe planen für die Zukunft eine höhere Zahl von Kooperationen. Auch dabei spielen räumlich ferne Kooperationspartner die größere Rolle.

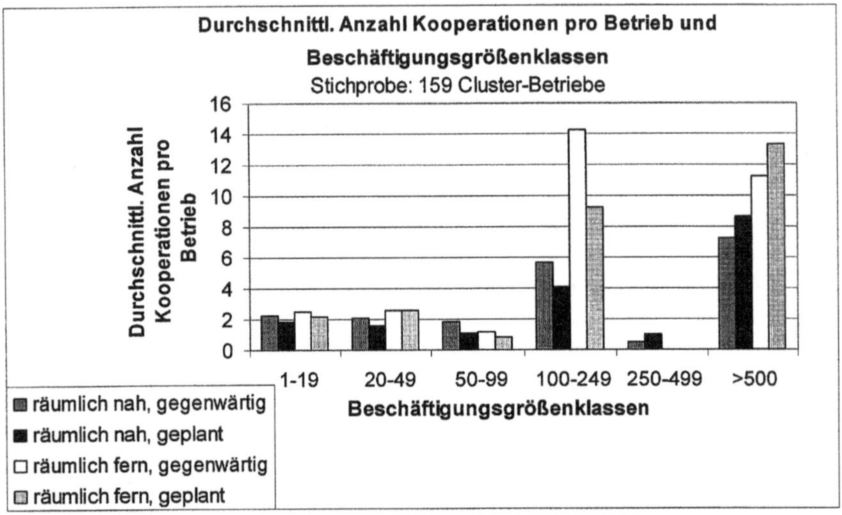

Abbildung 103: Aktuelle und geplante Kooperationen

3. Die weit überwiegende Mehrzahl der kleineren Betriebe hat gegenwärtig kaum Kooperationserfahrungen und plant auch für die Zukunft keine nennenswert höhere Zahl von Kooperationen – obwohl sie mehrheitlich in Kooperationen ihre zukünftigen Wettbewerbschancen sehen (siehe oben und Abbildung 102).

4. Die tiefere Ursache für die geringen Kooperationserfahrungen in der Vergangenheit und die sehr verhaltenen Kooperationspläne für die Zukunft liegt in den Kooperationsbarrieren und –problemen. Die fünf am häufigsten genannten Barrieren und Probleme sind

   – Schwierigkeiten bei Kommunikation und Abstimmung

   – Mangel an qualifiziertem, kooperationserfahrenen Personal

- Mangel an eigenen spezialisierten Kompetenzen, die von potentiellen Kooperationspartnern nachgefragt werden könnten
- Mangel an kooperationswilligen Partnern
- und Gefahr des Wissensabflusses im Rahmen der Kooperation.

Diese Befragungsergebnisse nähren nachdrücklich unsere Zweifel daran, dass die LF-Clusterbetriebe eine realistische Einschätzung bezüglich ihrer Wettbewerbschancen durch Kooperation hegen.

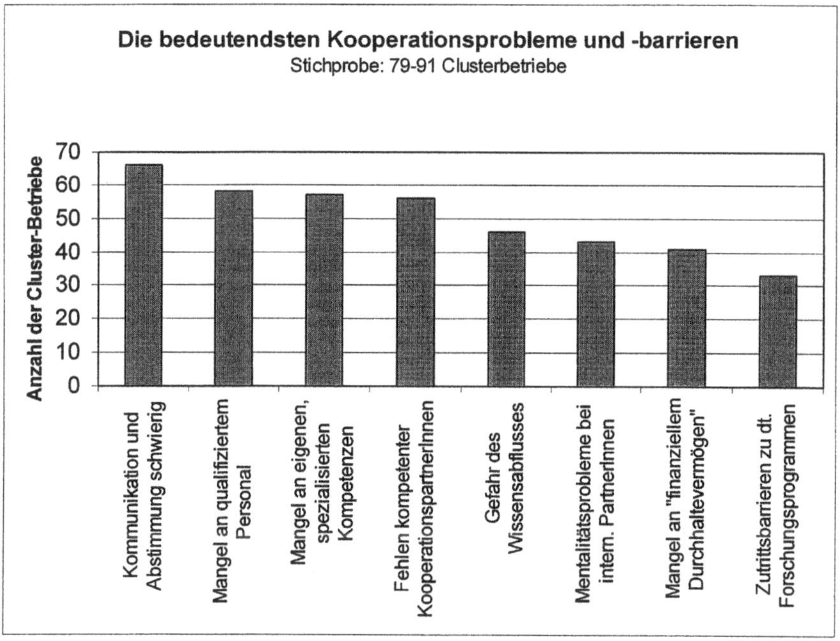

Abbildung 104: Kooperationsbarrieren und –probleme

Innovationshemmnisse und –barrieren

Eine wesentliche Voraussetzung dafür, als LF-Clusterbetrieb in Zukunft in das Single-, Modular-, Global- und Forward Sourcing der Systemintegratoren und –hersteller einbezogen zu werden, ist die eigene Integrations- und/oder Innovationsfähigkeit (siehe Abbildung 105). Deshalb ist es wichtig zu erfahren, wie die Zulieferbetriebe des LF-Clusters HH/NW-D ihre eigene Innovationsfähigkeit einschätzen bzw. welche Innovationshemmnisse und –barrieren für sie von größter Bedeutung sind.

Abbildung 105: Innovationshemmnisse und –barrieren

Die wichtigsten Befunde unserer schriftlichen Befragung dazu finden sich in Abbildung 105. Sie lassen sich wie folgt zusammenfassen:

1. Insgesamt stehen sehr viele (zu viele) Betriebe vor zu hohen und einer zu großen Zahl von Innovationsbarrieren, so dass die strategischen Optionen, eigene

Wettbewerbschancen im Aufbau einer innovatorischen Systemfähigkeit zu suchen, durch die realen Begebenheiten im LF-Cluster HH/NW-D – beim gegenwärtigen Stand der Dinge - nicht unterfüttert werden kann.

2. Die fünf bedeutsamsten Innovationsbarrieren bzw. –probleme sind laut Auskunft der Clusterbetriebe

   - Mangel an geeignetem Fachpersonal
   - Hohe Kosten der Innovationsprojekte
   - Marktchancen nur schwer kalkulierbar
   - Innovationskosten nur schwer kalkulierbar
   - Lange Amortisationsdauer der Innovationsprojekte

3. Die Innovationsbarrieren und –probleme, die durch die staatliche Wirtschaftspolitik behoben oder zumindest gemindert werden könnten, spielen nur eine vergleichsweise geringe Rolle – mit Ausnahme des Mangels an Fachpersonal. Konkret handelt es sich dabei um

   - Zutrittsbarrieren zu Forschungsprogrammen
   - lange Verwaltungsverfahren bei Innovationsprojekten
   - fehlendes Fremdkapital
   - gesetzliche Regelungen bei Innovationsprojekten.

Nach unserer Einschätzung ließen sich die wichtigsten Innovationsbarrieren - mit Ausnahme des Mangels an geeignetem Fachpersonal - im Prinzip durch vertikale und horizontale Kooperationen lösen. Sie sind insofern luftfahrtspezifisch, weil dort die Innovationszyklen besonders lang, die Zulassungsbarrieren besonders hoch und der Markteintritt mit neuen Produkten bei den Primes besonders unkalkulierbar ist. Hingegen sind keine der primär wirtschaftspolitisch beeinflussbaren Barrieren spezifisch für den Industriezweig Luft- und Raumfahrt. Infolgedessen liegt die Lösung des Innovationsproblems vor allem auf der Qualifikations- und privatwirtschaftlichen Kooperationsseite.

5.4. Zwischenfazit

1. Die LF-Industrie befindet sich in einem tief greifenden Restrukturierungsprozess, der mit einem Konzentrationsprozess auf wenige Global Players (Primes) von zivilen und militärischen Flugzeugen und Triebwerken, einer Kapitalverflechtung zwischen den Primes und mit anderen Unternehmen, dem Rückzug der Primes auf die Systemintegration und der Entwicklung, einer neuen Beschaffungspolitik des Single-, Modular-, Global- und Forward Sourcing und der Herausbildung von wenigen Global Players („Systemhäusern“) auf der Lieferantenseite verbunden ist.

2. Die meisten heutigen Direktlieferanten der Flugzeugbauer, Triebwerkhersteller und Wartungsfirmen, insbesondere die KMUs, stehen vor großen (Überlebens-) Risiken und strategischen Herausforderungen. Nur sehr wenige verfügen über die Finanzkraft, die F&E-Ressourcen und die Systemfähigkeit, die von zukünftigen 1st-tier „Preferred Suppliers" oder „Systempartnern" von Flugzeugherstellern abverlangt wird und die von internationalen Global Players der Zulieferindustrie bereits heute angeboten werden können. Das gilt auch für die Zulieferindustrie des LF-Clusters HH/NW-D.

3. Gleichfalls nur wenige Unternehmen haben Chancen als 2nd-tier-Lieferanten der Flugzeugbauer (im Modul-, Funktionsgruppen- und Komponentenbau) oder als 1st-tier Lieferanten von Fluggesellschaften im (Sub-) System- und Modulbau, insbesondere im Bereich Cabin Interior Systems. Günstigenfalls werden viele heutige Direktlieferanten von den Global Players der Zulieferindustrie aufgekauft oder verschwinden vom Markt. Das gilt auch für die Zulieferindustrie des LF-Clusters HH/NW-D.

Abbildung 106: Zwischenfazit: Wettbewerbskräfte und Restrukturierung

4. Die Zulieferindustrie des LF-Clusters HH/NW-D scheint die Gefahren und strategischen Herausforderungen, die mit dieser Restrukturierung verbunden sind, nicht in der vollen Tragweite zu erkennen. Es besteht der Verdacht, dass zu viele Betriebe im LF-Cluster HH/NW-D die Dynamik des Wettbewerbs und der Restrukturierung unterschätzen und ihre eigenen Positionierungs- und Wettbewerbschancen überschätzen. Das verschärft die Bedrohung durch die Restrukturierung.
5. Für die favorisierten Optionen „Anbindung an Systemlieferant“ und/oder „Kooperationen“ bestehen entweder keine regionalen Kooperationspartner oder keine Erfahrungen und Kompetenzen.
6. Aus eigenen Kräften können die meisten Betriebe die Anforderungen an Systemintegrationsfähigkeit und die Innovationsanforderungen nicht meistern bzw. die Innovationshemmnisse nicht überwinden.

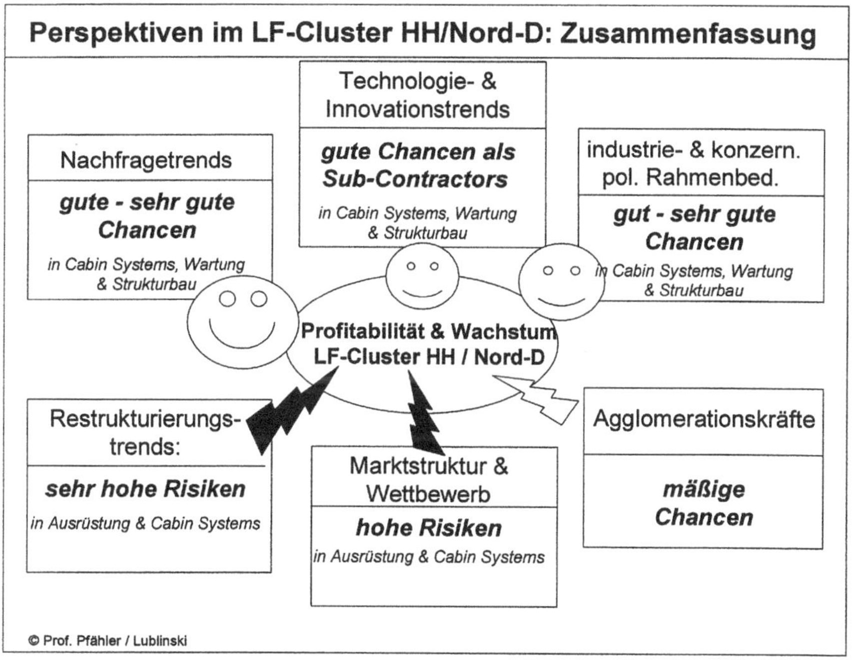

Abbildung 107: Perspektiven im LF-Cluster HH/NW-D - Zusammenfassung

C. Zusammenfassung der Perspektiven im LF-Cluster HH / NW-D

Die Perspektiven im LF-Cluster HH/NW-D, so wie sie sich aus der Analyse der Umfeldtrends dieses Clusters ergeben, sind in Abbildung 107 zusammenfassend bewertet.

1. Gute - sehr gute Chancen durch Angebotslücken & Nachfragetrends:

- Derzeit gibt es noch große 1st- & 2nd-tier regionale Angebotslücken (siehe im Detail die Bestandsaufnahme).
- Die langfristige Wachstumsprognose für den zivilen Luftverkehr ist sehr günstig (4-6%) und impliziert eine Verdopplung der Passagier-Flotte sowie eine Verdreifachung der Frachtflotte bis 2019.
- Es ist mit einem noch stärkeren Wachstum im Segment Regional- und Business-Jets zu rechnen.
- Die Umsatzanteile, die auf die Ausrüstung, Ausstattung und Modification von Cabin Systems entfallen, steigen überproportional aufgrund einer
  - stärkeren Differenzierung/Upgrading und Komplettierung,
  - verstärkten Kundensegmentierung,
  - höheren Kabinenwirtschaftlichkeit,
  - höheren Crash-Sicherheit,
  - besseren Umweltverträglichkeit.
- Die Wachstumsperspektiven für Cabin Systems durch Wartung & Refurbishing, VIP-Completion und Business-Jet Ausstattung sind gleichfalls sehr günstig.
- Die Einsatzperspektiven der Leichtbauweise & Cabin Systems in anderen Verkehrsbranchen (Schiff-, Bahnwaggon-, Fahrzeugbau) sind gleichfalls sehr günstig.

2. Gute Chancen bei Technologie- und Innovationstrends:

- Es gibt im Prinzip gute bis sehr gute Chancen bei der Entwicklung und Anwendung neuer Technologien, Materialen, Werkstoffe, Verfahren, Design- und Systemlösungen im Luftfahrzeugbau – auch und insbesondere außerhalb jener Kerntechnologien (Avionik, Triebwerk, Flügel), die traditionell nicht im LF-Cluster HH/NW-D entwickelt werden.

- Besonders gut sind die Chancen in den Bereichen Design, Strukturbau und Ausrüstung, Ausstattung und Modifikation von Cabin Interiors. In diesem Bereich gibt es bereits Technologie- und Marktführer im Cluster als Sub-Contractors.
- Aber für die Entwicklung und Erprobung dieser neuer Technologien fehlen außerhalb der Primes der LF-Industrie und weniger F&E-intensiver Spezialbetriebe überwiegend die F&E-Kompetenzen und F&E-Ressourcen eines Main-Contractors.

3. Gute - sehr gute Chancen bei industrie- konzernpolitischen Rahmenbedingungen:

- Die industriepolitischen Rahmenbedingungen haben sich insgesamt verschlechtert.
- Es ist fraglich, ob die auf Cabin Systems spezialisierten mittelständischen Clusterbetriebe das EU-Forschungsprogrammen zur Verbesserung des sozioökonomischen Nutzens (mit Schwerpunkten im Bereich Umweltverträglichkeit, Nachhaltigkeit und Lärmschutz) und das Hamburger Luftfahrttechnologie-Programm nutzen können.
- Sehr günstig für den LF-Cluster HH/NW-D sind dagegen gegenwärtig die konzernpolitischen Rahmenbedingungen, insbesondere für den Bereich des Flugzeugbaus, der sich mit der Ausrüstung, Ausstattung und Modification von Cabin Interiors und den VIP & Executive Jet Services befasst. Denn beide Primes haben ihren Kompetenzschwerpunkt für Cabin Systems/Cabin Modification in Hamburg.
- Allerdings steckt in den konzernpolitischen Rahmenbedingungen auch ein Risikopotential in Gestalt einer möglichen weiteren Machtverschiebung bei Airbus nach Toulouse, eines Verkaufs der EADS-Beteiligung durch Daimler-Chrysler und sich erhöhender Local Content Requirements wie beim A 380 auch für andere Modelle.

4. Hohe Risiken für Zulieferindustrie durch Wettbewerbs- und Marktstrukturtrends

- Die Nachfrager sind in allen Nachfragesegmenten (Airlines, Flugzeug- und Turbinenhersteller, Flugzeugwartung; Reeder, Schiffbauer, Bahngesellschaften, Waggonbauer etc.) sehr konzentriert und haben eine große Marktmacht gegenüber den Zulieferern.
- Es gibt eine Vielzahl aktueller Wettbewerber der Zulieferfirmen und die Wettbewerbsintensität wird als hoch eingeschätzt.

- Die wichtigsten potentiellen Wettbewerber sind sehr starke Global Players der Zulieferindustrie, die einen hohen Wettbewerbsdruck auslösen (können).
- Die Substitutionsgefahr durch neue Produkte & Technologien (Substitutionswettbewerb) hängt ganz wesentlich von der Entwicklung und dem Einsatz neuer Materialien und Werkstoffe ab.

5. Sehr große Risiken durch Restrukturierungstrends

- Die LF-Industrie befindet sich in einem grundlegenden Konzentrations-, Kapitalverflechtungs- und Restrukturierungsprozess, verbunden mit einem Rückzug der Primes auf die Systemintegration, einer neuen Beschaffungspolitik (Single-, Modular-, Global-, Forward-Sourcing) und der Herausbildung starker Global Players auf der Lieferantenseite.
- Die Zulieferbetriebe des LF-Clusters HH/NW-D stehen vor der Aufgabe einer Neu-Positionierungen in der Zulieferkette, im Zulieferstatus, in der Lieferbeziehung und im Integrations-/Innovationsportfolio. Als 1st-tier Lieferanten kommen in Zukunft nur starke Finanz-, F&E- und Risikopartner mit hohen Systemfähigkeiten (Systemhäuser) in Frage. Das bedroht die norddeutsche Zulieferindustrie in ihrer derzeitigen Verfassung und Substanz.
- Die Zulieferindustrie des LF-Clusters HH/NW-D scheint die Gefahren und strategischen Herausforderungen, die mit dieser Restrukturierung verbunden sind, nicht in der vollen Tragweite zu erkennen. Es besteht der Verdacht, dass zu viele Betriebe im LF-Cluster HH/NW-D die Dynamik des Wettbewerbs und der Restrukturierung unterschätzen und ihre eigenen Positionierungs- und Wettbewerbschancen überschätzen. Das verschärft die Bedrohung durch die Restrukturierung.
- Für die favorisierten Optionen „Anbindung an Systemlieferant" und/oder „Kooperationen" bestehen entweder keine regionalen Kooperationspartner oder keine Erfahrungen und Kompetenzen.
- Aus eigenen Kräften können die meisten Betriebe die Anforderungen an Systemintegrationsfähigkeit und die Innovationsanforderungen nicht meistern bzw. die Innovationshemmnisse nicht überwinden.

6. Gesamtfazit:

- Der Markt, die Produkt- und Technologiekompetenzen, die konzernpolitischen Rahmenbedingungen der Kernunternehmen des LF-Clusters und die regionalen Angebotslücken eröffnen gute bis sehr gute Zukunftschancen für ein Cluster im Bereich Strukturbau, Ausrüstung und insbesondere Ausstattung (Cabin Systems).

- Im Bereich Cabin Systems gibt es im LF-Cluster neben den Kernbetrieben auch bereits eine Reihe kompetenter Zulieferfirmen und technische Dienstleister, die in ihren jeweiligen Segmenten weltweit bereits heute als Technologie- und Weltmarktführer gelten.
- Aber die Wettbewerbskräfte und die Restrukturierungstrends lassen es fraglich erscheinen, ob die Zulieferindustrie des LF-Clusters HH/NW-D insgesamt von diesen Zukunftschancen profitiert, oder ob sie nicht vielmehr - im Rahmen einer großen Übernahme- und Marktaustrittswelle - in existentielle Gefahr gerät, auch deshalb, weil sie Fehleinschätzungen über ihre eigene Lage und ihr Potential unterliegt.
- Deshalb muss sich die norddt. Zulieferindustrie auf Ihre Stärken besinnen und durch eine Fokussierung und Bündelung ihrer Kräfte und Stärken einen internationalen Kompetenzvorsprung erarbeiten und ausbauen. Das könnte in Gestalt des Aufbaus eines „Internationales Kompetenzzentrums Cabin Systems" gelingen. Dieses Kompetenzzentrum müsste freilich Branchen übergreifend konzipiert sein.

IV. Vision "Internationales Kompetenzzentrum Cabin Systems" und Handlungsempfehlungen

A. Vision "Internationales Kompetenzzentrum Cabin Systems"

1. Ausgangslage in Kurzfassung

Die Bestandsaufnahme des Luftfahrtstandorts HH/NW-D (siehe Kapitel II) und die Analysen der Perspektiven dieses Luftfahrtstandorts (siehe Kapitel III) liefern die folgenden kurz zusammengefassten Belege, die die Ausgangslage für weitere Überlegungen charakterisieren:

- Das LF-Cluster HH/NW-D hat gegenwärtig (noch) nicht die „kritische Masse“ und die Agglomerationskräfte sind gegenwärtig insgesamt (noch) zu gering, um einen sich selbst tragenden räumlichen Entwicklungsprozess im Cluster anzustoßen.
- Die Primes (insbesondere Airbus) weisen gegenwärtig noch eine zu hohe Wertschöpfungstiefe auf und wünschen diese durch Outsourcing abzubauen, um sich auf Kernkompetenzen, Produktivitätswachstum und Innovativität konzentrieren zu können.
- Zu den Kernkompetenzen gehört bei Airbus der Strukturbau und bei beiden Primes die Ausstattung für Flugzeuge (Cabin Systems).
- Die norddeutsche LF-Zulieferindustrie liefert in ihrer gegenwärtigen Verfassung einen insgesamt im Umfang nur geringen, zu wenig spezialisierten, in der High-Tech Kompetenz und Systemfähigkeit unzureichenden Wertschöpfungsbeitrag und hat zu wenige Kompetenzen, Finanzkraft und Erfahrungen für langfristige F&E- und Produktionspartnerschaften vorzuweisen.
- Die lokale Wissensinfrastruktur kann mangels Masse, Koordination und Fokussierung die unzureichende High-Tech Kompetenz und Innovationsfähigkeit der LF-Zulieferindustrie nicht ausgleichen.
- Die Voraussetzungen für ein *Local Outsourcing* von *work shares* im Rahmen der Restrukturierung der Primes (Abbau der Wertschöpfungstiefe und Aufbau neuer strategischer F&E- sowie Produktionspartnerschaften mit Lieferanten) an die norddeutsche Zulieferindustrie sind deshalb gegenwärtig sehr ungünstig.

- Gleichzeitig formt sich der (Welt-) Markt in der Zulieferindustrie neu und es entstehen marktmächtige Systemhäuser, die als potentielle strategische Partner der Primes in Frage kommen.
- Diese Restrukturierungs- und Marktstrukturtrends können von der norddeutschen Zulieferindustrie kaum beeinflusst werden; sie werden von ihr womöglich in ihrer Tragweite nicht einmal richtig eingeschätzt, wodurch sich die Bedrohung sogar noch erhöht.
- Neue Marktchancen eröffnen sich vor allem im Bereich der Ausstattung, dort wächst die Nachfrage überproportional zur Verkehrs- und Flugzeugnachfrage, gleichzeitig steigt der High-Tech Anteil (durch neue Materialien und Fertigungsmethoden) in diesem Bereich.

Integrative Cluster-Vision: „Cabin Systems“

Internationales Kompetenzzentrum „Cabin Systems“	
integrativ über	
Verkehrsträger, Branchen, Märkte	Flugzeug-, Schiff-, Bahnwaggon-Fahrzeugbau,..
Ausrüstungs-, Ausstattungs-systeme & Wirtschaftszweige	Inneneinrichtung (Sitze, Verkleidungen etc.) Küchen-, Sanitär-, MediCare-Einrichtungen Versorgungs- & Beleuchtungssysteme Rettungs- & Sicherheitssysteme Catering Equipment, Design, Sekundärstrukturbau
andere Cluster vor Ort	
(Metropol-) Regionen	Hamburg, Bremen, Hannover-Braunschweig
Netzwerke	Beschaffungs-, Absatz-, Informations-, Forschungs-, Kooperationsnetzwerke

Abbildung 108: Integrative Cluster-Vision "Cabin Systems"

2. Integratives Cluster „Cabin Systems“

Die so kurz charakterisierte Ausgangslage legt es nahe, dass eine Vision für den Luftfahrtstandort HH/NW-D in dem Aus- und Aufbau eines *„Internationalen*

Kompetenzzentrums Cabin System" liegen könnte. Allerdings müsste dieses Kompetenzzentrum als *integratives Cluster* verstanden werden, und zwar integrativ über (siehe Abbildung 108)

- verschiedene Verkehrsträger, Branchen und Märkte,
- bereits bestehende Cluster
- alle kabinenbezogenen Ausrüstungs- und Ausstattungssysteme,
- die Cluster-Verdichtungsräume in den Metropolregionen Hamburg, Bremen und Hannover/Braunschweig,
- und über alle relevanten Absatz-, Lieferanten- und Informationsnetzwerke.

Nur die Integration über Verkehrsträger sichert

- die zur Realisierung von Betriebsgrößenvorteilen benötigten Absatzmengen,
- Verbund- bzw. Synergievorteile in F&E, Produktion und Vertrieb,
- Risikoausgleich in Bezug auf F&E- und Absatzriskien bei unterschiedlichen Branchenzyklen,
- eine breite Basis potentieller Kooperationspartner
- und eine hörbare Stimme bei der Gestaltung des wirtschaftspolitischen und cluster-spezifischen Umfelds und der Einwerbung von EU-, Bundes- und Landesmittel zur Cluster-Förderung.

Die Integration über Verkehrsträger und damit über Branchen und Märkte, umfasst die Innenausstattung von Luftfahrzeugen, Wasserfahrzeugen, Schienenfahrzeugen, Straßenfahrzeugen, Raumfahrzeugen und von Gebäuden (siehe Abbildung 109). Alle genannten Fahrzeuge haben, soweit sie Passagiere befördern, heute oder in naher Zukunft

- identische oder sehr ähnliche Problemlösungen im Design, bei Werkstoffen und Materialien sowie Fertigungsmethoden,
- ähnliche Systeme und Produkte in der Innenausstattung an der Schnittstelle zu Passagieren, namentlich Innenverkleidungen, Trennwände, Stauräume, Versorgungssysteme (für Luft, Wasser, Strom), Beleuchtungssysteme, Steuerungs- und Wartungssysteme, Sitze, In-Seat-Entertainment, Lap-top-power, Bordtoiletten, Bordküchen, etc. (siehe Abbildung 74).

Noch werden diese Produkte und Systeme in unterschiedlichen Wirtschaftszweigen erstellt. Überraschen mag die Einbeziehung der festen und/oder mobilen Innenausstattung von Gebäuden für Hotel- oder Messezwecke. Dies betrifft vor allem Beleuchtungssysteme (LED-Technologie), feste oder mobile Toiletten, Trennwände und Küchen.

Wann immer die Möglichkeit besteht, sollte man für neue, sich entwickelnde Cluster die Möglichkeiten wahrzunehmen versuchen, die sich durch vorhandene Cluster bieten, um von den vielfältigen Synergievorteilen sich überschneidender Cluster zu profitieren. Im vorliegenden Fall bieten sich zwei bereits bestehende Cluster in HH/NW-D an, nämlich (siehe Abbildung 110)

- das größere norddeutsche Schifffahrt-Cluster mit langer (Küsten-) Tradition
- und das kleinere Cluster von Design- und Engineeringfirmen.

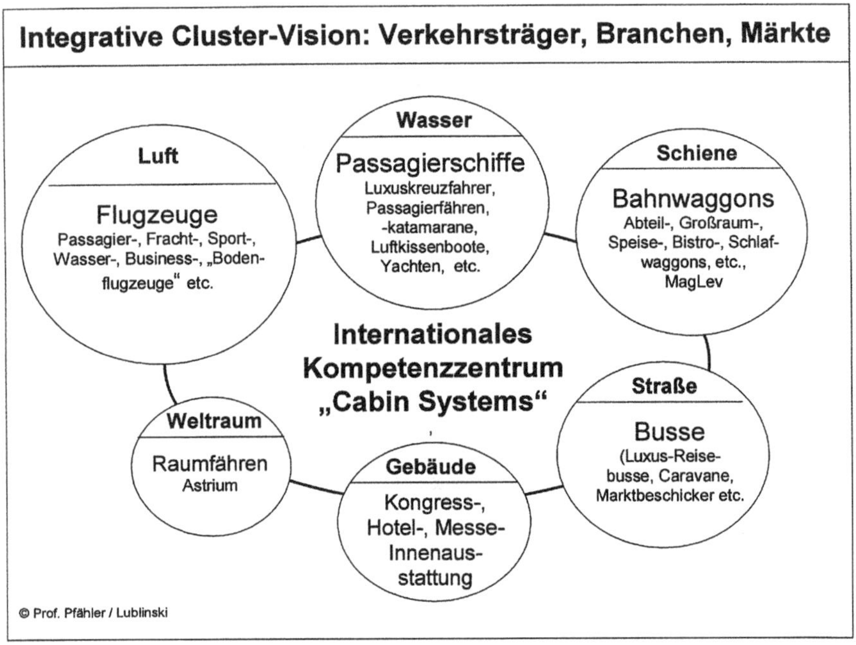

Abbildung 109: Integrative Cluster-Vision: Verkehrsträger, Branchen, Märkte

Im Prinzip gäbe es auch Überschneidungsmöglichkeiten mit

- dem Medien-Cluster in Hamburg,

falls es gelingen sollte, die Software-Firmen für das IFE und die Pax-Communication sowie die Firmen, die die Inhalte (Contents) bereitstellen, an das Medien-Cluster in Hamburg zu binden. Sie sitzen gegenwärtig weit überwiegend im Süden Kaliforniens.

Natürlich muss sich die Cluster-Vision auch über alle Verdichtungsräume des LF-Clusters HH/NW-D erstrecken. Das sind im Wesentlichen (siehe Abbildung 111)

- die Metropolregion Hamburg mit dem Hauptsitz der Primes
- die Metropolregion Bremen (inkl. Varel, Nordenham und Stade)
- und die Region Hannover-Braunschweig mit ihrem Forschungsschwerpunkt in L&R.

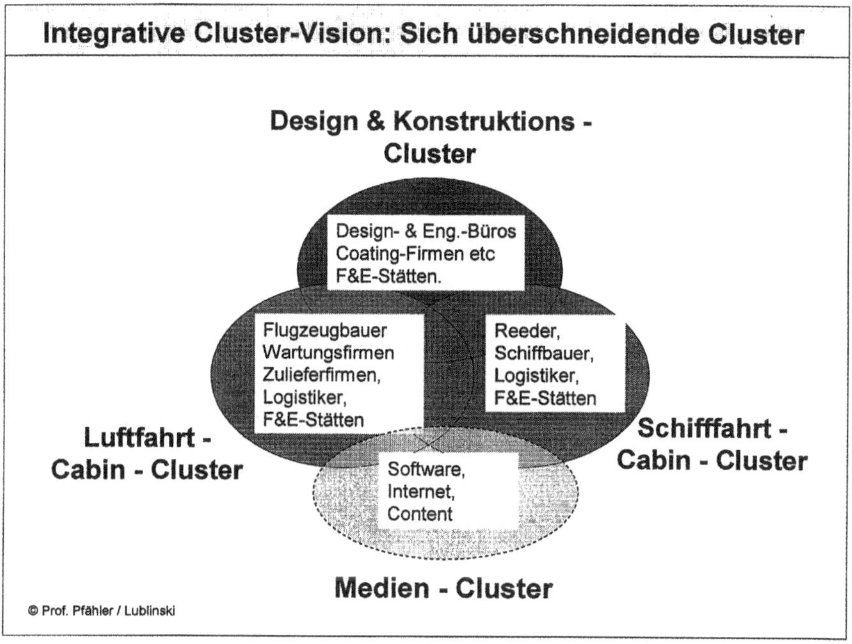

Abbildung 110: Integrative Cluster-Vision: Sich überschneidende Cluster

Leider liegen diese Regionen in unterschiedlichen norddeutschen Ländern. Das erschwert die Kooperation im Rahmen einer gemeinsamen Clusterpolitik nicht unerheblich (siehe unten). Denn diese Regionen müssten sich im Interesse einer Stärkung des Clusters auf vielen Gebieten der Politik im Rahmen langfristig angelegter Kooperationsverträge auf gemeinsame Ziele, Instrumente und Aktivitäten zur Cluster-Entwicklung einigen. Darunter befinden sich auch Politikbereiche mit besonderer „Ländersensibilität", insbesondere die Forschungs- und (Aus-) Bildungspolitik und die Gewerbeflächen- bzw. Ansiedlungspolitik.

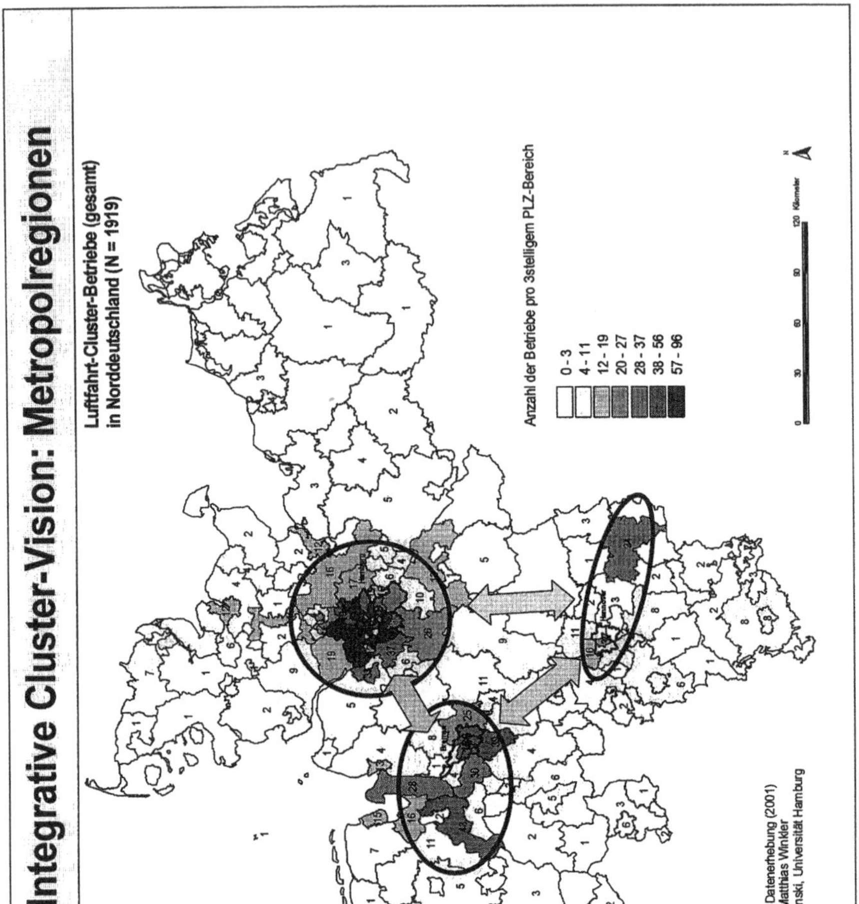

Abbildung 111: Integrative Cluster-Vision: Metropolregionen

3. Vorteile für die Unternehmen und die Standortpolitik

Ein räumlicher Cluster „Internationales Kompetenzzentrum Cabin Systems“ hätte eine Reihe von klar benennbaren Vorteilen für die Unternehmen im Cluster und für die regionale Wirtschaftspolitik im Cluster-Raum. Im Folgenden findet sich eine stichwortartige Auflistung der wichtigsten Vorteile.

Wirkungen cluster-spezifischer Quellen von Wettbewerbsvorteilen		
höhere Produktivität	**höhere Innovativität**	**höhere Gründungsaktivität**
• durch besseren Zugang zu Mitarbeitern *(Arbeitsmarktvorteile durch labor market pooling)* • durch besseren Zugang zu spezialisierten Prod.faktoren und Lieferanten *(Spezialisierungsvorteile durch „lokales Outsourcing")* • durch besseren Zugang zu speziellen Informationen *(Wissens-spillover-Vorteile)* • durch Synergien durch komplementäre Vorteile und Produkte *(Synergievorteile)* • durch besserem Zugang zu Institutionen & (quasi-) öffentlichen Leistungen *(Produktivitätsvorteile durch (quasi-) öffentliche Inputs)* • durch höhere Motivation und bessere Vergleichsmaßstäbe *(X-efficiency Vorteile durch Anreiz & Benchmarking)*	• wegen höherem Innovationsdruck durch anspruchsvolle Kunden, starken Wettbewerbern und guten Vergleichsmaßstäben *(X-efficiency Vorteile durch Anreiz & Benchmarking)* • wegen höheren Innovationschancen infolge schnellerer u. leichterer Erkenntnis neuer Kundenbedürfnisse *(Wissenspillover-Vorteile)* • wegen besseren *techn. Innovationsmöglichkeiten* infolge schnellerer Erkenntnis und Verfügbarkeit von neuen Technologie, Betriebsabläufen ,Liefer- u. Marketingmethoden *(Wissensspillover-Vorteile durch andere Unternehmen, Lieferanten, Bildungs- u. Forschungsstätten)* • wegen besseren *wirtschaftlichen Innovationsmöglichkeiten infolge* flex Organisation (lok. outsourcing-Möglichkeiten), besserer Information und Qualifikation, besserem Timing *(Produktivitäts- und Timingvorteile)*	• wegen größerer Gründungsanreize infolge besserer Information über Geschäftschancen • wegen geringerem Gründungsrisiko infolge infolge räuml. konz. Kundenbasis und besserer Erkennung von Marktchancen • wegen geringeren Anfangshürden und Eintrittsbarrieren aufgrund besserer Verfügbarkeit von techn. Marktwissen, Fähigkeiten, Vorleistungen, (Wagnis-) Kapital und öffentl. Wissensinfrastruktur • wegen dynamischeren Entwicklungsmöglichkeit infolge „synergetischen Wachstums" im räuml. Cluster In Anlehnung an Porter (1999) © Pfähler/Lublinski

Abbildung 112: Wirkungen cluster-spezifischen Quellen von Wettbewerbsvorteilen

Vorteile für die Unternehmen

Ein Cluster könnte auf Unternehmer zunächst eine abschreckende Wirkung haben, soweit sie befürchten, dadurch einem noch schärferen Wettbewerb ausgesetzt zu sein, Mitarbeiter an Wettbewerber zu verlieren und durch die relativen Knappheiten auf den lokalen Beschaffungsmärkten höhere Kosten am Standort zu haben. Die Erfahrung zeigt jedoch ein anderes Bild. Entwickelt sich eine Gruppe von Unternehmen und Institutionen zu einem räumlichen Cluster, dann erhöhen die Agglomerationsvorteile im Cluster langfristig das Produktivitätswachstum, die Innovationsdynamik und die (Aus-) Gründungsaktivität (siehe im Detail

Abbildung 112). Das verbessert in aller Regel die Wettbewerbsfähigkeit und damit auch die Gewinnsituation der Unternehmen. Die höhere Wettbewerbsfähigkeit ist auch Ergebnis einer erfolgreichen Neuausrichtung der Unternehmensstrategien im Cluster. Diese Neuausrichtung wird von den im Cluster verfügbaren kritischen Ressourcen, den mit anderen Unternehmen des Clusters geteilten Aktivitäten und dem schnellen Informations- und Wissensfluss im Cluster begünstigt.

Ein Cluster in Gestalt eines „Internationales Kompetenzzentrum Cabin Systems" in HH/NW-D hätte speziell die folgenden Vorteile:

- Es würde auf die „Cluster-Keimzelle" starker Primes und 1st-tier Lieferanten mit Kompetenzschwerpunkt in Cabin Systems, die sich auf den Weltmärkten bereits hohe Marktanteile und eine hohe Reputation erworben haben, aufbauen. (siehe Kapitel II und III).
- Die Nachfrage-, Technologie- und Innovations- sowie konzernpolitischen Trends würden diesem Cluster starken Rückenwind verleihen (siehe Kapitel III).
- Die starken Primes und 1st-tier-Lieferanten würden das Innovationstempo im Cluster und die Qualitätsansprüche an ihre Lieferanten und andere Clusterfirmen forcieren und könnten als Referenzkunden dazu dienen, weitere Absatzkanäle weltweit in derselben Branche oder den Markteintritt in neue Branchen zu erschließen.
- Ein Cluster Cabin Systems böte den Nährboden und den Spielraum für die Entwicklung der – für Modul- und Systemlieferanten unabdingbaren - technischen und Management-System(integrations)fähigkeit, und zwar insbesondere durch den Druck der Primes und 1st-tier Lieferanten, durch die räumliche Nähe zu den Abnehmern und durch Kooperationen mit räumlich nahen „Mitbewerbern" und Unterlieferanten.
- Ein Cluster Cabin Systems ermöglichte eine „First-Time-Right"-Politik bei der Neuproduktentwicklung durch eine räumlich nahe und enge Kooperation in allen Phasen der Entwicklung und Produktion sowie des Marketing und der Distribution.
- Ein Cluster Cabin Systems würde für alle Firmen im Cluster die Unternehmensflexibilität erhöhen, und zwar sowohl in Bezug auf Kunden aus verschiedenen Branchen (Absatzseite) als auch in Bezug auf die vertikale Integration (Outsourcing oder Insourcing von Aktivitäten), die horizontale Integration (Erweiterung der Produktpalette oder Fokussierung) und die Kooperationsformen und -gebiete mit „Mitbewerbern". Von besonderer Bedeutung wären die speziellen Vorteile durch lokales Outsourcing im Cluster (siehe Abbildung 113).

- Ein Cluster Cabin System würde eine hohe Reaktionsgeschwindigkeit auf Einrichtungs- und Änderungswünsche der Kunden „vor Ort“ befördern. Das wäre deshalb von besonderer Bedeutung, weil die Verkehrsträger (z.B. Flugzeuge) zunächst „leer“ hergestellt und dann in Zusammenarbeit mit dem Kunden im Rahmen des SFE- oder BFE-Politik innen ausgestatten werden. Diese Zusammenarbeit erfolgt „vor Ort“, oft sehr kurzfristig und unter sehr engem Termindruck für die Endauslieferung.

Spezielle Vorteile durch Lokales Outsourcing im Räumlichen Cluster

Vorteile der Spezialisierung
- hohe Bandbreite spezialisierter Lieferanten/Investitionen vor Ort
- hohe Qualität der Lieferanten durch Rivalität und Kooperation
- hohe Flexibilität bei Produktmodifikation durch „kurze Wege“
- hohe Integration von Technologie, Information und Service durch „face-to-face“ Kontakt zum Lieferanten möglich
- vergl w. billige, reaktionsschnelle externe Spezialisten vor Ort

Preis- und Qualitätsvorteile für Abnehmer durch
- Gefahr Reputationsverlust
- hohe Transparenz & Kontinuität für Lieferanten

Transaktionskostenvorteile
- große Lager überflüssig
- keine „Importkosten“
- geringere Lieferverzögerung
- geringere Kommunikationskosten
- höhere Flexibilität bei der Wahl der Koordinationsform mit Lieferanten

Absatzvorteile der Lieferanten durch
- Lieferung an verwandte Branchen im Cluster
- höhere Reputation und Transparenz

„Cost-Sharing“-Vorteile
- gemeinsame Bereitstellung von Hilfs- & Unterstützungsdiensten (z.B. Installation, Fehlerkorrektur, Benutzerschulung, Troubleshooting, prompte Reparatur)
- gemeinsame politische Lobbyarbeit

Beschaffungsvorteile auch bei Distanzbezug
- konzentrierter Markt senkt Beschaffungspreise aufgrund agg. Preiswettbewerbs und Einsparungen bei Belieferung
- konzentrierter Markt macht Investitionen der Lieferanten in Absatzkanäle attraktiver

Quelle: M.E.Porter (1999)

Abbildung 113: Spezielle Vorteile durch lokales Outsourcing im Cluster

- Ein Cluster würde Synergiepotentiale sichern im Aufbau und in der Nutzung betrieblicher F&E-Kapazitäten in Cabin Systems für Kunden aus unterschiedlichen Branchen, in der F&E-Kooperation mit „Mitbewerbern“ und in der Forcierung einer cluster-spezifischen öffentlichen F&E-Wissensinfrastruktur (siehe mehr dazu weiter unten).

- Ferner würde ein Cluster Cabin System Synergiepotentiale sichern bei der Beschaffung (gemeinsame e-commerce Plattform für Werkstoffe, Materialien, Teile, Komponenten etc.), bei der Erschließung von weiteren internationalen

Distributionskanälen (gemeinsame Marketing-Agentur) und beim betrieblichem Standort- und Image-Marketing.

- Ein Cluster Cabin System würde das Ansiedlungs- und Investitionsrisiko für Firmen vermindern, die eine Standortverlagerung in das räumliche Cluster erwägen und gestattet gemeinsame Anstrengungen seitens der Cluster-Firmen, wichtige Lieferanten an den Cluster-Standort zu locken (siehe mehr dazu weiter unten).
- Ein Cluster Cabin Systems würde mittelfristig einen breit sortierten Arbeitsmarkt für die Cabin Systems aller Verkehrsträger in allen Qualifikationssegmenten und in allen Qualifikationstiefen sichern; insbesondere würde es die Entwicklung cluster-spezifischer Ausbildungsberufe und Studiengänge – in Kooperation mit den Behörden, Verbänden und Kammern – gestatten (siehe mehr dazu unten).
- Ein Cluster Cabin Systems würde Investitions- und Absatzrisiken mindern, weil die Branchenzyklen für die verschiedenen Verkehrsträger nicht (vollständig) korreliert sind.
- Ein Cluster Cabin Systems verbesserte schließlich den Zugang zu „verschiedenen Fördertöpfen" und erhöht den Einfluss auf Länder-, Bundes- und EU-Ebene bei der Entwicklung und Ausrichtung neuer (F&E-) Förderprogramme.

Vorteile für die regionale Wirtschafts- bzw. Standortpolitik

Der Auf- und Ausbau eines Clusters „Internationales Kompetenzzentrum Cabin Systems" hätte für die regionale Wirtschafts- bzw. Standortpolitik die folgenden Vorteile:

- Es würde die regionale Anfälligkeit gegenüber dem zyklischen Branchenrisiko in der Luftfahrt vermindern und - durch die Risikodiversifikation über nicht (vollständig) korrelierte Branchenrisiken (Flug-, Bahn-, Schiffs-, Straßenverkehr)- das regionale Einkommens-, Beschäftigungs- und Steueraufkommensrisiko reduzieren.
- Es würde eine nach Wirtschaftszweigen, Größenklassen und Spezialisierungsgrad breit gefächerte und flexible Betriebsstruktur befördern und entspräche damit der eher mittelständisch strukturierten Wirtschaft in den Cluster-Kerngebieten.
- Es verminderte die regionale Abhängigkeit von konzernpolitischen Entscheidungen einzelner Global Players (hier insbesondere Airbus und LHT AG)
- Es böte gegenüber einer interventionistischen, auf nur eine Branche ausgerichteten Industriepolitik

- eine neue Art, gemeinsam zu denken und zu handeln,
- ein Forum für einen konstruktiven Dialog zwischen Wirtschaftsbehörden und Unternehmen, Verbänden und Kammern und ein gemeinsam getragenes Cluster-Management
- sowie wirtschafts- und standortpolitische Handlungsoptionen mit relativ geringen finanziellen Anforderungen an das Staatsbudget.

  (siehe im Detail Abschn. B und C dieses Kapitels weiter unten)

- Es würde die „Treffsicherheit" und den „Wirkungsgrad" regionaler verkehrs-, flächen-, infrastruktur-, bildungs- und forschungspolitischer Maßnahmen verbessern.
- Es könnte für den Standorterfolg wichtige Verbindungen und Verbindungsmöglichkeiten zwischen Firmen, Technologien, Problemlösungen, Managementanforderungen und Arbeitsmärkten aufdecken. Damit würden nicht nur gemeinsame Probleme, sondern insbesondere auch gemeinsame Chancen sichtbar.
- Es könnte insbesondere regionale Investitionschancen aufdecken: „It is particularly important for investors to have a good understanding of the valuable ways in which they can invest in (...) industrial clusters. Privileged forms of investment include direct investment leading to the establishment of a R&D centre of a manufacturing facility; the expansion or alteration of an existing firm; a partnership with a firm already established (...), in order to pool know-how; and the formation of a strategic alliance with an established company, with a view to transferring know-how and production technological systems, and the conclusion of trade agreements" (Ferland, M., Montreuil, B., Poulin, (1996), S. 87).
- Es würde die Ansiedlungsproblematik im Rahmen der Wirtschaftsförderung vermindern,
  - indem es den Unternehmen Möglichkeiten des „synergetic growth" (McKinsey) im lokalen Cluster und den sich überschneidenden lokalen Clustern böte
  - und für die Wirtschaftsförderer kosten- und zeitsparende Synergien bei „höherer Treffsicherheit" sicherstellte.
- Schließlich würde es das Standortmarketing erleichtern.

4. Herausforderungen für Branchen übergreifende Angebote

Die Sinnfälligkeit eines „Internationalen Kompetenzzentrums Cabin Systems" am Luftfahrtstandort HH/NW-D steht und fällt mit

- der Willigkeit und Fähigkeit der Unternehmen, Branchen übergreifende Produkte und Systeme anzubieten
- und Standorte im Cluster-Gebiet auf- bzw. auszubauen.

Das betrifft sowohl Unternehmen, die bereits in den jeweiligen Märkten als Anbieter auftreten, als auch Firmen, die den Markteintritt erwägen. Denn der Markt Flugzeugbau und –wartung ist insgesamt zu klein und allein auch zu konjunkturanfällig, als dass er einen ausreichenden Nachfrage-Sog für ein „Internationales Kompetenzzentrum Cabin Systems" entwickeln könnte.

Experteninterviews mit Unternehmen, die bereits Anbieter in der Luftfahrt-Zulieferindustrie und im Cluster-Gebiet ansässig sind, sollten die Frage klären helfen, worin die Herausforderungen und Probleme Branchen übergreifender Angebote liegen. Nicht befragt wurden in diesem Stadium der Analyse die Ausstattungs-Zulieferfirmen anderer Branchen. Diese Befragung muss jedoch in Angriff genommen werden, bevor am Luftfahrtstandort HH/NW-D eine wirtschafts- und unternehmenspolitische Verpflichtung zum Aufbau eines „Internationalen Kompetenzzentrums Cabin Systems" im internen Kreis verabredet wurde.

Die Ergebnisse der Experteninterviews mit Vertretern der Luftfahrt-Zulieferindustrie über die Herausforderungen Branchen übergreifender Angebote lassen sich in den folgenden Punkten zusammenfassen:

Unternehmenskultur

Die gewachsene Unternehmenskultur wirkt als „lock-in"-Effekt. In der Regel dauert es recht lange, bis man sich als regelmäßiger Zulieferer (bzw. Systempartner) in der Luftfahrzeugbaubranche etabliert hat und erfolgreich am Innovationsgeschehen in der Branche teilnehmen kann. Überdies gilt die Branche selbst - insbesondere wegen der hohen Zulassungshürden, der Verwendung besonderer Materialien und Herstellungsverfahren und wegen des Images des Endprodukts - als sehr prestigeträchtige Branche („areospace!") im Vergleich zu anderen Branchen. Dies begründet eine Unternehmenskultur, die Angebot für andere Branchen als „Abstieg" brandmarkt.

KMU-Kultur

Zusätzlich zur luftfahrtspezifischen Unternehmenskultur könnte sich die für die Luftfahrt-Zulieferindustrie spezifische KMU-Kultur als Markteintrittsbarriere in andere Märkte erweisen. Insbesondere gibt es in der KMU-Ausstattungsindustrie nur eine gering entwickelte Kooperationskultur (in Auftragsakquisition, F&E, Marketing, Herstellung, Wartung), diese ist aber notwendig, um in Großserien „Systemhaus“-Angebote für Märkte machen zu können, die durch schnellere Produktzyklen und intensiveren Kostenwettbewerb gekennzeichnet sind.

Etablierte Beschaffungsstrukturen

Die Beschaffungsstrukturen in der Flugzeugbranche, der Bahnbranche, der Schiffbaubranche sind über Jahrzehnte weit überwiegend isoliert voneinander gewachsen und haben sich in einigen Branchen so verfestigt, dass die Interviewten sogar von „kartellierten Strukturen“ sprechen. Es wird als besonders schwierig betrachtet, von der Zulieferseite als Quereinsteiger diese Strukturen aufzubrechen. Insofern bilden diese Beschaffungsstrukturen ein hohes Markteintritts- und Absatzrisiko. Die quasi-kartellierten Beschaffungsstrukturen könnte nur durch gezielte und gewollte „Gegenmaßnahmen“ der Endabnehmer in den anderen Branchen (Bahngesellschaften, Reedereien und Schiffbauer etc.) aufgebrochen werden.

Starke Fragmentierung der Märkte

Die Märkte in den verschiedenen Branchen sind nach Expertenauskunft so stark fragmentiert, dass nachhaltige Wettbewerbsvorteile (über Kostenführerschaft, Produktdifferenzierung oder Fokussierung) nur auf- und ausgebaut werden könnten, wenn man sich auf *einen* Markt konzentriert.

Die Fragmentierung hat nach Expertenauskunft ihre Ursache in

- der *Technologie*: in der Luftfahrt sind im Ausstattungsbereich High Tech/High Price-Technologien bzw. Produkte die Regel, während im Ausstattungsbereich in anderen Branchen eher Low Tech/Low-Price Technologien oder Produkte vorherrschen;
- den *Zulassungsverfahren*: in der Luftfahrt sind die Zulassungen sehr anspruchsvoll, zeitraubend und teuer, während sie in anderen Brachen sehr leicht und billig zu erreichen sind, falls es überhaupt welche gibt;
- dem *Erfahrungswissen*: in der Luftfahrtbranche muss man mindestens 10 bis 15 Jahre Erfahrungswissen gesammelt haben, um als kompetenter Zulieferer betrachtet zu werden, während in anderen Branchen das notwendige Erfahrungswissen in zwei bis fünf Jahren aufgebaut werden kann;
- den *Stückzahlen*: in der Luftfahrtbranche herrschen Kleinserien und Unikate vor, während in anderen Branchen (insbesondere Automobil-, Gebäude- und Bahnbranche) größere Stückzahl mit höherem Standardisierungsgrad eingesetzt werden (man beachte aber, dass die Zahl der neu gebauten Airbus-Flugzeuge durchaus vergleichbar ist mit der Zahl neu gebauter ICE-Züge!);

- im *Zeithorizont für ROI-Erwartungen*: in der Luftfahrtbranche fallen die Umsatzerlöse relativ spät nach F&E-Beginn an, dauern aber aufgrund des Lebenszyklus des Produkts relativ lange an, während in anderen Branchen die Entwicklungs- und Lebenszyklen der Produkte deutlich kürzer sind, so dass mit einem schnellen ROI gerechnet werden kann.

Wettbewerbsrisiken und Benchmarking

In den Märkten für Ausstattungs-Großserien anderer Branchen befinden sich starke etablierte Wettbewerber „am unteren Ende des Qualitätsspektrums“ (Low Tech / Low Price). Sie sind stark sowohl hinsichtlich ihrer Kosteneffizienz als auch ihrer Innovationsdynamik (F&E-Kapazitäten). Falls die Märkte „durchlässig“ werden, ist damit zu rechnen, dass diese Wettbewerber mit ihren Erfahrungs-, Betriebsgrößen-, Kapitalmarkt-, Marketing- und F&E-Vorteilen umgekehrt den Markteintritt in die Luftfahrtbranche, d.h. im oberen Ende des Qualitätsspektrums (High Tech / High Price), in Betracht ziehen - oder zumindest damit drohen, um den Markteintritt in ihr Segment abzuwehren.

Eine detaillierte Analyse wird zeigen müssen, in welche Richtung sich der Know-How Transfer vermutlich am schnellsten realisieren ließe und welche Branche den „Benchmark“ bildet. Sicher ist nur, dass nicht durchgehend die Luftfahrzeugtechnologie den Maßstab setzt. In Bereichen der Ausstattung rivalisieren vermutlich am stärksten die Flugzeug- mit den Schiffausstattern. In der Leichtbauweise ist die Konkurrenz zwischen Flugzeug- und Fahrzeugbau stark. In Fragen der Sicherheit dürfte der Fahrzeugbau den Flugzeugbauern um mehr als Nasenlängen voraus sein.

Investitionsrisiken

Die Luftfahrt-Zulieferbetriebe haben in der Regel ihre Kapazitäten optimiert und produzieren bei (Nahezu-) Vollauslastung. Das absehbare Wachstum im Luftverkehr sorgt für stetiges internes Wachstum mit (Nahezu-) Vollauslastung auch in der Zukunft. Ein Branchen übergreifendes Angebot würde deshalb den Aufbau einer neuen, zweiten Fertigungsstraße erfordern. Ob sich diese Investition lohnt, ob sich die Zulieferbetriebe also in anderen Märkten durchsetzen, ist aus oben genannten Gründen nicht gesichert. Vermutlich wäre eine starke F&E-„Mutter“ (wie zum Beispiel im Falle der Draeger AG) vonnöten, um die F&E-Risiken zu finanzieren und abzufedern.

A priori ist auch nicht erkennbar, ob sich Kosten senkende Synergieeffekte (in F&E, Produktion, Distribution, Overhead etc.) zwischen beiden „Fertigungsstraßen“ realisieren ließen. Fallen diese Synergieeffekte gering aus, dann kommen grundsätzlich auch andere Standorte in räumlicher Nähe der Endabnehmer in den anderen Brachen in Frage.

Input- versus Outputnähe der Branchen

Selbst wenn sich auf der Outputseite die Produkte in den verschiedenen Branchen oft nicht sehr ähneln, zeigen sich oft verblüffende Ähnlichkeiten auf der Inputseite. Von zentraler Bedeutung für die Inputnähe sind insbesondere die CAD-Entwicklung, die Entwicklung und Anwendung von neuen Leichtbau-Werkstoffen (Aluminium, Honeycomb, Glare), die Steuerungssysteme (fly-by-wire und drive-by-wire), die technische Dokumentation und die Qualifikation der Mitarbeiter. Diese Inputnähe in output-nahe Produkte zu verwandeln, ist eine der wesentlichen Herausforderungen bei der Suche nach Branchen übergreifenden Angeboten.

Zusammenfassend

ist festzustellen: Ein „Internationales Kompetenzzentrum Cabin Systems" ist kein Selbstläufer. Es bedarf des Drucks der Primes und der koordinierten Anstrengung aller Beteiligter im Rahmen einer clusterorientierten Standortpolitik und eines effektiven Cluster-Managements.

B. Clusterpolitik

1. Rechtfertigung und allgemeine Grundsätze einer clusterorientierten Wirtschaftspolitik

Eine clusterorientierte Wirtschaftspolitik stellt einen Eingriff in das Marktgeschehen dar und bedarf deshalb einer ökonomischen (bzw. wohlfahrtspolitischen) Rechtfertigung. Auf der Basis dieser ökonomischen Rechtfertigung sollte eine Clusterpolitik bestimmten allgemeinen Grundsätzen gehorchen. Im Folgenden werden die Rechtfertigungsgründe und die wichtigsten allgemeinen Grundsätze einer clusterorientierten Wirtschaftspolitik sowie die Unterschiede zur traditionellen Standortpolitik und zu einer branchenorientierten Wirtschaftspolitik kurz skizziert (siehe im Detail Enright (2000), Pfähler (1997), Porter (1999)).

Rechtfertigung

Eine clusterorientierte Wirtschaftspolitik ist Teil der Allokationspolitik und findet ihre Rechtfertigung in den folgenden Marktunvollkommenheiten und Quellen von Marktversagen:

- *Informationsmängel/-kosten*: für die Unternehmen wertvolle Informationen sind nicht oder nur zu prohibitiv hohen Kosten verfügbar;
- *unternehmerische Kurzsichtigkeit*: für die Unternehmen wertvolle Informationen sind zwar vorhanden, werden aber nicht ökonomisch optimal genutzt,

weil entweder das Verständnis dafür fehlt oder die Unternehmen unfähig sind, die richtigen Handlungskonsequenzen daraus zu ziehen;

- *Koordinationsmängel/-kosten*: für die Unternehmen wertvolle Informationen sind vorhanden und werden verstanden, aber werden nicht optimal genutzt, weil die unterschiedlichen Akteure nicht in der Lage sind, ihre Handlungen im gemeinsamen Interesse zu koordinieren;
- *Unterversorgung mit öffentlichen Gütern und Dienstleistungen*: für die Cluster-Entwicklung notwendige Güter und Dienste, wie Ausbildung, Training, Infrastruktur, werden von Märkten nicht ausreichend zur Verfügung gestellt.

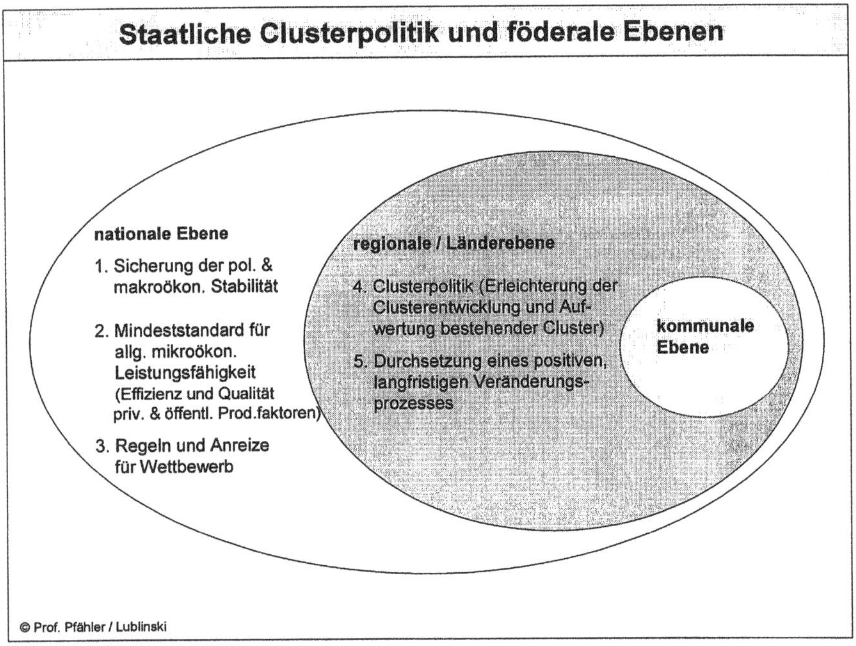

Abbildung 114: Staatliche Clusterpolitik und föderale Ebenen

Diese Marktmängel haben zur Folge, dass eine (pareto-) effiziente Allokation der volkswirtschaftlichen Ressourcen nicht erreicht und damit Chancen zur Wohlfahrtssteigerung nicht wahrgenommen werden.

Grundsätze

- *Identifikation*: Voraussetzung für den Auf- und Ausbau eines Clusters ist, dass eine Keimzelle eines zukunftsfähiges Cluster ,mit gegenwärtig oder in naher Zukunft „kritischer Masse“ bereits existiert und dieses in all' seinen Ausprägungen bekannt ist. (siehe dazu die Kapitel II. und III. dieser Studie für das LF-Cluster HH/NW-D)
- *Oberziel*: Oberstes Ziel der Clusterentwicklung ist die Erhöhung des Wohlstands durch Erhöhung der Produktivität, Innovativität und Gründungsaktivität und damit von Beschäftigung und Einkommen.

Abbildung 115: Ansatzpunkte einer staatlichen Clusterpolitik

- *Träger:* Die Clusterentwicklung ist (1.) im Rahmen der föderalen Aufgabenverteilung eine Aufgabe für die Regionen/Kommunen (siehe Abbildung 114) und (2.) ein gemeinsames Anliegen von Privatwirtschaft (Unternehmen) und Staat, wobei die Führungsrolle bei der Privatwirtschaft und den Verbänden/Kammern liegen sollte.
- *Pfadabhängigkeit*: Der Staat sollte auf den - infolge von natürlichen und geschaffenen Standortvorteilen - vorhandenen und entstehenden Clustern auf-

bauen und nicht versuchen, gänzlich neue Cluster mittels staatlicher Eingriffe zu schaffen.

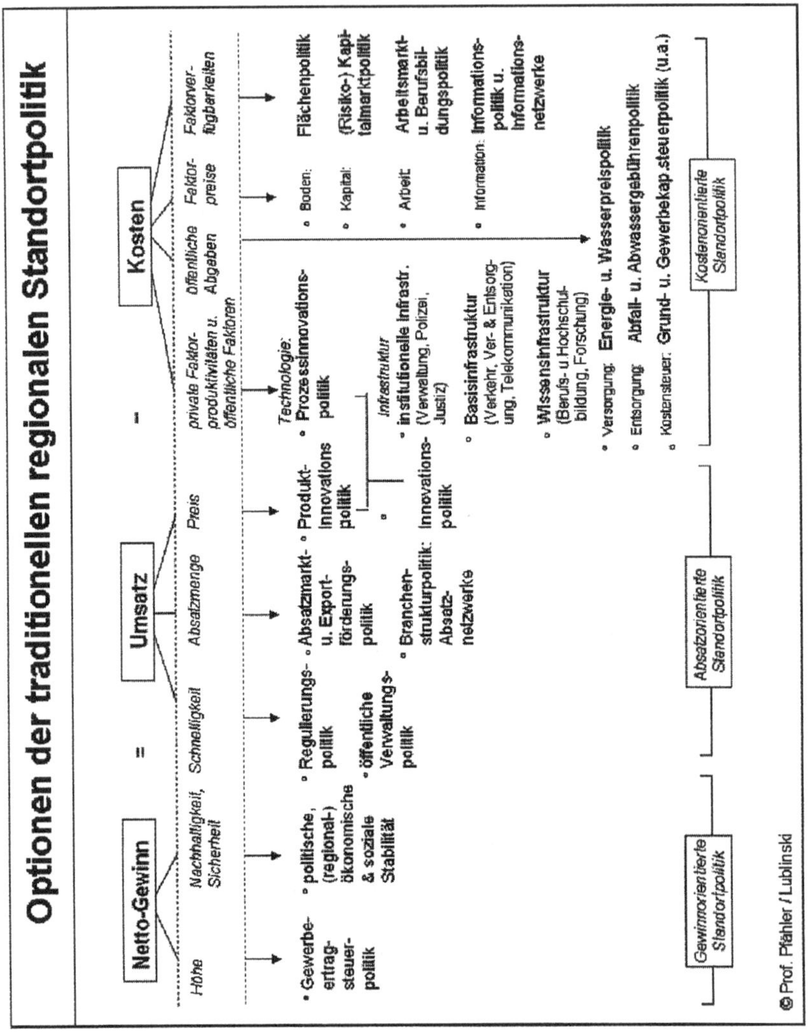

Abbildung 116: Optionen der traditionellen regionalen Standortpolitik

- *Selektion*: Sämtliche Cluster mit Zukunftspotential, nicht einzelne von der Politik ausgewählte, sollten weiterentwickelt werden, auch jene, die nicht mit anderen Standorten konkurrieren.

Cluster- versus Industriepolitik (1)

	Industriepolitik	Clusterpolitik
konzeptuelle Grundlagen	- internat. Wettbewerb zwischen Unternehmen und Standorten um *Branchen* mit größeren Wohlstandspotentialen	- internat. Wettbewerb zwischen Unternehmen und Standorten um *Cluster*
ökon. Grundprämisse	- zwischen Branchen differerierende Potentiale zur Schaffung von Wohlstand - Wettbewerbsfähigkeit beruht auf internen steigenden Skalenerträgen	- *alle* Cluster bieten Chancen zur Schaffung von Wohlstand - Agglomerationsvorteile (externe Skalenerträge) sind stärker als interne Skalenvorteile
Politikansatz und Ziel	- Wettbewerbsergebnis (im Null-Summenspiel) zugunsten eigenen Landes/Standorts beeinflussen - Förderung „wünschenswerter", „aufstrebender", „Hochtechnologie"-Branchen bis zur „kritischen Masse" (= Ausschöpfung der internen Skalenvorteile)	- Förderung des dynamischen Fortschritts - Förderung des Produktivitätswachstums, der Innovation (Differenzierung) und der Gründungsaktivität in *allen* räumlichen Clustern durch Erschließung und Förderung der Quellen standortbezogener Wettbewerbsvorteile (=Agglomerationsvorteile)
Instrumente	- Subventionen - Aussetzen des Wettbewerbs auf dem Binnenmarkt durch Eliminierung von „destruktivem"/"unrentablem" Wettbewerb, selektivem Importschutz & Beschränkung ausl. Investitionen im F&E-Bereich und bei Anlageinvestitionen.	- siehe im Einzelnen „Staatliche Clusterpolitik" - Anwerbung ausländischer Investoren - Öffnung von Märkten für Importe

Quelle: Porter (1999), S. 263-264

Abbildung 117: Cluster vs. Indurstriepolitik (1)

- *Spezifizität*: Die Clusterentwicklung sollte - auf der Grundlage von lokalen Unterschieden und Quellen der Einzigartigkeit - nach Wettbewerbsvorteilen und Spezialisierung streben und dabei spezifische Stärken aufbauen; sie sollte keine Imitation anderer Standorte versuchen.

- *Ansatzpunkte*: Der Clusterpolitik sollte an Porters Determinanten der internationalen und regionalen Wettbewerbsfähigkeit ansetzen (siehe Abbildung 115) und auf eine Stärkung der Agglomerationskräfte abzielen.

- *Instrumente*: Der Staat sollte sich bei der Weiterentwicklung von Clustern auf die Beseitigung von Hindernissen, die Lockerung von Beschränkungen und die Behebung von Effizienzmängeln im Unternehmensumfeld konzentrieren.

- *Cluster-Management*: Zu diesem Zweck sind die Firmen, verwandten Branchen, Zulieferbetriebe, unterstützenden Einrichtungen eines Clusters in (Initiativ-) Gruppen zusammen zu fassen und eine Institutionalisierung von Konzepten, Beziehungen und Verknüpfungen zwischen den Interessengruppen herbeizuführen.

Die Clusterpolitik reicht in vielerlei Hinsicht über die traditionelle regionale Standortpolitik hinaus, die an den gewinn-, absatz- und kostenorientierten Standortfaktoren ansetzt (siehe Abbildung 116 und Pfähler (1997)). Sie teilt mit der traditionellen Standortpolitik vor allem die Notwendigkeit einer Gewerbeflächenpolitik (Bereitstellung von Ansiedlungs- und Erweiterungsflächen), Verkehrspolitik sowie einer Basis- und Wissensinfrastrukturpolitik. Allerdings sind diese hier cluster-spezifisch auszurichten. In vielerlei Hinsicht ist Clusterpolitik das Gegenteil von Industriepolitik. Die markantesten Unterschiede sind in Abbildung 117 und Abbildung 118 in Stichworten zusammengestellt.

Cluster- versus Industriepolitik (2)

Industriepolitik	Clusterpolitik
Gruppen mit ähnlichen Netzwerkpositionen	Strategische Gruppen mit mehrheitlich komplementären und nicht ähnlichen Netzwerkpositionen
Konzentration auf Endproduktindustrien	Angesprochen sind Kunden, Anbieter, Dienstleister und spezialisierte Institu-tionen
Konzentration auf direkte und indirekte Wettbewerber	Angesprochen sind Unternehmen verwandter Branchen mit gemeinsamen Technologien, Fähigkeiten, Informationen, Inputs, Kunden und Kanälen.
Zurückhaltung gegenüber dem Kooperationsgedanken seitens der angesprochenen Unternehmen	Unternehmen in Clustern sind keine direkten Konkurrenten und haben gemeinsame Interessen.
Dialog zwischen Regierung und Unternehmen konzentriert sich oft auf Subventionen, Protektionen und Schutzmaßnahmen gegen den Wettbewerb	- Vielzahl von Ansätzen für Verbesserungen in Bereichen gemeinsamen Interesses - Forum für konstruktiven und effizienten Dialog zwischen privatem und öffentlichem Sektor
Suche nach Diversifizierungsstrategien der Unternehmen	Suche nach Synergien und neuen Unternehmensverbindungen

Quelle: OECD, (1999), S. 13 und in Anlehnung an Porter (1997).

Abbildung 118: Cluster- versus Industriepolitik (2)

2. Grundlegende Optionen einer clusterorientierten Standortpolitik

Eine clusterorientierte Standortpolitik muss an den treibenden ökonomischen Kräften eines räumlichen Clusters, d.h. an den Agglomerationskräften ansetzen. Diese sind in Abbildung 119 (nochmals) aufgelistet.

Arten und Quellen von Agglomerationsvorteilen in räumlichen Clustern

Räumliche Agglomerationsvorteile = Cluster-bezogene Wettbewerbsvorteile

1) **Transportkostenvorteile** in räumlicher Nähe zu Lieferanten und Kunden (*transportation cost advantages*) (Weber)

2) **Vorteile durch Vielfalt und Spezialisierung räumlich naher Lieferanten** (*thickness of local markets)* (Marshall)

3) **Vorteile durch hohe Kundenansprüche in räumlicher Nähe** *(demanding customers)* (Porter)

4) **Vorteile durch Wettbewerb in räumlicher Nähe** in Gestalt privilegierter Benchmarking-Möglichkeiten bzw. intensiveren (persönlichen) Wettbewerbs (*rivalry)* (Porter)

5) **Vorteile durch räumliche Nähe zu Anbietern von ergänzenden Produkten und Dienstleistungen** insbesondere über bi- und multilaterale Kooperationen *(complementarities)*) (Porter)

6) **Vorteile durch privilegierten Zugang zu spezifischem Wissen in räumlicher Nähe** u.a. von Kunden, Lieferanten, Konkurrenten, Lehr- & Forschungseinrichtungen, Messen etc.) (*tacit knowledge spillovers*)(Marshall)

7) **Vorteile durch privilegierten Zugang zu spezialisierten, räumlich nahen Arbeitsmärkten,** insbes. Ausbildungseinrichtungen, Kunden, Lieferanten, Konkurrenten etc.) *labor market pooling* (Marshall)

8) **Transaktionskostenvorteile durch privilegierte Möglichkeiten für Vertrauensbildung in räumlicher Nähe** mit Geschäfts- sowie bi- und multilateralen, vertikalen und horizontalen Kooperationspartnern (*trust)* (Schmitz)

© Pfähler / Lublinski

Abbildung 119: Arten und Quellen von Agglomerationsvorteilen in räumlichen Clustern

Die grundlegenden Optionen einer an den Agglomerationskräften ansetzenden Clusterpolitik sind – ohne Anspruch auf Vollständigkeit – in der folgenden Aufstellung stichwortartig zusammen getragen:

a) *Zu Transportkostenvorteilen*: Beseitigung von infrastrukturellen Bottlenecks durch

   – Ausbau des Transport-Verkehrswegesystems, ÖPNV, Gleis-, Autobahnanschluss etc.,

   – Erschließung und Bereitstellung von Ansiedlungs- und Erweiterungsflächen in (Industrie-) Kundennähe,

- Entwicklung eines unternehmensübergreifenden, cluster-spezifischen Logistik-Managements.

b) *Vorteile durch Vielfalt und Spezialisierung räumlicher naher Lieferanten und komplementärer Angebote*

   - Erhebung und Schließung von Lücken in den Cluster-Netzwerken für Absatz, Beschaffung und Informationen,
   - direkte Standortofferten für relevante, auswärtige Unternehmen, die vor Erweiterungsinvestitionen stehen,
   - Bereitstellung von Business Services (z.B. Information über Marktnischen, Marktentwicklung, technologische Trends, etc.),
   - Einrichtung einer Kooperationspartner-Börse,
   - Förderung von Interaktionen und (Marketing-, F&E-, Aus-/Weiterbildungs- u.a.) und Kooperationen.

c) *Vorteile durch räumlich nahe Rivalität und Vertrauen:*

   - „Community Building" durch regelmäßige Foren zum Zweck des „Networkings" (Bsp.: Hamburgs „Quartals-Treffen der Online-Kapitäne auf dem Feuerwehrschiff an den Landungsbrücken", „Übersee-Club" etc.),
   - Innovationswettbewerbe,
   - regelmäßige Benchmarking-Prozesse u.ä.

d) *Labor market pooling*: Humankapital-Förderung durch Ausbau bzw. stärkere Ausrichtung auf die Bedürfnisse der Betriebe im Cluster

   - der Berufsausbildungseinrichtungen,
   - der Hochschuleinrichtungen,
   - der überbetrieblicher Weiterbildungseinrichtungen *(„School of Aviation")*,
   - cluster-spezifische öffentliche und/oder private Arbeitsvermittlungsagenturen,
   - überregionales Standortmarketing zu den „Berufschancen im Cluster"

e) *Wissensspillovern*: Verbesserung des Informations- und Wissensflusses durch

   - Beseitigung wissensinfrastruktureller Bottlenecks, insbesondere in Bezug auf öffentliche und/oder private cluster-spezifische Technologie-Transferstellen,

- Verbesserung der Transparenz hinsichtlich der Wissensquellen im Cluster, insbesondere in Bezug auf Fachhochschulen, Universitäten, außeruniversitären Forschungseinrichtungen, Technologie-Transferstellen,
- Einrichtung einer unternehmensübergreifenden, internetbasierten, cluster-spezifischen Informations- und Wissensquellen-Börse mit aktivem Knowledge-Management als Teil des Cluster-Managements,
- Einrichtung cluster-spezifischer außeruniversitäter Forschungseinrichtungen im Bereich angewandter Forschung (vom Typ Fraunhofer Institut).

Daneben gibt es noch eine Reihe weiterer clusterpolitischer Handlungsoptionen, wie

- die gemeinsame Konzeption und Implementierung eines Cluster-Managements (siehe im Detail unten),
- Entwicklung einer Internet-Plattform,
- Entwicklung einer Standortmarketing-Broschüre.

3. Wünsche an die Clusterpolitik seitens der Clusterbetriebe

Wir haben die Cluster-Betriebe im Rahmen der schriftlichen Befragung nach ihren Wünschen an eine cluster-orientierte Luftfahrtstandortpolitik befragt. Die Ergebnisse dieser Befragung finden sich – geordnet nach der Häufigkeit der Nennungen (Prioritätenliste) in folgender Auflistung und in Abbildung 120.

1. Informationsbereitstellung zu potenziellen Kooperationspartner.
2. Einrichtung einer gemeinsamen Internet-Plattform für den Luftfahrtstandort Hamburg/Norddeutschland
3. Stärkere Einflussnahme auf Forschungsförderung in Brüssel
4. Einrichtung luftfahrt-spezifischer Wissenstransfer- und Kommunikationsnetzen und Cluster-Foren
5. Anlocken von relevanten Messen/Konferenzen, Foren, Workshops etc. in die Region
6. Einheitliche Forschungsförderung für alle norddeutschen Länder.
7. Einrichtung/Ausbau luftfahrt-technologischer und –affiner Hochschul-Fachbereiche und Kooperationsprogrammen (für Forschung und Ausbildung)
8. Bereitstellung von Markt- & technischen Informationen für KMU.
9. Anlocken von relevanten (System-) Lieferanten und Dienstleistern aus dem In- und Ausland in die Region.

10. Verbesserung spezialisierter Transport- und Kommunikationssysteme sowie anderer Infrastrukturen.
11. Einrichtung von luftfahrt-spezifischen Management Studiengängen und Ausbildungsprogrammen.
12. Einrichtung cluster-bezogener Industrie- oder Lieferantenparks
13. Exportförderung für KMU.
14. Anlocken relevanter Regierungs-, Prüf- oder Zulassungsstellen.

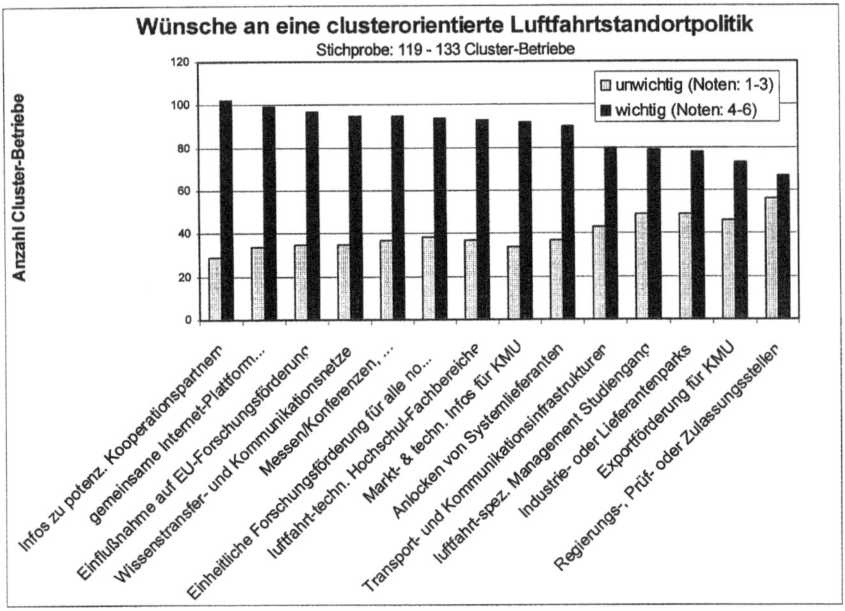

Abbildung 120: Wünsche an eine clusterorientierte Luftfahrtstandortpolitik

4. Spezifische Handlungsempfehlungen für die Umsetzung der Cluster-Vision „Internationales Kompetenzzentrum Cabin Systems

1. Strategie-Plattform

- Befassung der strategischen Abteilungen der Primes (Airbus, LHT, Meyer-Werft, DB,...), wichtiger 1st-tier Lieferanten und den Top-Repräsentanten der

Branchenverbände (Hanse-Aerospace, Hecas) mit den Markt-, Technologie und Realisierungschancen einer branchenübergreifenden Cluster-Vision.

- Verständigung über gemeinsame Interessen und Lenkungsausschuss.
- Vertiefung der strategischen Analyse (insb. Nachfrageseite) sowie der technischen und betriebswirtschaftlichen Analyse branchenübergreifender Systemlösungen.

2. High-Level Group zum LF-Cluster HH/NW-D

- Auf der Grundlage der Ergebnisse der Strategie-Plattform sollte sich eine High-Level-Group konstituieren, die die Grundsätze der Politik und Finanzierung der LF-Cluster-Entwicklung vereinbart.

3. Informations- und Kooperationsplattform

- Gemeinsame Internet-Plattform für den LF-Standort HH/NW-D
- Kooperationsbörse für KMU,
- Einrichtung von Wissenstransfer- und Kommunikationsnetzen,
- Bereitstellung von Markt- und technischem Wissen für KMU.

Das operative Geschäft beim Aufbau und Betrieb dieser Plattform hat durch ein Cluster-Management zu erfolgen (siehe unten).

4. Gemeinsamer Aufbau und Ansiedlung starker Systemhäuser

- Initiative der Primes, ausgewählter Cluster-Zulieferer und der Wirtschaftsbehörde zum gemeinsamen Aufbau eines Systemhauses aus Cluster-Firmen durch branchenübergreifende Restrukturierung (Outsourcing, Abstoßen von Töchtern und Werken, Zusammenschlüsse), um Ausrichtung auf zusätzliche, neue Märkte wie Schiffs-, Schienen- und Bus-Kabinenbau zu ermöglichen (siehe das Beispiel „Hanseatic Cabin Systems“ in Abbildung 121 und das Beispiel „Hanseatic Design & Engineering“ in Abildung 122). Die HECAS könnte eine Keimzelle für ein Systemhaus „Hanseatic Design & Engineering“ darstellen (siehe Abbildung 123).
- Initiative der Primes zur gemeinsamen Anwerbung eines großen internationalen Systemhauses zur Schließung von Kompetenzlücken im 1st-tier Bereich (z.B. Aircabin, Thales, Zodiac, BFGoodrich, Britax, B/E Aerospace; Intern. Design-Büro) und von kleinen Systemhäusern zur Schließung von Lücken im IFT- und in anderen Bereichen. Eine Liste von Firmen, die Cabin Systems anbieten, findet sich im Anhang 4 (Anbieter von Cabin Systems).

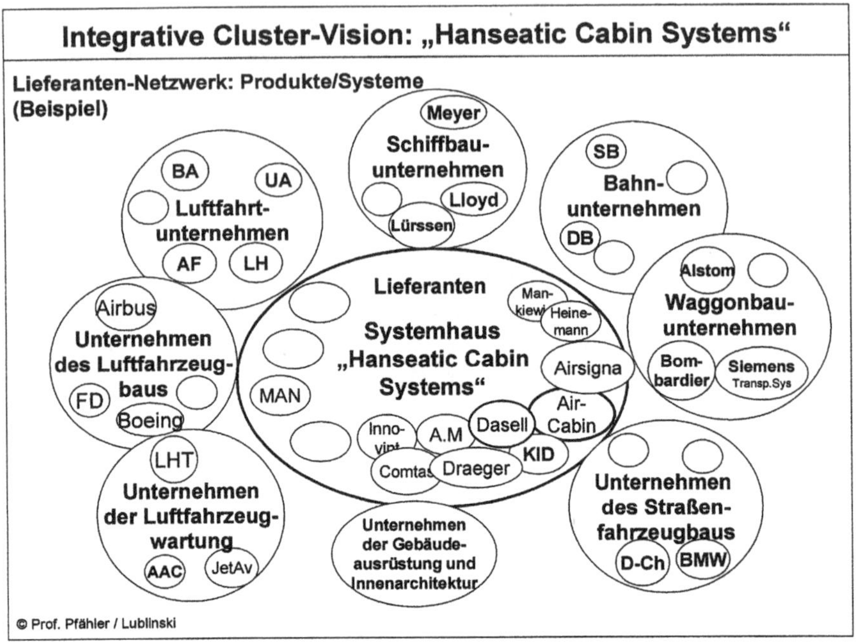

Abbildung 121: "Hanseatic Cabin Systems"

5. Bildungsinitiative:

- Einrichtung von Facharbeiterausbildungen mit Schwerpunkt „Cabin Systems“ durch Industrie- und Handwerkskammer in Kooperation mit Unternehmen und Wirtschaftsbehörde.

- Gründung einer *International School of Global Transportation“* (Sachgebiete: Engineering, Industrial Design, Economics and Management) in Form einer Private-Public-Partnership mit einem Angebot in der Schnittstelle von Bau und Wartung von Flugzeugen und von Verkehrsträger übergreifenden Ausrüstungs- und Ausstattungssystemen. Das Bildungsangebot sollte Seminare, Workshops, Konferenzen, und Vollzeit- sowie berufsbegleitende Studiengänge umfassen. Die Finanzierung hätte sicher überwiegend aus der Re-Allokation und Bündelung von Ressourcen der Uni Hamburg, TU-Hamburg-Harburg, Fachhochschule Hamburg und anderer norddeutscher Hochschulen zu erfolgen.

6. Forschungsinitiative:

- Gründung eines anwendungsorientierten F&E-Institut (ähnlich einem Fraunhofer-Instituts) „rund um „Cabin Systems“ mit den Querschnittsgebieten
  - Cabin Design: Fashion/Ergonomie/Licht/Oberfläche
  - Materialien für Leichtbau und billigere Varianten
  - IFE-Technologie & Media-Contents
  - „Green Cabin“-Programme
  - Unfallszenarien, Cabin-Crash-Tests
  - Medizin/Luft/Unfallmedizin - etc.
- Zusammenschluss von Cluster-Universitäten für Grundlagenforschungsprogramme in den Bereichen „Flugzeugbau“ und „Cabin Systems“ (Landes-, Bundes-, EU-Mittel).

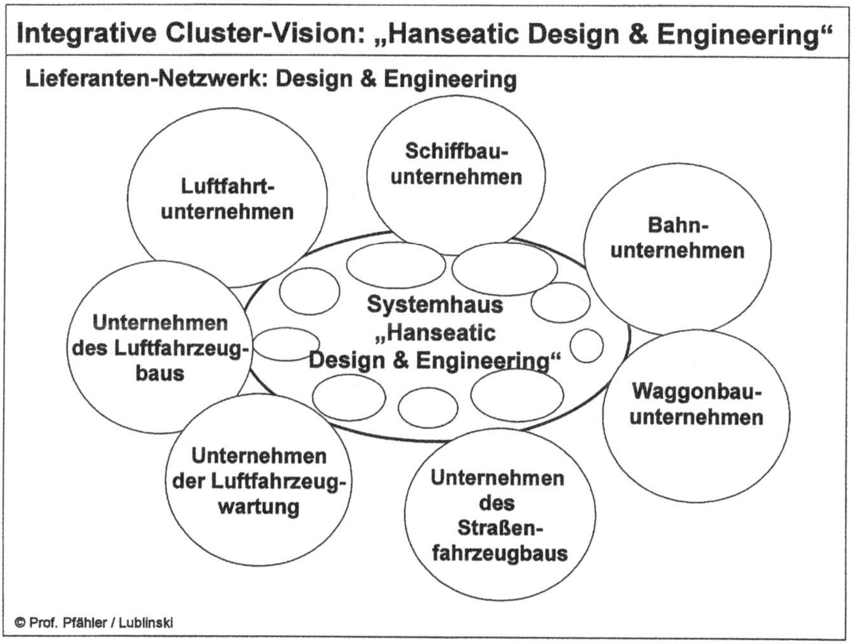

Abildung 122: "Hanseatic Design & Engineering"

Eine Detaillierung dieser Empfehlungen im Hinblick auf spezifische Bedarfsanalysen, spezifische Zielsetzungen, Programme, Organisation, Finanzierung etc. kann und sollte erst nach einem „Grundsatz- und Richtungsbeschluss“ vorgenommen werden.

Abbildung 123: Das Beispiel HECAS

C. Grundzüge eines Cluster-Managements

1. Grundelemente eines Cluster-Managments

Die Grundelemente eines Cluster-Managements für das LF-Cluster HH/NW-D umfassen [42]

---

[42] Eine detaillierte Darstellung und Begründung dieser Grundelemente findet sich in der Diplomarbeit von Axel Hoeckrich (2002): Konzept eines Clustermanagements am Beispiel des Luftfahrtclusters Hamburg, Universität Hamburg. Diese Diplomarbeit wurde im Zusammenhang mit dem Auftrag zu dieser Studie vergeben und am Lehrstuhl betreut. Sie steht auf Wunsch zur Verfügung.

- die gemeinsamen (Ober-) Ziele aller Cluster-Mitglieder,
- die Mitglieder-Zusammensetzung im Cluster-Management,
- die speziellen Ziele und Anreize der Cluster-Mitglieder,
- die Kooperationsgebiete
- und das Kooperationsdesign in Bezug auf die Art, die Instrumente und Prozesse sowie die Koordinierungsmechanismen.

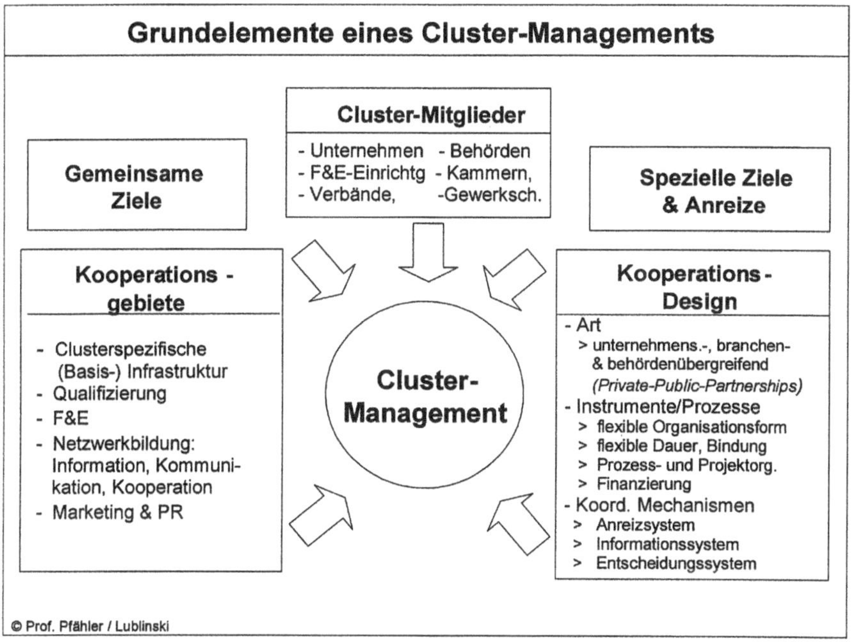

Abbildung 124: Grundzüge eines Cluster-Managements

Die wichtigsten *gemeinsamen Ziele* im Cluster sind:

1. Förderung des regionalen Wachstums und der regionalen Beschäftigung, insbesondere
2. durch die Entwicklung und Stärkung des vorhandenen LF-Clusters mit „(fast) kritischer Masse“,
3. durch die Verbesserung der cluster-spezifischen Wettbewerbsvorteile (räumliche Aggglomerationsvorteile),

4. mit dem Ziel der Erhöhung der Produktivität, der Innovationsdynamik und der Gründungshäufigkeit der Unternehmen sowie des Beschäftigungswachstums innerhalb des Clusters.

Cluster-Management: Anreize zur Stärkung der Agglomerationskräfte

Akteure/Gebiete der Zusammenarbeit	**Vertrauens-bildung**	**Humankapital**	**F&E-Basis**	**Zulieferer- und Abnehmernetzwerk**
Unternehmen	(+)	(+)	(+)	(+)
Behörden	(+)	(+)	(+)	(+)
F&E-Einrichtungen	(+)	(+)	(+)	(0)
Kammern	(+)	(+)	(0)	(+)
Verbände	(+)	(+)	(0)	(+)
Gewerkschaften	(0)	(+)	(0)	(0)
Akteure/Gebiete der Zusammenarbeit	**Spillover-Effekte**	**Rivalität**	**Transport-kosten**	**Qualität und Umfang der Nachfrage**
Unternehmen	(0)	(+)	(+)	(+)
Behörden	(+)	(+)	(+)	(+)
F&E-Einrichtungen	(+)	(0)	(0)	(0)
Kammern	(+)	(0)	(+)	(0)
Verbände	(+)	(0)	(+)	(0)
Gewerkschaften	(0)	(0)	(0)	(0)

Quelle: Hoeckrich (2002)

Abbildung 125: Anreize zur Stärkung der Agglomerationskräfte

Ansatzpunkte sind die acht mehrfach genannten Agglomerationskräfte (siehe Abbildung 119). Natürlich haben – bei genauerer Analyse - die einzelnen Cluster-Mitglieder unterschiedlich hohe Anreize, bei der Stärkung der verschiedenen Agglomerationskräfte mitzuwirken (siehe Abbildung 125 und Hoeckrich (2002)). Bei einigen Agglomerationskräften überschneiden sich die Anreize und Interesse aber weitgehend. Das gilt insbesondere für

- die Entwicklung des Humankapitals,
- die Vertrauensbildung,
- die Entwicklung der Verkehrsinfrastruktur und der Gewerbeflächen,
- die Wissensspillover sowie der Wissenstransfer
- und die Entwicklung von Lieferanten- und Absatznetzwerken.

Diese Gebiete größter Übereinstimmung sollten auch vorrangig beim Aufbau und der Durchführung eines Cluster-Managements behandelt werden.

2. Aufbau- und Betriebsphase eines Cluster-Managements

Der Aufbau eines Cluster-Managements hat in mehreren Phasen zu erfolgen, beginnend mit der Initialisierungsphase bis zur Betriebsphase (siehe Abbildung 126). Innerhalb jeder Phase gibt es für die Cluster-Mitglieder bestimmte Arbeitspakete zu bewältigen. Die wichtigsten sind in Abbildung 126 zusammenfasst. Nach einer gewissen Betriebszeit ist in einer Re-Konfigurationsphase eine Neubestimmung der Aufgaben (bzw. die Auflösung) vorzunehmen. Die Aufbauphase müsste in 9 Monaten abgeschlossen sein.

Nach Ablauf der Aufbauphase übernimmt ein Steuerungsausschuss die Verantwortung für die Betriebsphase (siehe Abbildung 127). Sie initialisiert, unterstützt und überwacht die Arbeit in den verschiedenen Kooperationsgebieten des Clusters. Für die operative Verantwortung und Durchführung setzt der Steuerungsausschuss einen Cluster-Manager ein. Als vorrangige Kooperationsgebiete im LF-Clustermanagement kommen in Frage:

- *„(Basis-) Infrastruktur":* Reduktion der Raumüberwindungskosten (Transport- und Kommunikationskosten) und Ausweis sowie Vermittlung von Ansiedlungs- und Erweiterungsflächen für Cluster-Betriebe.
- *„Qualifizierung" im Bereich Berufs- und Hochschulbildung:* Entwicklung cluster-spezifischer Aus- und Weiterbildungsangebote im Bereich der beruflichen Bildung, Entwicklung neuer Berufsbilder, Pflege der Kooperation zwischen den Cluster-Unternehmen und den Einrichtungen der beruflichen Aus- und Weiterbildung. Entwicklung cluster-spezifischer Hochschulangebote im Bereich von Studiengängen und Weiterbildung.
- *„Qualifizierung" im Bereich Forschung und Entwicklung:* Entwicklung einer LF-cluster-spezifischen Forschungs- und Kooperationsbasis, gemeinsame Erschließung von F&E-Förderquellen, Aufbau und Pflege von zwischen- und überbetrieblicher F&E-Kooperation etc.
- *„Kooperation":* Entwicklung von Kooperationsfähigkeiten und -instrumenten, Abbau von Kooperationsbarrieren, Vermittlung von Kooperationspartnern, Etablierung und Pflege einer Kooperationsbörse, Unterstützung beim Aufbau und der Pflege von Lieferanten- und Absatznetzwerken etc..
- *„Information und Kooperation":* Entwicklung und Pflege einer cluster-spezifischen, auch internet- und intranet-basierten Wissens- und Austauschbasis, Aufbau und Pflege von cluster-spezifischen Workshops, Kongress- und

Messeveranstaltungen, Entwicklung und Pflege von Leistungswettbewerben (in Design, Engineering, TQM Innovation, Service) etc.

Aufbau eines Cluster-Management: Phasenmodell

Initialisierungsphase	Einladung der Akteure unter Berücksichtigung der speziellen Ziel- und Anreizsysteme Gemeinsame Analyse der Nutzenpotentiale und Kosten der Kooperation als Basis der Entscheidung für oder gegen den Aufbau der Kooperation Bei Entscheidung für Aufbau: Zielformulierung
Konfigurationsphase	Auswahl der passenden Kooperationsform Festlegung der geeigneten Dauer, Größe, Homogenität, Intensität und Offenheit der Kooperationsform Durchführung der Prozessorganisation, d.h. eine optimierte Verteilung der Arbeitspakete an Kooperationsvertreter und KVP
Designphase	Selektion und Kombination adäquater Organisationsformen, d.h. der Task Force, der Netzwerk- oder Matrixorganisation für Kooperationsform Regelung der Finanzierung über gutstechnische Aspekte Implementierung der Koordinationsmechanismen, d.h. Gestaltung eines kooperationsspezifischen Anreizsystems und Implementierung des Informationssystems
Betriebsphase	Erledigung der Arbeitspakete durch Kooperationsvertreter Instrumente: Anreiz- und Informationssystem
Rekonfigurationsphase	Gemeinsame Evaluation der Kooperationsform in Workshops etc. Rekonfiguration oder Auflösung

Quelle: Hoeckrich (2002), in Anlehnung an Fuchs (1999), S. 108.

Abbildung 126: Phasenmodell zum Aufbau eines LF-Cluster-Managements

Innerhalb von zwei Jahren müsste ein relativ reibungslos laufender Betrieb des Cluster-Managements gewährleistet sein und innerhalb von weiteren zwei Jahren ein guter Teil der Anfangsaufgaben in den oben genannten Kooperationsgebieten bewältigt sein.

D. Zusammenfassung

Zu A: Vision „Internationales Kompetenzzentrum Cabin Systems“

Integratives Cluster

Die Bestandsaufnahme des Luftfahrtstandorts HH/NW-D (siehe Kapitel II) und die Analysen der Perspektiven der LF-Zulieferindustrie an diesem Luftfahrtstandorts (siehe Kapitel III) liefern die Belege dafür, dass eine Vision für den Luftfahrtstandort in dem Aus- und Aufbau eines *„Internationalen Kompetenzzentrums Cabin Systems“* liegen könnte. Dieses Kompetenzzentrum müsste als *integratives Cluster* verstanden werden, und zwar integrativ

- über alle kabinenbezogenen Ausrüstungs- und Ausstattungssysteme („Cabin Systems“),

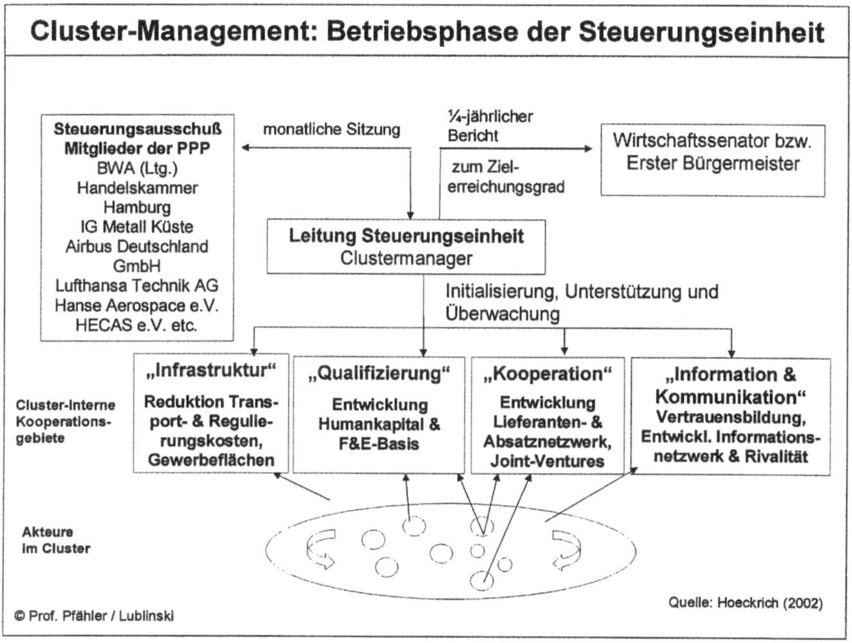

Abbildung 127: Betriebsphase der Steuerungseinheit des LF-Cluster-Managements

- über alle verschiedenen Verkehrsträger aus verschiedenen Branchen, wie Flugzeugbau, Schiffbau, Bahnwaggonbau, Straßenfahrzeug- und Nutzfahrzeugbau, Raumfahrzeugbau bis zu Innenausstattungen im Hotel- und Kongressbau (siehe Abbildung 109);
- über bereits bestehende Cluster in HH/NW-D, namentlich den Luftfahrt-Cluster, Schiffbau-Cluster, Medien-Cluster und den Konstruktions- und Design-Cluster,
- über die bestehenden Cluster-Verdichtungsräume in den Metropolregionen Hamburg, Bremen und Hannover/Braunschweig,

- und über alle relevanten Absatz-, Lieferanten- und Informationsnetzwerke.

Ein solches integratives Cluster hätte...

Vorteile für die Unternehmen

- Anknüpfung an erworbene Reputation
- Starker Rückenwind durch Nachfrage-, Technologie- und konzernpolitische Trends bei den Primes
- Ausschöpfung von Betriebsgrößen- und Verbundvorteilen bei F&E, Produktion, Beschaffung und Marketing
- Schnellere Time-To-Market durch Innovationsdruck und Markterschließung seitens der Primes
- Forcierung einer „First-Time-Right" Politik bei Neuproduktentwicklung durch enge Kooperation
- höhere Angebotsflexibilität bei geringerem F&E- und Absatzrisiko durch breitere Marktstreuung
- höhere Anpassungs- und Reaktionsgeschwindigkeit auf sich wandelnde Kundenbedürfnisse
- geringeres Ansiedlungsrisiko
- in Breite und Qualifikationstiefe gut gefächerter Arbeitsmarkt
- besserer Zugang zu „Fördertöpfen"

Vorteile für die Regionalpolitik

- geringere (Steuer-) Anfälligkeit gegenüber Branchenkrisen und –zyklen
- Förderung einer mittelstandsorientierten, breit nach Wirtschaftszweigen, Betriebsgrößenklassen und Spezialisierungsgrad gefächerten Wirtschafts- Arbeitsmarktpolitik
- verminderte Abhängigkeit von „Großkonzernen"
- höhere Treffsicherheit und Wirkungsgrad regionaler Maßnahmen bei Basis- und Wissensinfrastrukturpolitik
- Aufdeckung regionaler Investitionschancen
- erleichterte Ansiedlungspolitik durch Kommunikation und Beleg eines „synergetic growth"
- erleichtertes und zielgenaueres Standortmarketing

Herausforderungen für Branchen übergreifende Angebote

- Überwindung von unternehmenskulturellen Barrieren zwischen den Branchen
- Überwindung spezifischer KMU-Kultur
- Aufbrechen etablierter Beschaffungsstrukturen in einzelnen Branchen
- Zu starke Fragmentierung der Märkte durch Technologie, Zulassungsverfahren, Erfahrungswissen, Stückzahlen und ROI-Zeithorizonte
- Wettbewerbsrisiken durch Markteintritt starker Anbieter aus dem „unteren Qualitätssegment" in das mittelständisch strukturierte „obere Qualitätssegment" der LF-Anbieter
- Investitionsrisiken beim Aufbau neuer Fertigungs- und Distributionskapazitäten für Markteintritt in neue Branchen
- Höhere Input- als Outputnähe der Produkte

Zu B: Handlungsempfehlungen zur Clusterpolitik

Die wichtigsten konkreten Handlungsempfehlungen für die Umsetzung der Cluster-Vision eines „Internationalen Kompetenzzentrums Cabin Systems" sind die folgenden:

1. *Einrichtung einer Branchen und Behörden übergreifenden Strategie-Plattform und High-Level-Group* zur Verständigung über gemeinsame Interessen, Vertiefung der strategischen Analyse und Entwicklung von Grundsätzen einer Politik der Clusterentwicklung
2. *Einrichtung einer Informations- und Kooperationsplattform*
3. *Gemeinsamer Aufbau starker Systemhäuser aus dem Clusterbestand und Anwerbung starker bestehender Systemhäuser*
4. *Bildungsinitiative* im Bereich der *Facharbeiterausbildung mit Schwerpunkt „Cabin Systems"* und Gründung einer *„International School of Global Transportation"* (Sachgebiete: Engineering, Industrial Design, Economics and Management) in Form einer Private-Public-Partnership mit einem Angebot in der Schnittstelle von Bau und Wartung von Flugzeugen und von Verkehrsträger übergreifenden Ausrüstungs- und Ausstattungssystemen.
5. *Forschungsinitiative:* Gründung eines *anwendungsorientierten F&E-Institut* (ähnlich einem Fraunhofer-Instituts) „rund um Cabin Systems" mit den Querschnittsgebieten Cabin Design: Fashion/Ergonomie/Licht/Oberfläche, Materialien für Leichtbau und billigere Varianten, IFE-Technologie & Media-Contents, Green Cabin-Programme, Unfallszenarien, Cabin-Crash-Tests, Medizin/Luft/Unfallmedizin etc. *Zusammenschluss von Cluster-Universitäten für*

Grundlagenforschungsprogramme in den Bereichen „Flugzeugbau“ und „Cabin Systems“ (Landes-, Bundes-, EU-Mittel).

Eine Detaillierung dieser Empfehlungen im Hinblick auf spezifische Bedarfsanalysen, spezifische Zielsetzungen, Programme, Organisation, Finanzierung etc. kann und sollte erst nach einem Grundsatz- und Richtungsbeschluss zur Entwicklung eines „Internationalen Kompetenzzentrums Cabin Systems“ vorgenommen werden.

Zu C: Grundzüge eines Cluster-Managements

Etablierung eines professionellen Cluster-Managements zur

- Entwicklung gemeinsamer (Ober-) Ziele,
- zielführenden Zusammensetzung der relevanten Cluster-Mitglieder,
- Analyse und Umsetzung spezieller Anreizsysteme für die Cluster-Mitglieder
- Abklärung und inhaltlichen Ausfüllung der Kooperationsgebiete und zur Festlegung des Kooperationsdesign in Bezug auf die Art, die Instrumente und Prozesse sowie die Koordinierungsmechanismen.

Der *Aufbau eines Cluster-Managements* erfolgt in mehreren Phasen, sie reichen von der Initialisierungs-, über die Konfigurations- und Designphase bis zur Betriebs- und Rekonfigurationsphase. Während der *Betriebsphase* leitet ein Cluster-Manager die Steuerungseinheit zusammen mit einem Steuerausschuss. Diese initiieren, unterstützen und überwachen die Arbeit in den cluster-spezifischen Kooperationsgebieten.

Literaturverzeichnis

Albach, H., 1983, Innovationen für Wirtschaftswachstum und internationale Wettbewerbsfähigkeit, in: Rheinländisch-Westfälische Akademie der Wissenschaften (Hrsg.), Vorträge Nr. 322, 1 Akademie Forum –Technische Innovationen und Wirtschaftskraft, Opladen.

Baptista, R. and Swann, G. M. P., 1998, Do firms in clusters innovate more?, *Research Policy* 27, 525-40.

Bürgerschaft der Freien und Hansestadt Hamburg, Technologietransfer in Hamburg, Drucksache 15/7027 mit Anlagen.

Bönte, W., Lublinski, A. E., 2002, Which agglomeration forces are operating in clusters? – An empirical approach applied to aeronautical firms in Germany, paper presented at the High Technology Small Firms One Day Conference, Manchester Business School, 18th April 2002.

Burger, L. (2002), Agglomerationsvorteile in der zivilen Luftfahrtindustrie – eine vergleichende Untersuchung der Regionen Norddeutschland und Midi-Pyrénées, Diplomarbeit am Institut für Allokation und Wettbewerb der Universität Hamburg.

Diekmann, A., 2001, Empirische Sozialforschung – Grundlagen, Methoden, Anwendungen, 7. Auflage, Rowohlts Enzyklopädie, Reinbek.

Dybe, G. und Kujath, H. J., 2001, Economic clusters and regionalised Input-Output tables, in: Pfähler (ed.), Regional Input-Output analysis – conceptual issues, airport Case Studies and Extensions, HWWA studies, Hamburg.

Enright, M. J., 1993, The geographic scope of competitive advantage, in: Dirven, E., Groenewegen, J. and van Hoof, S. (eds.), Stuck in the Region?: Changing Scales of Regional Identity, Utrecht, *Netherlands Geographical Studies* 155, 87-102.

Enright, M., 1996, Regional Clusters and Economic Development: A Research Agenda, in: Staber, Schaefer, Sharma (eds.), *Business Networks – Prospects for Regional Development*, Berlin, pp. 190 - 213.

Enright, M. J., 2000, The globalization of competition and the localization of competitive advantage: policies towards regional clustering, in: Hood, N. and Young, S. (eds.), The globalization of multinational enterprise activity and economic development, Macmillan, Glasgow.

Hoeckrich, Axel (2002): Konzept eines Cluster-Managments am Beispiel des Luftfahrtclusters Hamburg, Diplomarbeit an der Universität Hamburg.

Keeble, D. and Wilkinson, F., 1999, Collective learning and knowledge development in the evolution of region al clusters of high technology SMEs in Europe, *Regional Studies* 33.4, 295-303.

Keeble, D., Lawson, C., Moore, B. and Wilkinson, F., 1999, Collective learning processes, networking and 'institutional thickness' in the Cambridge region, in: *Regional Studies* 33.4, 319-332.

Krugman, P., 1991, Geography and Trade, The MIT Press, Cambridge, Massachusetts.

Lawson, C. and Lorenz, E., 1999, Collective learning, tacit knowledge and regional innovative capacity, *Regional Studies*, 305-317.

Lublinski, A. E., 2001, Identifying geographical business clusters -- A critical review and classification of methods using Input-Output data, in: Pfähler, Wilhelm (Ed.), Regional Input-Output Analysis -- Conceptual Issues, Airport Case Studies and Extensions, HWWA studies, Hamburg.

Lublinski, A. E., 2002, Geographical Business Clusters – Concepts for Cluster-Identification with an Application to an Alleged Arenautics Cluster in Northern Germany, Dissertation Hamburg.

Lublinski, A. E., 2003, Does Geographic Proximity Matter? Empirical Results from a Recent Survey Among Clustered and Non-Clustered Aeronautic (Supplying) Firms in Germany, *Regional Studies*, erscheint 1903.

Marshall, A., 1920, Principles of Economics, Macmillan, London.

Pfähler, W., 1997, Optionen der Hamburger Standortpolitik - Eine Einführung, in: W. Pfähler und B.Tiedemann (eds): Häfen, Telekommunikation, Transrapid - Wachstumsmotoren für die Hamburger Metropole, Peter Lang Verlag, Frankfurt, pp. 1-50.

Pfähler, W. (ed.), 2000, I-O-Analysis: A User's Guide and Call for Standardization, in: Pfähler, Wilhelm (ed.), Regional Input-Output Analysis -- Conceptual Issues, Airport Case Studies and Extensions, HWWA studies, Hamburg.

Pfähler, W. und Hoppe, H., 1997, Orientierungsrahmen einer regionalen Innovationspolitik, in: Wirtschaftsdienst VIII, HWWA, Hamburg.

Pfähler, W., Lublinski, A.E., 2002, Luftfahrtstandort Hamburg/Norddeutschland – Stand, Perspektiven, Vision und Handlungsempfehlungen, Gutachten im Auftrag von Airbus Deutschland GmbH, Flughafen Hamburg GmbH und Wirtschaftsbehörde der FHH, Juni 2002.

Porter, M., 1990, The Competitive Advantage of Nations, Macmillan, London.

Porter, M., 1998, Clusters and the new economics of competition, *Harvard Business Review*, December, 77-90.

Porter, M., 1999, Wettbewerb und Strategie, Econ, München.

Saxenian, A., 1994, Regional Advantage: Culture and Competition in Silicon Valley and Route 128, Harvard University Press, Cambridge.

Schmitz, H., 1999, From ascribed to earned trust in exporting clusters, *Journal of International Economics* 48, 139-150.

Statistisches Bundesamt, 1993, Klassifikation der Wirtschaftszweige mit Erläuterungen – Ausgabe 1993, Meltzer Poeschel Verlag, Stuttgart.

Stäglin, R., Ring, P., Gaulke, K.-P., Gornig, M., Herzog, M. and Wirtschaftsbehörde der Freien und Hansestadt Hamburg (ed.), 2000, Produzierendes Gewerbe in Hamburg – Profile, Trends, Strategische Bedeutung, Regio Verlag, Berlin.

Weber, A., 1920, Theory of the location of industries. Translated by Carl J. Friedrich, University of Chicago Press, Chicago

Danksagungen

Für die **Unterstützung** bei der Vermittlung von Ansprech-, Interviewpartnern und Datensätzen danken wir

Horst Lang, Head of Acquisitions, Airbus Deutschland GmbH

Hans-Jürgen Glüsing, Director General Services, Airbus Deutschland GmbH

Bernd Habbel, Leiter Presse- und Öffentlichkeitsarbeit, Lufthansa Technik AG

Allgemeiner Dank für die Teilnahme an der schriftlichen und telefonischen Befragung

an fast 300 Unternehmensvertretern aus dem LF-Cluster HH/NW-D

Für die Bereitschaft zu ausgiebigen Experteninterviews danken wir (in alphabetischer Reihenfolge)

Dr. Claus Bauer, Manager Operations VIP & Executive Jet Services, Lufthansa Technik AG

Günter Boomgaarden, Geschäftsführer, Dräger Aerospace GmbH

Daniel Baubil, Procurement, Airbus Industrie G.I.E. und Airbus France

Jean-Michel, Calmette, Vice President Human Resources, Groupe Latécoère

Bernhard Conrad, Leiter Entwicklung (F&E), Lufthansa Technik AG

Dr. Jean-Paul Domergue, External Research & Cooperation Airbus France, Airbus Industrie G.I.E. und Airbus France

Manfred Endres, stellv. Abteilungsleiter Entwicklung, KID-Systeme GmbH

Jim Ferguson, General Manager, Airsigna GmbH & Co. KG

Jacques Fontanel, Head of Research and Technology, Airbus Industrie G.I.E. und Airbus France

Dr. Gerald Gallus, Mitglied des Vorstands, Lufthansa Technik AG

Hans-Joachim Gante, Geschäftsführer, Airbus Deutschland GmbH (bis Dez. 2002)Präsidialgeschäftsführer des BDLI e.V., Berlin (seit Jan. 2003)

Roland Gerhards, Assistant to the Senior Site Representative Engineering, Airbus

Deutschland GmbH

Prof. Werner Granzeier, Geschäftsführer, Industrial Design Studio, Fachhochschule Hamburg

Uwe Gröning, Geschäftsführer, Innovint GmbH und Vorsitzender des Hanse Aerospace e.V.

Ralf Gust, Niederlassungsleiter, Fa. Teccon Konstruktion und Ingenieurtechnik

Christoph Hettwer, Assistent des Fertigungsleiters, Airbus Deutschland GmbH

Jörg Hoppe, Geschäftsführer der Fa. Sigma, Fa. Genius und Vorsitzender des HECAS e.V.

August Wilhelm Henningsen, Vorstandsvorsitzender der Lufthansa Technik AG

Henderikus Kamerling, Geschäftsführer der Dasell Cabin Interior GmbH

Marc Jouenne, Leiter Human Resources for Toulouse, Airbus Industrie G.I.E. und Airbus France (ehemals Aérospatiale Matra)

Peter Kloepfer, Procurement, Airbus Industrie G.I.E. und Airbus France (ehemals Aérospatiale Matra)

Dr. Jörg Kutzim, Side and Asset Management, Airbus Deutschland GmbH

Carsten Lohn, Assistent des Produktionsleiters, Airbus Industrie G.I.E. und Airbus France (ehemals Aérospatiale Matra)

Werner Münster, Einkauf Deutschland, Airbus Deutschland GmbH

Dr. Jörg Rissiek, Director Strategic Purchasing, Lufthansa Technik AG

Adolf Runge, früherer Leiter Human Resources, Airbus Deutschland GmbH

Sven Schaich, Vice President Cabin & Payloadsystems, Airbus Deutschland GmbH

Frank Schmith, Personal-Management, Personalmarketing, Lufthansa Technik AG

Hans-Jürgen Stahl, Geschäftsführer, KID-Systeme GmbH

Nicolas Soret, Project Co-ordination Customer Services, Groupe Latécoère

Jörg Thumann, Head of Cabin Group, Jost L. Meyer GmbH

Roland Texcier, R&D Manager, Groupe Latécoère

John Walker, langjähriger Assistant des Leiters Forschung und Entwicklung für Airbus, Airbus Industrie G.I.E. und Airbus France (ehemals Aérospatiale Matra)

Andreas Wietzke, Geschäftsführer, Industrial Design Studio

Ingrid Webinger, Head of Customized Procurement, Airbus Deutschland GmbH

Wolfgang Zierold, Vertriebsleiter, Albert Mühlenberg Apparatebau GmbH & Co.

Für **Datenrecherche und -aufbereitung** danken wir:

Herrn Malte Schwoon

Herrn Timo Börning

Herrn Alexander Borais

Für die Durchführung *der telefonischen Interviews* danken wir

den beteiligten Studierenden am Institut für Allokation und Wettbewerb der Universität Hamburg.

Für **die Kartographierungen** danken wir:

Herrn Matthias Winkler

Für die **Zuarbeit** im Rahmen von betreuten **Diplomarbeiten** danken wir

Herrn Axel Hoeckrich

Herrn Ludwig Burger

Für die **Zuarbeit** bei der **Ermittlung der Öffentlichen Wissensinfrastruktur** für die L&R und verwandten Branchen in Hamburg/Nord-D danken wir

Herrn Ihno Fröhling

Anhang 1:

Wissensinfrastruktur im LF-Cluster HH/NW-D– Forschungsgebiete und internationale Kooperationen

Einrichtung	Themen in der Lehre	Themen in der Forschung
GKSS-Forschungszentrum Geesthacht		- Strukturtechnik (Werkstoffmodellierung, Bauteilbewertung) - mechanische u. hydraulische Ausrüstungstechnik - elektrische u. elektronische Ausrüstungstechnik (Sonden- u. Sensortechnologie, Datenerfassung u. –auswertung) - Legierungsentwicklung - Verarbeitungstechnologien - Fügetechniken - Anwendung der Neutronen- u. Röntgenstrahlung - Membranentwicklung - Satellitenfernerkundung für den maritimen Bereich
IFAM		Strukturtechnik: - Füge-, Klebe- u. Oberflächentechnik - Lack- u. Beschickungstechnik - Fertigungstechnologie - Polymere
Universität Bremen	- Aerodynamik/ Strömungs-mechanik - Raumfahrzeugbau	- Strukturtechnik - elektr. u. elektronische Ausrüstungstechnik - Messtechnik - Systemkomponenten (z.B. Sonnensensoren)
HAW Hamburg	- Flugzeugbau	- Strukturtechnik (Fatique, Optimierung von Composites) - mech. & hydraulische Ausrüstungstechnik - elektr. & elektronische Ausrüstungstechnik

		(Kabine, Kabinensysteme) - techn. Dienstleistungen - Flugzeugentwurf
Uni BW Hamburg	- Strömungsmaschinen – Strömungslehre – Strömungsmechanik – Mechanik – Mechatronik – Regelungstechnik - Automatisierungstechnik	- Strukturtechnik (Mechanik) – mech. & hydraulische Ausrüstungstechnik (Mechanik, Mechatronik, Strömungsmaschinen) – elektr. & elektronische Ausrüstungstechnik (Regelungstechnik)
Hochschule Bremen	- Luft- u. Raumfahrtantriebe - Aerodynamik - Leichtbau - Werkstoffe - Luftfahrtzeugbau - Raumfahrzeugentwurf - Flugregelung - Bahnmechanik - Orbitalsysteme	- Strukturtechnik (Bauteilfestigkeit von Verbundbauteilen) - elektr. & elektronische Ausrüstungstechnik (Flugregelung unbemannter Systeme) - Hardware-in-the-Loop Simulation von Kleinstraumfahrzeugen - Zivile autonome Flugsysteme
TU Hamburg Harburg	- Systemtechnik - Flugsteuerung - Fertigungstechnik - Klimatisierung - Energietechnik - Werkstofftechnik - EMV - Kommunikationstechnik - Sicherheitstechnik - Flight Management	- Strukturtechnik (Akustik, Aeroservoelastik, Zelle/Rumpf, Fahrwerke, Klappensysteme) - mech. & hydraulische Ausrüstungstechnik (Hydraulik, Pumpen, Getriebessysteme, Ventile, Betätigungssysteme, Enteisungssysteme) - elektr. & elektronische Ausrüstungstechnik (Kontroll- u. Regelsysteme, Energieversorgungssysteme, Flugsteuerungssysteme, elektronische Komponenten, Aktuatoren) - Ausstattungstechnik (Kommunikationssysteme, Sauerstoff- u. Wassersysteme)

		- techn. Dienstleistungen (Tests-Prüfstände, Simulation) - Kommunikationstechnik - Fertigungstechnik - Energietechnik - Nachrichtentechnik - Sicherheitstechnik
TU Braunschweig	- Flugführung (Ortung, Navigation, Flugdynamik, Flugmesstechnik, Mensch-Maschine-Schnittstelle) - Flugzeug- u. Leichtbau (Flugzeugentwurf u. –optimierung, Leichtbaustrukturen Faserverbundwerkstoffe) - Strömungsmechanik (Numerische u. experimentelle Aerodynamik, Hyper-schallströmung) - Luft- u. Raumfahrtsysteme (Flugmechanik der Flächenflugzeuge u. Hubschrauber, Bahnmechanik u. Wiedereintrittsprognosen von Satelliten u. Trümmern im Orbit)	- Strukturtechnik (Leichtbaustrukturen, Faserverbundwerkstoffe, Bruchtests) - elektr. & elektronische Ausrüstungstechnik (Flugmesstechnik, Sensorsysteme, Navigationssysteme, Cockpit-Displays) - techn. Dienstleistungen (Flugerprobung von Systemen u. Verfahren, Meterologische u. Umweltmessungen aus dem Flugzeug) - Studien, Support und Gutachten für Behörden
FH Braunschweig	- Verkehrstechnik - Verkehrsinformatik	- Computersimulation - Aerodynamik, Aerothermodynamik - CFD, Gasdynamik, Gittererzeugung

Einrichtung	**Kooperation**	**Partner**
HAW Hamburg	F&E	- ESTACA Paris (F) - UH, Hatfield (GB)
Universität Bremen	Systemkomponenten Raumfahrt	- Astrium - DLR Braunschweig - ESA - NASA

	Strömungstechnische Untersuchungen Verbrennungs-untersuchungen	- Siemens / KWU - Enercon - Airbus Deutschland GmbH - Astrium - Siemens / KWU - MTU - DLR Braunschweig - NASA
TU Hamburg Harburg	FS Flugzeug-Systemtechnik	- Airbus Deutschland GmbH - EADS Airbus - Liebherr - ESW - KID - Thales Avionic (F) - DLR Braunschweig - TU München - TU Braunschweig
Uni BW Hamburg	F&E	- DLR Braunschweig – Universität Magdeburg – Universität Bochum – TU Berlin – TU Darmstadt - Industrieunternehmen
Hochschule Bremen	Auftragsforschung gemeinsame Forschung	- Astrium GmbH Bremen - EADS Airbus Bremen - STN Atlas Bremen - Universität Stuttgart - DLR Braunschweig
Fraunhofer IFAM	F&E	- DLR Braunschweig - IVW Kaiserslautern - Airbus Bremen
TU Braunschweig	EU Verbundprojekte BMBF, DFG Verbundpro-	Airbus, ONERA, CERFAX, THALES, AERODATA, CASA, DFS, ESA, DLR, NLR, DERA, Bae, SAAB, SNECMA, TU Delft, Universität DASA, Eurocopter, AERO-

	jekte	DATA, DLR, DFS, PTB, Uni Hannover, Uni Dresden, Uni Stuttgart, UniBW München, TU Aachen, TU Berlin
	Industrieprojekte	Airbus, VW, Bosch, Rolls-Royce (Triebwerke),Volvo Aero Corp., MTU, Eurocopter, Eurocontrol
FH Braunschweig	Caltech	CACR University of Greenwich, School of Mahtematics
	ESTEC	TOS-MPA

Anhang 2:

Agglomerationskräfte im LF-Cluster HH/NW-D – Weitere empirische Befunde

Vielfältige und spezialisierte Lieferanten

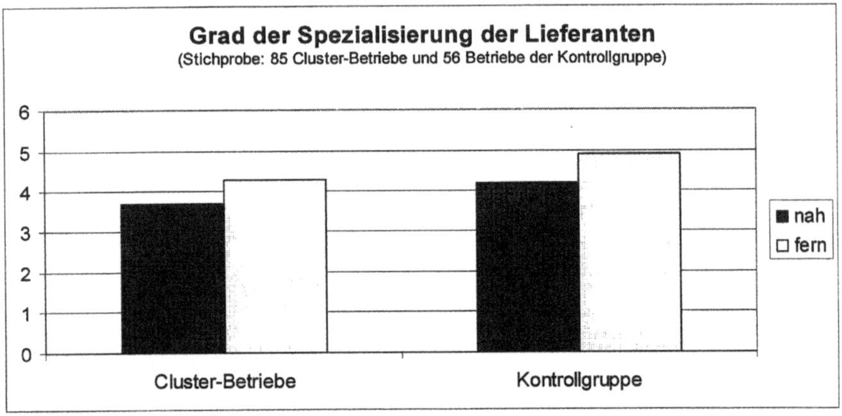

Abbildung 128: Grad der Spezialisierung der Lieferanten

Anspruchsvolle Kunden

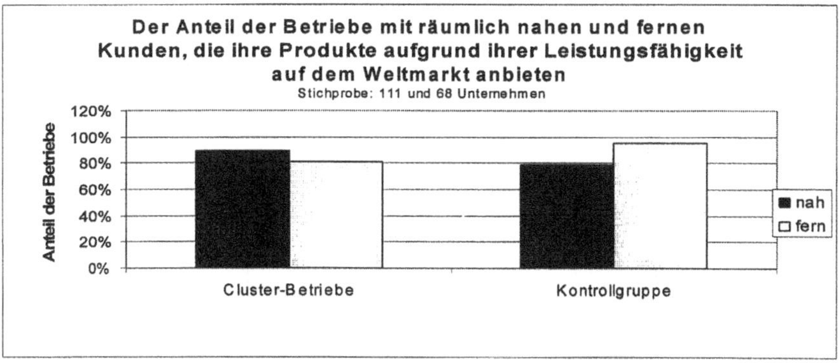

Abbildung 129: Der Anteil der Betriebe mit anspruchsvollen Kunden in räumlicher Nähe und/oder Ferne

Rivalität

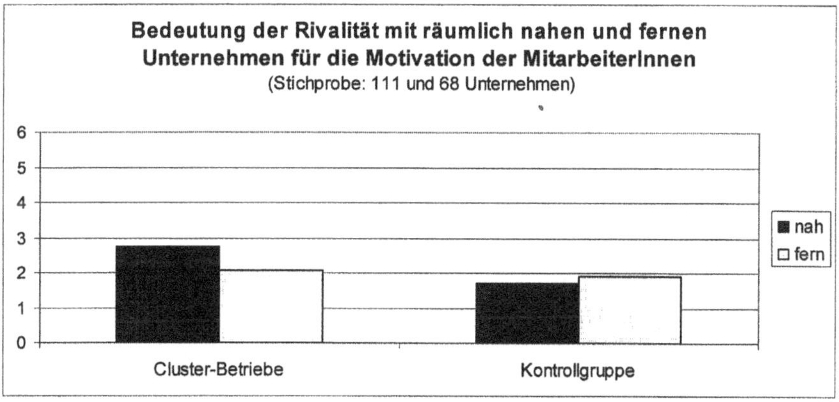

Abbildung 130: Bedeutung der Rivalität für die Motivation von MitarbeiterInnen

Anbieter von Komplementärgütern und –dienstleistungen

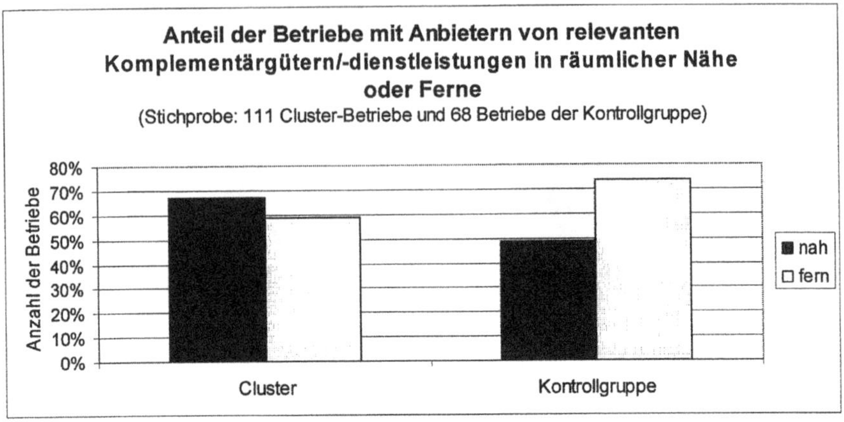

Abbildung 131: Anteil der Betriebe mit Anbietern von relevanten Komplementärgütern

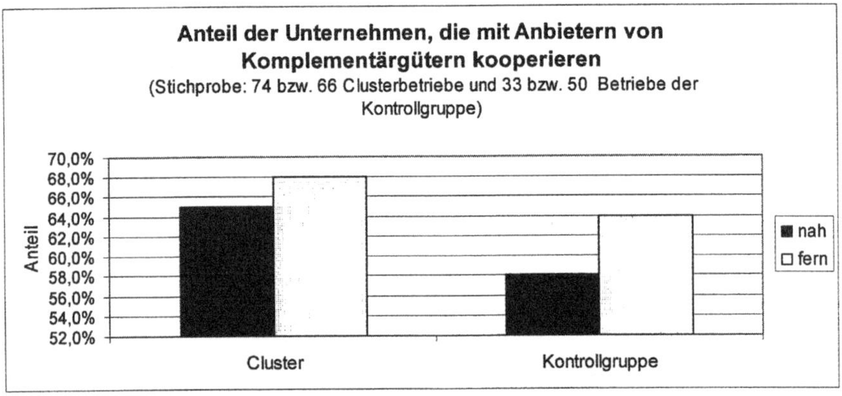

Abbildung 132: Anteil der Betriebe, die mit Anbietern von Komplementärgütern kooperieren

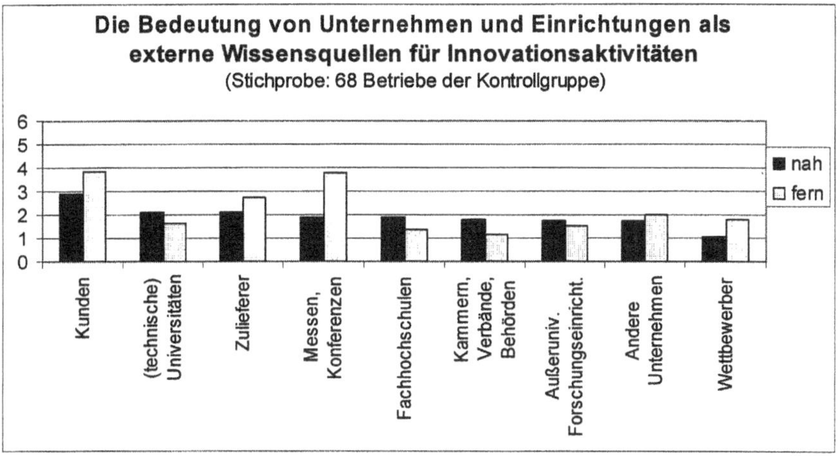

Abbildung 133: Die Bedeutung von Unternehmen und Einrichtungen als externe Wissensquellen für Innovationsaktivitäten (Kontrollgruppe)

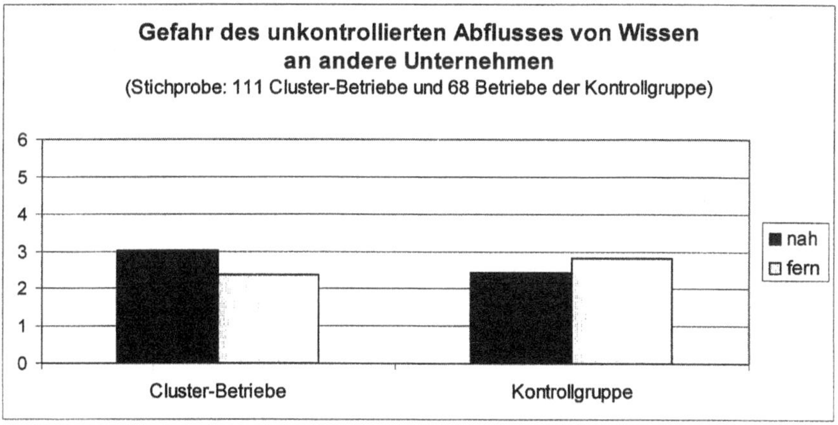

Abbildung 134: Die Gefahr des unkontrollierten Abflusses von Wissen

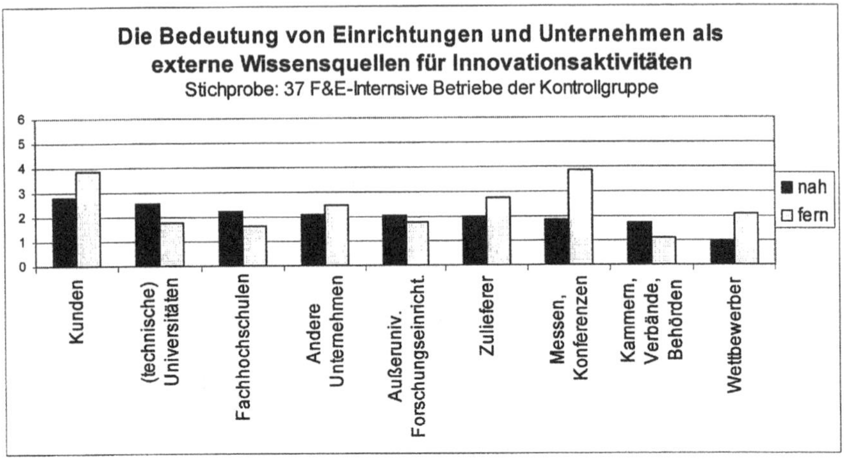

Abbildung 135: Die Bedeutung von Unternehmen und Einrichtungen als externe Wissensquellen für Innovationsaktivitäten (F&E-intensive Kontrollgruppe)

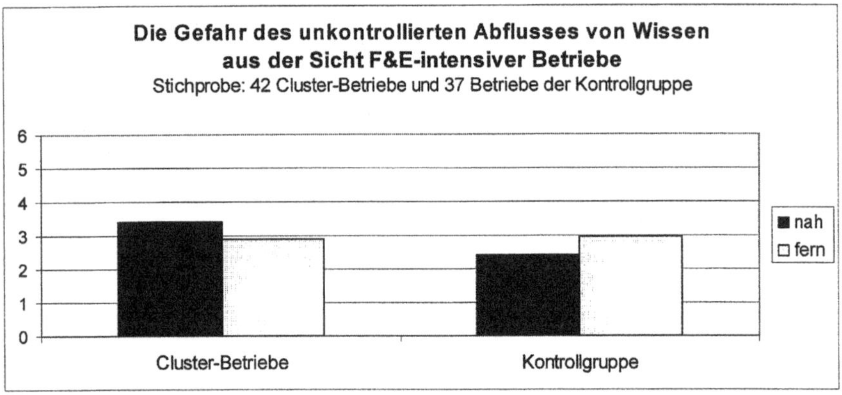

Abbildung 136: Die Gefahr des unkontrollierten Abflusses von Wissen (F&E-intensive Betriebe)

Lokaler Arbeitsmarkt (Kontrollgruppe)

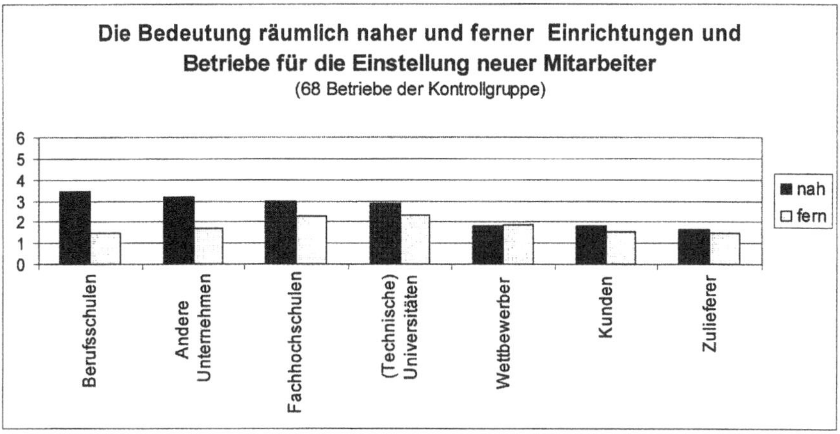

Abbildung 137: Die Bedeutung von Einrichtungen und Betrieben für die Einstellung neuer Mitarbeiter (Kontrollgruppe)

Vertrauen (Kontrollgruppe)

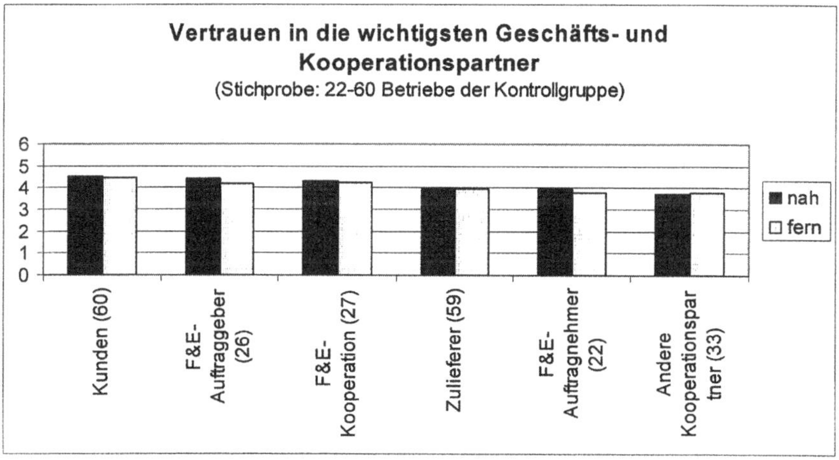

Abbildung 138: Vertrauen in die wichtigsten Geschäfts- und Kooperationspartner (Kontrollgruppe)

Martin Wrobel

Flughäfen in der Region

Regionale Gravitationszentren vor dem Verkehrsinfarkt? Eine Strukturanalyse und Prognose der landseitigen Verkehrssituation – am Beispiel des Airport Bremen

Frankfurt/M., Berlin, Bern, Bruxelles, New York, Oxford, Wien, 2002. 266 S., zahlr. Abb. und Tab.
Strukturwandel und Strukturpolitik. Herausgegeben von Wolfram Elsner. Bd. 6
ISBN 3-631-39204-4 · br. € 40.40 *

Unter dem Gesichtpunkt kontinuierlich steigender Passagier- und Frachtaufkommen an deutschen Verkehrsflughäfen stellt sich den Betreibern mit Blick auf die allgemein ausgeprägte Konkurrenz immer häufiger die Frage, ob die gegenwärtig vorhandene materielle Infrastruktur für die Zukunft ausreichend ist, um die eigene Wettbewerbsposition zu erhalten bzw. diese sogar auszubauen. Wichtige Komponenten hierbei sind u.a. die Erreichbarkeit (straßenverkehrliche Anbindung) und die Aufnahmekapazität (Parkkapazität) des Airport. Diese Arbeit wendet – am Beispiel des Airport Bremen – eine umfassende Methodik zur Analyse dieser beiden Wettbewerbsfaktoren an. Auf Basis einer umfangreichen Fluggastbefragung zur Erfassung der Status-quo-Situation und einer komplexen Prognose des Passagier- und Frachtaufkommens bis zum Jahr 2010, erfolgt anhand mehrerer Szenarien eine detaillierte Schwachstellenanalyse. Daraus ergeben sich für regionale Akteure umsetzungsorientierte Handlungsempfehlungen zur Vermeidung potentieller Engpässe.

Aus dem Inhalt: Fluggastbefragung – Analyse der Status-quo-Situation am Airport Bremen · Prognose des Passagier- und Frachtaufkommens · Analyse der Parkraumsituation · Analyse der Verkehrsflußsituation auf den An-/Abfahrtswegen des Airport Bremen · Ausblicke auf Lösungsmöglichkeiten für prognostizierte Engpässe bezüglich der materiellen Infrastruktur · Umsetzungsorientierte Handlungsempfehlungen für regionale Akteure zur Aufrechterhaltung und Erweiterung der Leistungsfähigkeit der örtlichen Infrastruktur

FSC
www.fsc.org
MIX
Papier | Fördert gute Waldnutzung
FSC® C083411

Kolibri 360 GmbH
Ferdinand-Jühlke-Straße 7
99095 Erfurt, Deutschland
produktsicherheit@kolibri360.de

Druck:
CPI Druckdienstleistungen GmbH
im Auftrag der
Kolibri 360 GmbH
Ferdinand-Jühlke-Str. 7
99095 Erfurt